Globalisierung und Ethik

Harald Herrmann · Kai-Ingo Voigt
(Herausgeber)

Globalisierung und Ethik

Ludwig-Erhard-Ringvorlesung
an der Friedrich-Alexander-Universität
Erlangen-Nürnberg

Mit 10 Abbildungen

Physica-Verlag
Ein Unternehmen von Springer

Professor Dr. Harald Herrmann
Friedrich-Alexander-Universität
Erlangen-Nürnberg
Lehrstuhl für Privat- und Wirtschaftsrecht
Lange Gasse 20
90403 Nürnberg
herrmann@wiso.uni-erlangen.de

Professor Dr. Kai-Ingo Voigt
Friedrich-Alexander-Universität
Erlangen-Nürnberg
Wirtschafts- und Sozialwissenschaftliche Fakultät
Betriebswirtschaftliches Institut
Lehrstuhl für Industriebetriebslehre
Lange Gasse 20
90403 Nürnberg
voigt@industriebetriebslehre.de

Bibliografische Information Der Deutschen Bibliothek
Die Deutsche Bibliothek verzeichnet diese Publikation in der Deutschen Nationalbibliografie; detaillierte bibliografische Daten sind im Internet über <http://dnb.ddb.de> abrufbar.

ISBN 978-3-7908-0247-4 Physica-Verlag Heidelberg

Physica-Verlag ist ein Unternehmen von Springer Science+Business Media GmbH

springer.de

Einbandgestaltung: Erich Kirchner, Heidelberg

SPIN 11010869 88/33130-5 4 3 2 1 0 – Gedruckt auf säurefreiem Papier

Vorwort der Herausgeber

Globales Wirtschaften stellt auch die Wissenschaft vor die Aufgabe, über interkulturelle Zusammenhänge Klarheit zu gewinnen. Dabei bewegen wirtschafts- und sozialethische Themen die Wissenschaften nicht erst seit dem 11. September 2001 und seit dem schon im Jahr 2000 abzusehenden Börsen-Desaster. So arbeitete schon der baltische Lutheraner Alexander von Oettingen 1868 die entscheidenden Unterschiede zur Individualethik heraus, so dass es fortan möglich wurde, die ethischen Grundsätze und Leitbilder in den verschiedenen Lebensordnungen, wie Familie, Schule, Wirtschaft und Recht, zu untersuchen.

Auch Ludwig Erhard, dem die hier dokumentierte Ringvorlesung in Erinnerung an seine Tätigkeit an der Handelshochschule Nürnberg gewidmet ist, hat zu diesen Forschungen bereits in seiner Zeit einige bemerkenswerte Beiträge – vor allem im Kontext der Sozialen Marktwirtschaft geleistet, an die hier angeknüpft wird. Wenn die im Folgenden veröffentlichten Vorlesungen gleichwohl primär durch die beiden genannten Krisenereignisse angestoßen wurden, so hat dies seinen Grund vor allem darin, dass das öffentliche Bewusstsein für die Ethik der Wirtschafts- und Sozialsysteme seither enorm angestiegen ist und dass das Phänomen interkultureller Globalisierungskonflikte immer deutlicher wird. Vielleicht kann dies am besten durch zwei journalistische Zitate skizziert werden, die zwar eher provozieren als informieren, aber die Schärfe des Problems doch gut verdeutlichen:

- „Enron-Skandal – Die Entzauberung Amerikas" (Wirtschaftswoche vom 24.01.2002)

- „Der neue Raubtierkapitalismus – Mit Gier und Größenwahn in die Pleite" (Spiegel vom 08.07.2002).

Das Kernprofil der Wirtschafts- und Sozialwissenschaftlichen Fakultät (WiSo) der Universität Erlangen-Nürnberg besteht in der Internationalisierung ihrer Wissenschaftsbereiche. Dies war Anlass genug, die Grundfragen internationalen Wirtschaftens in aller Öffentlichkeit zu erörtern. Mit den Beiträgen zur Ludwig-Erhard-Ringvorlesung im Wintersemester 2002/03 wollte die WiSo in Nürnberg den Bürgern der Stadt und der wissenschaftlich interessierten Öffentlichkeit darlegen, dass ethische Forschungsthemen in der Fakultät und in der Fachwelt einen hohen Stellenwert haben. Ziel war es auch zu zeigen, dass die Fragen ethischer Grundlegung nicht in der Hektik alltäglicher Probleme untergehen, sondern auch dort verantwortungsvoll mitbedacht werden, wo Alltagsthemen der ökonomischen Effizienz, des sozialen Wandels und des wirtschaftsrechtlichen Umbruchs im Vordergrund zu stehen scheinen.

Im Teil I des vorliegenden Bandes, in dem die allgemeinen Markt- und Wettbewerbsaspekte im Vordergrund der Analyse stehen, ist die Thematik kaum weniger international als bei den übrigen Beiträgen. Jedoch macht es für die Selbstdarstellung der Fakultät durchaus Sinn, diese Perspektive zu Beginn des Bandes zu erörtern – denn Forschung und Lehre der Nürnberger WiSo-Fakultät sind seit Jahrzehnten schwergewichtig und profilprägend auf Marktprozesse und -entwicklungen ausgerichtet.

Unverkennbar ist des Weiteren, dass manche Beiträge besonderes Gewicht auf theologische, kultur- und wertphilosophische Fragen legen. Diese sind in Teil II zusammengefasst, obgleich auch hierzu anzumerken ist, dass vielfältige Bezüge sowohl zu den allgemeinen Markt- und Wettbewerbsproblemen, als auch zur globalen Sozialverantwortung zu erkennen sind. In Teil III werden dann transnationale Problemfelder makro- und mikroökonomischer Natur reflektiert.

Es ist ein besonderes Anliegen der Herausgeber, allen Autoren dafür zu danken, dass sie sich ohne Zögern bereit erklärt haben, zu der Ludwig-Erhard-Ringvorlesung beizutragen und die Mühen eines Vortrags zusätzlich zu den beträchtlichen Belastungen durch reguläre Lehrveranstaltungen – unentgeltlich! – in Kauf zu nehmen. Für die Mitwirkung bei der Erstellung der Druckvorlage sind wir Herrn Dipl.-Kfm. Lothar Czaja außerordentlich dankbar.

Dank gebührt ferner dem früheren Oberbürgermeister der Stadt Nürnberg, Herrn Ludwig Scholz, und seinem Nachfolger, Herrn Dr. Ulrich Maly, die beide nicht gezögert haben, die Schirmherrschaft für diese Veranstaltung zu übernehmen.

Der Dank der Herausgeber richtet sich *last but not least* an den Springer-Verlag, insbesondere an Frau Dr. Martina Bihn, für die hervorragende verlegerische Betreuung.

Nürnberg, im Juli 2004

Prof. Dr. Harald Herrmann Prof. Dr. Kai-Ingo Voigt

Inhaltsverzeichnis

III. Transnationale Problemfelder

I. Markt- und wettbewerbsfunktionale Problemfelder

Ethik in der Kapitalmarktkommunikation

Wolfgang Gerke

Freiheit der Kommentatoren

Wer die Kommentierung des Börsengeschehens in Fernsehsendungen, Börsenbriefen und Wirtschaftsmagazinen verfolgt, erkennt schnell, dass es sich hierbei in der Mehrzahl nicht um ausgewogene wissenschaftliche Analysen, sondern um reißerische Berichterstattungen und Anlageempfehlungen handelt. Gegen diese Form der Kapitalmarktkommunikation ist auf den ersten Blick nichts einzuwenden, denn sie veranschaulicht möglichst vielen Bürgern wirtschaftliche Vorgänge. Häufig weckt sie erst das Interesse für die verschiedenen Formen der Geldanlage. Aber nicht nur der äußere Stil der Börsenberichterstattung, sondern auch die inhaltliche Qualität der Kommentare bewegt sich gelegentlich auf sehr niedrigem Niveau. Untersucht man zum Beispiel die Trefferquoten der Anlageempfehlungen, so weichen diese in den letzten Jahren sogar negativ von den Ergebnissen reiner Zufallsprognosen ab. Nach der Theorie sollten sie sich wenigstens längerfristig im Bereich der Resultate eines Zufallsindikators bewegen. Aus ethischer Sicht kann man hiergegen wenig einwenden, denn diese empirischen Beobachtungen belegen lediglich die Thesen zur schwachen Kapitalmarkteffizienz[1] und zum trendbeeinflussten Random Walk Prozess in den Möglichkeiten zur Aktienkursprognose[2]. Über einen längeren Zeitraum hinweg haben die Analysten ein Verhältnis von 10 zu 1 zwischen Kaufempfehlungen und Verkaufsempfehlungen produziert. Mögen sich die Analysten, die Vertreiber von heißen Anlagetipps in Börsenbriefen und die Wirtschaftsjournalisten in ihren Prognosen irren, es besteht dennoch kein Anlass, ihnen das Recht sich zu blamieren zu verwehren. Zur Freiheit der Kapitalmarktkommunikation gehört die Freiheit zu Fehlprognosen.

Ähnlich wie die Freiheit der Verfügung über das Eigentum, erfährt aber auch die Freiheit des Wortes eine Begrenzung, wenn damit zum eigenen Nutzen anderen Schaden zugefügt wird.[3] Spätestens an dieser Stelle gewinnt die Ethik in der Kapitalmarktkommunikation Bedeutung und stellt sich die Frage, ob es zum Schutz der unerfahrenen Privatanleger bzw. zum Schutz der Schwachen ausreichend ist, wenn sich die Wirtschaftskommentatoren zu ethischem Verhalten verpflichten. Eine etwas strengere Variante zur Förderung der Ethik in der Kapital-

---

[1] Vgl. Fama, E.F. (1970), S. 383-417; zugleich aber auch zu seinen späteren Bedenken: Fama, E.F./ French, K.R. (1992), S. 427-465.

[2] Vgl. Osborne, M.F.M. (1959), S. 145-173 sowie als Überblick Poddig, T. (2001), S. 1471-1486.

[3] Vgl. Schachtschneider, K.A. (2002), S. 157.

marktkommunikation stellen freiwillige Kodizes der verschiedenen Berufsgruppen von Analysten, Unternehmen und Wirtschaftsjournalisten dar. Schließlich kann ein zu hartnäckiges Ausnutzen der Medien zur Kapitalmarktmanipulation die Gesellschaft dazu veranlassen, den Missbrauch von Meinungsfreiheiten in der Kapitalmarktkommunikation durch gesetzliche Regelungen zu unterbinden.

Quote verdrängt Qualität

Wir leben in einer Gesellschaft der totalen Kommunikation und Information. In diesem Kommunikationsüberangebot laufen zurückhaltende Kommentatoren mit ausgewogenen Analysen Gefahr, nicht wahrgenommen zu werden. Leise, unspektakuläre Töne werden überhört. Scharfmacher, Verbieger und Übertreiber beherrschen die Medien. Sie produzieren Einschaltquoten und Abonnenten. Mit ihrem zupackenden, meist opportunistischen Auftreten spielen sie die größten Werbeetats ein. Die Folgen der gezielten Aufbereitung der Informationen für die Kommunikation lassen sich auf vielen Fernsehkanälen verfolgen:

Quote verdrängt Qualität!

Viele Bürger kritisieren öffentlich den Qualitätsverfall in der Kommunikation und verlangen fundiertere Berichterstattung, dennoch leisten auch sie ihren Beitrag zur marktschreierischen Mediengestaltung. Zwar nehmen sie die Manipulation in der Kommunikation wahr, ihr Leseverhalten verleitet sie in der Realität dennoch zum Kauf spektakulär aufgemachter Illustrierten und Magazine. Beim abendlichen Zappen zwischen den Fernsehkanälen bleiben sie schließlich im Widerspruch zu ihren geäußerten Qualitätsforderungen beim blutigsten Report über die Weltereignisse und beim grausamsten Kriminalfilm hängen.

Quote verdrängt Moral

Die Redakteure und Intendanten der Illustrierten und Fernsehprogramme wollen in den seltensten Fällen einen Beitrag zur Verrohung und Verdummung ihrer Kunden leisten. Sie folgen nicht einmal einem Sendungsbewusstsein mit den von ihnen kommunizierten Simplifizierungen und Entstellungen der Information. Sie senden und schreiben lediglich das, was ihre Kunden durch ihr Lese- und Sehverhalten dominant nachfragen. Bei furchtbaren Katastrophen und Verbrechen stehen sich die Medienberichterstatter gegenseitig beim Kampf um die schrecklichsten Bilder im Wege. Für CNN war der Golfkrieg ein riesiges Medienspektakel. Dies gilt auch für Attentate und für Flugzeugentführungen. Zur Not werden die Ereignisse mit Schauspielern nachgestellt. In der Sendung *Report* des ersten deutschen Fernsehen wurde in der Berichterstattung über den Amoklauf eines Schülers in einem Erfurter Gymnasium vehement die fehlende Ethik der Kollegen von RTL kritisiert, die das erschreckende Ereignis durch Schauspieler veranschaulichten. Recht hatten die mehr Ethik in der Berichterstattung einfordernden ARD Reporter. Waren sie aber von Sinnen, als sie gleich im nächsten Beitrag echte Bilder von einem Schulattentat in den USA mit echtem Blut und verzweifelt fliehenden Schülern sendeten, die keine Schauspieler dramatischer hätten darstellen können? So belegten die Regisseure von Report ohne es zu merken selbst, dass sie nicht moralischer als die Kollegen von konkurrierenden Sendungen arbeiten.

Qualität und Aufmachung der Berichterstattung in den Medien sind stärker getrieben vom Nachfragerverhalten als vom Anbieterverhalten, denn Medienanbieter müssen primär Geld verdienen und erst sekundär objektiv informieren. Folge dieses rationalen, ökonomischen Verhaltens ist ein zusätzliches Kommunikationsdilemma:

Quote verdrängt nicht nur Qualität.

Quote verdrängt Moral!

Die Akteure der öffentlichen Kommunikation verfolgen eigensüchtige Ziele. Während Fernsehsender nach Quote streben und Investmentbanken verkaufsfördernd ihre Emissionen hochloben, kämpfen Politiker mit ihrer öffentlichen Kommunikation um Wählerstimmen. Die von den Medienakteuren verfolgten Ziele bestimmen Form und Inhalt der Kommunikation. Der Medienauftritt von Politikern und Unternehmensvorständen wird zunehmend durch Medienagenturen, Imageberater und Wählerbefragungen vorbereitet. Politiker unterwerfen sich im Wahlkampf modernsten Erkenntnissen der Wählerbeeinflussung und scheuen sich nicht, notfalls den politischen Gegner im Medienauftritt zu diffamieren. Zur Optimierung des Ergebnisses ihres Medienauftritts bearbeiten sie durch Weglassen und Hinzufügen objektive Informationen bis zur Unkenntlichkeit.

Die amerikanische Präsidentenwahl ist zu einem Kampf der Imageberater und Lobbyisten ausgeartet. In der heißesten Phase des Wahlkampfes bewegen sich politische Kombattanten in ihrer Kommunikation bis an den Rand der Legalität und Verleumdung. Die Bestechungsskandale bei der Konkurrenzpartei sind dann staatsgefährdender als die Verfehlungen in den eigenen Reihen. Jeweils nur der Gegner betrügt Rentner, Arbeitslose und allein erziehende Mütter. Genauso selbstverständlich wird kommuniziert, dass ausschließlich die eigene Partei in der Lage sein wird, in der nächsten Legislaturperiode gleichzeitig die Renten zu erhöhen, die Sozialbeiträge zu senken, den Haushalt in Ordnung zu bringen, die Armee mit neuen Kampfjets auszustatten und die Steuerbelastung der Bürger drastisch zu reduzieren. Insbesondere in der kurzlebigen Kommunikation in Talk Shows und bei Kandidatenbefragungen werden Statistiken verdreht und die Charaktere der politischen Gegner demaskiert, um sich selbst zu glorifizieren.

Kommunikation bezweckt Manipulation

Von der Werbung wird erwartet, dass sie zum Kauf verführen soll. Als Empfänger von sich mit Reizen überbietenden Werbebotschaften sind wir es gewohnt, beim Informationsgehalt der Kommunikation erhebliche Abstriche zu machen. Dabei war die Raffinesse mit der in der Tabakwerbung von der Gefahr des Rauchens abgelenkt wurde menschenverachtend. Dass die Creme gegen Hautfalten bei uns nicht den sanften Teint bewirkt wie bei dem glücklichen Model in der Werbebotschaft empfinden wir schon nicht mehr als Betrug. Wir haben uns an die Übertreibungen in der Werbung bereits derartig gewöhnt und sind gegen Werbereize soweit abgestumpft, dass wir diese Art Information als Marktschreierei und nicht als unethische Kommunikation einordnen. Der Zweck der Kommunikation wird uns in der Werbung so offensichtlich, dass wir die Versuche uns zu manipulieren akzeptieren. Wir wissen, dass mit der Werbung unser Kaufverhalten beeinflusst werden soll.

Ein ethisch wesentlich anspruchsvolleres Verhalten erwarten wir von den Akteuren in der Kapitalmarktkommunikation. Es wird leicht übersehen, dass auch diese im Rahmen ihres öffentlichen Auftritts vor der Presse und den Aktionären eigennützige Ziele verfolgen. Sie missbrauchen die Kapitalmarktkommunikation, um zu verführen und zu täuschen. Manager folgen der Verpflichtung zu ad hoc Meldungen bei kursrelevanten Tatbeständen schneller bei positiven Meldungen als bei negativen. Businesspläne von jungen Börsenunternehmen stellten statt „Worst Case“ nur „Best Case“ Szenarien dar, und provisionshungrige Emissionsbegleiter decken diese Form der Kommunikation.

Hauptversammlungen von Unternehmen werden generalstabsmäßig geplant. Gegen eine gute Organisation von Hauptversammlungen ist nichts einzuwenden. Sie muss vielmehr eine Selbstverständlichkeit sein. Ähnlich wie im Kampf der Politiker um die Gunst der Wähler überblenden in der öffentlichen Kritik stehende Unternehmensvorstände im Kampf um die Entlastung durch ihre Aktionäre ungünstige Informationen durch Show und phantasievolle Zukunftsprognosen. Wenn Hauptversammlungen zu einem medienwirksamen Spektakel herunterkommen, bei dem die Abstimmungsverhältnisse häufig schon vorher feststehen, darf es nicht überraschen, dass sich von wichtigen Informationen ausgeschlossen fühlende Aktionäre ebenfalls statt der Kommunikation die Selbstdarstellung wählen. Als Krönung ihres Auftrittes empfinden sie es schließlich, wenn sie ein irritierter Manager mit Hilfe des Aufsichtspersonals aus der Versammlung verweist. Selbst einige in der Kapitalmarkttheorie erstklassig ausgewiesene Wissenschaftler demonstrieren bei entsprechender Gelegenheit mit körperlichem Einsatz, dass Hauptversammlungen wenig mit ernsthafter Kommunikation gemeinsam haben.

In der Kapitalmarktkommunikation geht es um Managerkarrieren, Börsenkurse und Verdienstchancen der Finanzintermediäre. Die Interessenkonflikte bei den einzelnen Marktteilnehmern wiegen so schwer, dass es naiv wäre, in Krisenzeiten auf ethisches Verhalten in ihrer Informationspolitik zu setzen. Um die Ethik in der

Kapitalmarktkommunikation ist es nicht besser bestellt als um die Ethik in der politischen Kommunikation. Wegen der Interessengebundenheit der Kommunikation gilt in beiden Fällen:

Kommunikation bezweckt Manipulation!

Manipulation verursacht Marktversagen

Die Funktionsfähigkeit einer demokratischen Gesellschaft und eines leistungsfähigen Kapitalmarktes basiert auf dem Vertrauen der Bürger und Investoren in ihre Delegierten. Politiker und Manager leben von dem Votum der Bürger, die sie vertreten. In deren Namen und mit deren Steuergeldern und Gesellschaftskapital treffen sie folgenschwere Entscheidungen, für die sie sich dank ihrer Generalvollmacht nicht in jedem Einzelfall die Zustimmung ihrer Auftraggeber einholen können. Damit der Vertrauensvorschuss gerechtfertigt bleibt und die Bürger ihre Delegierten kontrollieren und bewerten können, sind sie auf Transparenz und faire Informationen angewiesen.

Insbesondere in der Kapitalmarktkommunikation erwarten die Anleger eine Gleichbehandlung aller Marktteilnehmer beim Informationszugang. Im Kapitalmarkt sind Informationsvorsprünge mit erheblichen geldwerten Vorteilen verbunden. Dabei droht ein permanenter Umverteilungsprozess zwischen den besser und schlechter informierten Investoren.

Der größten Versuchung zum Missbrauch ihres Informationsvorsprungs sind die Unternehmensmanager ausgesetzt. Sie kennen am besten den wahren Zustand ihres Unternehmens oder den Marktwert eines neu entwickelten Patents. Aber auch kapitalkräftige Fonds, Investmentbanken und Analysten leben mit der ständigen Versuchung, mit Vorständen direkt in Kommunikation zu treten. Sie versuchen aus ihren guten Kontakten geldwerte Vorabinformationen zu erhalten. Außerdem eröffnen sich ihnen aus ihrer täglichen Geschäftstätigkeit zahlreiche Gelegenheiten, ihr Wissen für sich und ihre Institution gewinnbringend auszunutzen. Schließlich bietet die Kapitalmarktkommunikation umfangreiche Möglichkeiten zur gezielten Streuung von Gerüchten.

Bei zahlreichen Neuemissionen junger Technologieunternehmen wurden gutgläubige Anleger derartig hinterhältig betrogen, dass danach auch seriöse Unternehmen keinen Börsengang mehr zustande brachten. Geschädigte Anleger unterstellten auch ihnen trotz der Vorlage Erfolg versprechender Businesspläne und Bilanzen Betrugsabsichten. Werden Anleger durch Falschmeldungen und Unterdrückung kursrelevanter Informationen bei den Unternehmen der so genannten new economy wiederholt geschädigt, führt dies schließlich zum totalen Misstrauen gegenüber jungen Technologierunternehmen:

Manipulation der Kommunikation verursacht Marktversagen!

Ethik eine Illusion

Mehr Ethik in der Kapitalmarktkommunikation würde ein Marktversagen verhindern und langfristig allen seriösen Marktteilnehmern helfen. In der Kommunikation stellt sich diese Ethik aber nicht automatisch ein. Der Aufbau von Reputation durch ethische Kommunikation zahlt sich nicht genügend aus. Emissionsbanken, die bei Enron oder der Deutschen Telekom weiter im Emissionskonsortium zur Auflage neuer Anleihen und Aktien vertreten sein wollten, gaben den Anlegern nur Kaufempfehlungen für diese Werte. Innerbetrieblich unterbinden auch funktionsfähige „Chinese Walls“ nicht die Schädigung der Anleger durch Interessenkonflikte, denn die Analysten kennen auch ohne Abstimmung die Wünsche des Vorstandes und ihrer Kollegen. Begrenzt wird ihr Verlust an Ansehen dadurch, dass sich ihre gezinkten Kaufempfehlungen mit denen konkurrierender Finanzinstitutionen decken, die ebenfalls ihr lukratives Mandat nicht verlieren wollen.

Der entgangene Gewinn aus einer ethisch geprägten Kapitalmarktkommunikation ist um ein Vielfaches höher als die damit erzielbare Reputation. Außerdem werden in ihrer Kommunikation ethisch motivierte Unternehmer und Berater immer wieder dadurch enttäuscht, dass ihnen weniger seriöse Marktteilnehmer die Reputation mitzerstören. Angesichts der schwierigen Materie der Unternehmensbewertung und Marktanalyse sowie der zahlreichen Informationsanbieter können die Anleger nicht ausreichend zwischen seriösen und betrügerischen Marktteilnehmern differenzieren und neigen deshalb zu Pauschalurteilen.

Als sich der Handel noch zwischen wenigen begüterten Kaufleuten vollzog, lohnte sich ethisches Verhalten. Der „ehrbare“ Kaufmann konnte langfristige Handelsbeziehungen nur unterhalten, indem er das ihm entgegengebrachte Vertrauen rechtfertigte. Verletzungen des weitgehend ungeschriebenen und auf Usancen beruhenden Ehrenkodex der Kaufmannschaft sprachen sich in den elitären Kaufmannskreisen schnell herum. In einer geschlossenen Gesellschaft kannte man sich gegenseitig und verteidigte unnachsichtig die eigenen Standesnormen. Schwarze Schafe wurden geächtet. Sie mussten hierdurch nicht nur finanzielle Verluste hinnehmen, sondern erlitten auch einen gesellschaftlichen Gesichtsverlust, der angesichts der herrschenden Moral noch schwerer wog. Die Usancen der Hanse basierten auf der Schaffung langfristiger Geschäftskontakte und einer allgemein akzeptierten kaufmännischen Moral. Aus dieser Symbiose resultierten funktionsfähige Märkte. Die handelsübliche Ethik verhinderte ein Marktversagen und ersparte den Beteiligten umfangreiche Absicherungs- und Informationskosten.

Mit dem Aufkommen anonymer Aktiengesellschaften im Rahmen der Industriefinanzierung im 19. Jahrhundert verfiel im Bereich der Gründungsfinanzierungen die Moral. Umfangreiche Betrügereien im Bereich der Explorationsfinanzierung haben in den USA sehr schnell aufgezeigt, dass man an den neu entstehenden Börsenmärkten nicht mehr auf die Ethik in der Kapitalmarktkommunikation vertrauen konnte. Mit dem Gründer-Crash im Jahr 1873 brachen die Börsenmärkte sogar weitgehend zusammen. Selbst in der zweiten Hälfte des 20. Jahrhunderts ließ sich in Kanada noch beobachten, wie am Vancouver Penny Stock Market mit Falschmeldungen über Gold-, Silber und Erdölfunde Anleger in die Irre geführt wurden. Doch auch im 21. Jahrhundert sind trotz strengerer Aufsichtsregeln der SEC und der übrigen nationalen Aufsichtsorgane zahlreiche Manipulationsversuche in der Kapitalmarktkommunikation zu beobachten. Im Internet sind die Chat Rooms angefüllt mit teilweise naiven Versuchen, sich durch gezielte Fehlinformationen zu bereichern. Nicht immer werden sie so eindeutig aufgedeckt, wie bei dem jugendlichen Day Trader, der am 22.3.2000 das Internetportal Yahoo für gefälschte Gewinnwarnungen zum Telekommunikationsprovider Lucent Technologies missbrauchte. Dies führte innerhalb kürzester Zeit zu einem Kurseinbruch der Aktie von 3,6% und bescherte so dem Falschmelder günstige Einstiegskurse, die er intensiv für sich nutzte.

Ethik zahlt sich im anonymen Börsenmarkt nicht mehr aus. Deshalb brauchen wir heute zur Erhaltung der Fairness und Sicherung funktionsfähiger Märkte strenge Anlegerschutzgesetze, sachkundige Marktbeaufsichtigung, schnelle Strafverfolgung und hohe Strafen:

Ethik in der Kommunikation ist eine Illusion!

Ethik bedingt Verzicht

In den anonymisierten Börsenmärkten wird unethische Kommunikation in den Internet Chat Rooms teilweise schon als Kavaliersdelikt betrachtet. Berater, die mit einseitiger Kundenbetreuung ihrem Finanzinstitut Gewinne erwirtschaften, werden durch Provisionen und Tantiemen belohnt. Schnell verdientes Geld verdrängt Moral und ethische Kommunikation an den Börsenmärkten. Dabei muss man mit dem Begriff „Ethik" vorsichtig umgehen. In der alten Kaufmannschaft half die auf christlichen Moralvorstellungen basierende Ethik der langfristigen Gewinnerzielung. Auch heute stellen zahlreiche Vertreter einer ethisch geprägten Unternehmenspolitik und Kommunikation heraus, dass diese langfristig am besten den Unternehmensinteressen diene. Gegen ethisch geprägte Ehrenkodizes und Managementphilosophien ist nichts einzuwenden. Man sollte derartige die Institutionen erhaltende Verhaltensnormen aber nicht als ethischen Altruismus glorifizieren.

Ein durch Ethik bewirkter Reputationsaufbau stellt langfristige Gewinnmaximierung dar und lässt sich problemlos in jedes Lehrbuch der Betriebswirtschaftslehre oder des Kapitalismus integrieren. Ein weniger vom Gewinndenken bestimmtes Ethikverständnis schmerzt, denn es belastet den eigenen Geldbeutel:

Nachhaltige Ethik bedeutet immer Verzicht, Teilen oder Selbstbeschränkung!

Beispiele für nachhaltig ethisches Verhalten lassen sich wegen der damit verbundenen Einbußen in der Kapitalmarktrealität relativ selten finden. Man muss sie eher konstruieren. Ist ein Anleger beispielsweise mit einem großen Teil seines Vermögens in der Deutschen Lufthansa AG investiert und erfährt am 11. September 2001 fast zeitgleich von dem schrecklichen Anschlag auf das World Trade Center, so handelt er rational, wenn er seine Aktien unverzüglich verkauft oder wenigstens mit einem Leerverkauf sichert, bevor andere Marktteilnehmer dieselbe Schreckensnachricht erreicht. Es ist pietätlos und unmoralisch quasi auf den bevorstehenden Tod von Tausenden unschuldiger Menschen Börsengeschäfte abzuschließen. Eine derartige Pietätlosigkeit wird aber belohnt, während sich am anonymen Börsenmarkt selbst in einer derartig tragischen Situation mit ethischem Abstinenzverhalten nicht einmal langfristige Reputation aufbauen lässt.

Als Fondsmanager riskiert man mit zuviel Pietät den Verlust seines Postens. Als Privatanleger, der seine Investments auf Kredit gekauft hat, muss man mit der Kreditexekution durch seine Bank rechnen. Nachhaltige Ethik ist im Börsengeschehen und in der Kapitalmarktkommunikation ein seltenes Ereignis. Will man dennoch nicht auf sie verzichten, so muss man sie durch Gesetze und Verordnungen erzwingen. Für den Fall des Börsenhandels am 11. September 2001 konnte dies nur bedeuten, dass man zur Wahrung der Pietät umgehend und weltweit sämtliche Börsenmärkte schließen musste.

Wunsch nach Reichtum ohne Arbeit

Als Theoretiker muss man mit den Analysten, Bankberatern und Börsenjournalisten Mitleid haben. Der Wissenschaftler kann mit den Modellen der effizienten Märkte auf Basis der von ihm gesetzten Prämissen unwiderlegbar aufzeigen, dass eine zu Überrenditen führende Kursprognose unmöglich ist. Wenn wir uns vergegenwärtigen, dass in den heutigen Aktienpreisen sämtliche Erwartungen durch entsprechende Kauf- und Verkaufsorders verarbeitet sind, so ist auch ohne große Modellrechnerei schnell einsichtig, dass der heutige Preis den besten Indikator für zukünftige Preise darstellt. Ein Börsenjournalist und erst recht ein zum Umsatzproduzieren eingestellter Bankberater, der diese kluge und mit zahlreichen Nobelpreisen versehene Erkenntnis als täglichen Kommentar seinen Lesern und Zuschauern präsentiert, wird schnell seinen Job verlieren. Ähnliches gilt, wenn er ihnen mitteilt, dass sich so genanntes „stock picking“, also der Kauf einzelner Aktien, nicht lohnt, und sie stattdessen Indexzertifikate kaufen und bis zum Ende ihrer Sparperiode halten sollten.

Die Erwartungshaltung der Anleger an die Börsenberichterstattung der Medien widerspricht fundamental den effektiven Möglichkeiten der Börsenjournalisten. Die Leser von Börsenzeitschriften und die Zuschauer von Börsenprogrammen erwarten Tipps. Dabei übersehen sie, dass echte, also werthaltige Tipps nur auf Insiderinformationen beruhen können. Ein Handel auf der Basis dieser Informationen wäre sogar strafbar. Außerdem ist wenig einsichtig, weshalb Analysten, die über prophetische Fähigkeiten verfügen, diese nicht längst rein privat für sich umgesetzt haben.

So rational wollen die Leser und Anleger gar nicht denken. Sie suchen unter den Analysten und Börsenjournalisten Meinungsmacher und Börsengurus, die ihnen als Leitbilder den Weg zu Reichtum ohne Arbeit aufzeigen. Bei aller Kritik an der Börsenberichterstattung muss man deshalb einschränken, dass die Anleger mit ihrer verfehlten Erwartungshaltung an die Prognosefähigkeit der Analysten für unseriöse Kommunikation sehr empfänglich sind. Teilweise liefern ihnen Analysten und Berater lediglich die Empfehlungen, von deren Eintreten die Anleger insgeheim schon lange träumen.

Analysten: Heizer der Hausse

Nach dem Zusammenbruch einer Spekulationsblase glauben die Marktteilnehmer soviel gelernt zu haben, dass gleiches nie wieder geschehen kann. Sie bereuen ihr blindes Vertrauen in die euphorischen Analysen der Marktbeobachter. Dabei gab es vor Einbrüchen von Aktienkursen immer auch warnende Medienberichte. Die Anleger neigen aber zu selektiver Wahrnehmung. Unbequeme Analystenmeinungen verdrängen sie, während sie euphorischer Berichterstattung, die ihren Wunschvorstellungen besser entspricht, besonderes Gewicht beimessen.

Zwar entspricht an der Börse keine Spekulationsblase der nächsten und kein Crash einem anderen, aber beide Übertreibungen werden trotz leidvoller Erfahrungen auch in Zukunft immer wieder die Börsengeschichte prägen. Die Berichterstattung über eine boomende Industrialisierung mit Massenproduktion von Autos und schnell wachsender Stahlindustrie veranlasste die Anleger 1929 zu ähnlichen Übertreibungen wie siebzig Jahre später die zahlreichen Medienberichte über die phantastischen Wachstumschancen von Internetunternehmen. Zu beiden Zeitpunkten bedienten die Kommentatoren, Analysten und Berater die Gier der Anleger und deren Neid auf erfolgreiche Börsenspekulationen der Nachbarn. Dabei wurden im Laufe der Spekulationsblasen von 1929 und 1999 zunehmend auch unerfahrene und daher schutzbedürftige Anleger zu riskanten Aktienkäufen animiert.

1929 ging der Börsenboom einher mit der zunehmenden Verschuldung der Privatanleger und der von ihnen gezeichneten Investmentfonds. 1999 wurden immer mehr unseriös geführte und substanzarme Internetunternehmen von provisionshungrigen Investmentbanken mit großen öffentlichen Versprechungen in den Börsenprospekten an die Börse gebracht. In der öffentlichen Verführung unerfahrener Anleger und in dem unvermeidlichen Platzen der beiden Bubbles bestehen große Parallelitäten zwischen den Börsenkrisen von 1929 und 2000. Es ist jedoch davon auszugehen, dass dank einer besseren Krisenreaktion der Notenbanken und Wirtschaftspolitiker die auf den Börsenkrach von 1929 folgende lange Depression nach zukünftigen Kurseinbrüchen verhindert werden kann. Einschränkend ist aber anzumerken, dass auch Wissenschaftlern bei öffentlich kommunizierten Börsenprognosen mit großem Misstrauen begegnet werden sollte. Der heute noch viel zitierte und 1929 sehr bekannte Wirtschaftswissenschaftler Irving Fisher verkündete, als der Dow Jones seinen absoluten Höhepunkt erreichte in der New York Times vom 5. September 1929:

„There may be a recession in stock prices, but not anything in the nature of a crash".

Als der Börsencrash seinen Anfang nahm ist sich Irving Fisher mit seinen Fehlprognosen treu geblieben, denn am 17. Oktober 1929 schrieb er in Economics:

„I do not feel there will be soon if ever a 50 or 60 point break from present levels, such as (bears) have predicted. I expect to see the stock market a good deal higher within a few months".

Armer Irving Fisher! Nach vier Jahren war die von ihm prognostizierte Kurserholung immer noch nicht eingetreten und statt der maximal vorhergesagten Kursverluste von 50 oder 60 Punkten fiel der Dow Jones um 300 Punkte bzw. über 80 Prozent.

Auch andere bekannte Wirtschaftswissenschaftler waren in der Kapitalmarktrealität nicht übermäßig erfolgreich. So hat sich der für seine Mitentwicklung der Optionspreistheorie bekannte Nobelpreisträger Scholes bei der Beratung des Hedge Fund Long Term Capital derartig dramatisch verspekuliert, dass nur mit einer internationalen Stützungsaktion eine weltweite Finanzkrise verhindert werden konnte.

Analysten gleichgültig ob mit oder ohne Nobelpreis muss man zugestehen, dass sie irren können. Unakzeptabel ist aber die bewusste öffentliche Irreführung der Anleger. Ende des vorigen Jahrtausends prägte die Kapitalmarktkommunikation eine derartig verbreitete Anlegertäuschung durch Emissionsbanken, Analysten und Manager der new economy, dass ein Teil der Spekulationsblase hierdurch erklärt werden kann. Angeregt durch verführerische Analystenreporte und ohne Kenntnis der Anlagerisiken in neu gegründeten Unternehmen verspekulierten zahlreiche private Anleger ihr Vermögen. Häufig investierten sie ihr Geld vom Sparbuch direkt in Internetunternehmen und wurden hierfür öffentlich als Repräsentanten einer neuen Aktienkultur gelobt.

Ausgewählte Fälle des Missbrauchs der Kommunikation

Auch mit Worten kann man Politik machen. Die Präsidenten der amerikanischen Notenbank und der EZB wissen dies und machen hiervon Gebrauch. Sie beeinflussen damit nachhaltig die Erwartungshaltung an den Kapitalmärkten. Aber auch der ehemalige Sprecher der Deutschen Bank, Dr. Breuer, der den Umgang mit den Medien hervorragend beherrschte, musste sich der Kraft seiner Worte bewusst gewesen sein, als er öffentliche Zweifel an der Kreditwürdigkeit der Kirch Gruppe übte. Hier eröffnet sich eine neue Dimension der Ethikdiskussion. Es entspricht zumindest nicht traditionellen Bankusancen, dass der Sprecher eines Kreditinstitutes, dessen eigene Kredite ausreichend abgesichert sind, ohne Zwang öffentlich die Kreditwürdigkeit eines Kunden in Frage stellt.

Angesichts der schlechten Ertragslage einiger Kreditinstitute verrohen in den Märkten die Sitten. Die Juristen können vielleicht beantworten, ob der Sprecher der Deutschen Bank, der zugleich Präsident des deutschen Bankenverbandes war, im Fernsehen am 4.2.2002 über einen bis zu diesem Zeitpunkt solventen Kunden behaupten durfte, „dass der Finanzsektor nicht bereit ist, auf unveränderter Basis weitere Fremd- oder Eigenmittel zur Verfügung zu stellen".

Egal wie die Juristen entscheiden, aus ethischer Sicht sollte ein Bankensprecher den Ruf eines Kunden nicht beschädigen. Die Deutsche Bank setzte sich jedenfalls dem Verdacht aus, sie hätte mit der Vorbereitung einer Zerschlagung der Kirch Gruppe dem eigenen Investment Banking zuarbeiten wollen.

Die Förderung des Investment Banking durch anlegerschädigende Kommunikationspolitik hat in den USA gegen Ende des vorigen Jahrtausends in großem Stil stattgefunden. Insbesondere Merrill Lynch ist deshalb in den Mittelpunkt der Ermittlungen der Generalstaatsanwaltschaft geraten. Mit unverantwortlich optimistischen Analystenempfehlungen wurden private Anleger zum Kauf dubioser Unternehmen verleitet. Für die bekannte Wall-Street-Firma geriet die schmutzige Zuarbeit der eigenen Research Abteilung zum ertragreichen Emissionsgeschäft zu einem Kommunikationsdebakel. Anhand interner E-Mails wurde aufgedeckt, dass die nach außen so euphorisch gestimmten Aktienanalysten nach innen die von ihnen zum Kauf empfohlenen Titel als „Müll" klassifizierten.

Auch bei Salomon Smith Barney von der Citigroup zahlte die Zeche unseriöser Analystenveröffentlichungen der private Anleger. Die Investmentbank honorierte das Kommunikationsverhalten ihres Star Analysten Jack Grubman mit bis zu 25 Mio. Dollar Jahresvergütung. Dieser kreierte dann auf dem Rücken der Privatanleger eine ertragreiche Symbiose zwischen Berater und Analyst von Telekommunikationsfirmen. Bei soviel Interessenkonflikten darf es nicht überraschen, wenn Analysten die Ethik in der Kommunikation zu Gunsten des schnellen Geldes über Bord werfen. Solange es ihnen gelingt, mit immer neuen Versprechungen zusätzliche Anleger zu verführen, werden sie als Stars gefeiert. Grubman wurde im Institutional Investor viermal zum Telekomanalysten der Wall Street gewählt. Er hat die in schwindelnde Höhen getriebenen Aktien des Telekommunikationskonzerns Global Crossing fast bis zur Einleitung der Insolvenz den Anlegern zum Kauf empfohlen. Als der Kurs der Aktie auf 16 Dollar eingebrochen war, empfahl er sie noch mit einem Kaufziel von 70 Dollar. Erst als Global Crossing zum Penny Stock abgewertet wurde revidierte er seine Kaufempfehlung.

Was nach Zusammenbruch der Spekulationsblase in den USA an Anlegerbetrug zu beklagen war, sprengte sämtliche zuvor bekannt gewordenen Fälle. Bei Enron wurden nicht nur mit Bilanztricks milliardenschwere Verluste kaschiert, sondern auch die eigenen Mitarbeiter durch gezielte Fehlinformationen zur Anlage ihrer Pensionsgelder nach dem 401 k-Plan im eigenen Unternehmen überredet. Zur gleichen Zeit nutzte das betrügerische Management sein Insiderwissen, um seine eigenen Anteile am Unternehmen mit hohen Gewinnen zu veräußern. Die Enron mit zahlreichen Emissionen und Mergers gewinnbringend betreuenden Investmentbanken haben diese unseriöse Informationspolitik nachhaltig unterstützt, indem ihre Analysten Enron bis in den Kursverfall hinein und teilweise sogar bis kurz vor die Insolvenz mit Kaufempfehlungen begleiteten. Die Informationspolitik dieser Banken war voll dominiert durch ihre Eigeninteressen. Die Dimension der 2002 bei Enron, Worldcom und Xerox aufgedeckten Bilanzfälschungen war so groß, dass in den Börsenmärkten die Gefahr des generellen Marktversagens bestand.[4] Die Anleger konnten den Veröffentlichungen und Bilanzen selbst großer Weltkonzerne nicht mehr trauen, und bestraften deshalb sämtliche Unternehmen mit Kursabschlägen. Aus ihrer Sicht war dieses Verhalten rational, denn sie berücksichtigten in ihrer Preisfindung das zum effektiven Unternehmensrisiko hinzutretende Risiko der bewussten Informationsverfälschung.[5]

Wir brauchen nicht in die USA zu schauen. Kleiner dimensioniert, aber nach gleichem Rezept wurden in Deutschland die Anleger am Neuen Markt skalpiert. Dabei stammt der Fachterminus „scalping" aus dem amerikanischen Kapitalmarkt, in dem schon frühzeitig Privatanleger durch Finanzmarktbetrüger um ihr angelegtes Vermögen gebracht wurden. Der Neue Markt leidet sicherlich unter den schlechten Geschäftsentwicklungen zahlreicher Internetunternehmen, sein Image wurde aber besonders durch unseriöse Manager und Analysten beschädigt.

Beispielsweise bescherte unzulässiges Directors Dealing den Unheil ahnenden Haffa Brüdern bei EMTV Insidergewinne, während die Privatanleger auf ihren vom dramatischen Kursverfall erfassten Aktien hoffnungsvoll ausharrten. Dabei widersprach der Verkauf von Anteilen am eigenen Unternehmen durch die geschäftsführenden Altaktionäre von EMTV einer mit der Westdeutschen Landesbank vereinbarten Lock Up Period.

---

[4] Vgl. Akerlof, G.A. (1970), S. 488-500.

[5] Die monetäre Erfassung der „Unsicherheit der Unsicherheitsschätzung" lässt sich mit der subjektiven Erwartungsnutzentheorie nachvollziehen. Vgl. Hirshleifer, J./ Riley, J.G. (1992), S. 13, sowie zum Überblick Eisenführ, F./ Weber, M. (1993), S. 208-210.

Auch bei dem Neue Markt Unternehmen Infomatec klagten Privatanleger wegen betrügerischer Kommunikation in den Ad hoc-Meldungen und wegen Insiderhandels. Schließlich waren nicht einmal Wirtschaftsprüfer in der Lage, bei Comroad den mit betrügerischer Absicht öffentlich kommunizierten Optimismus zu dekuvrieren. Stattdessen testierten sie Luftbuchungen mit fingierten asiatischen Firmen, die über 90 Prozent des Gesamtumsatzes von Comroad ausmachten. Diese traurigen Beispiele für die Schädigung der Privatanleger durch betrügerische Kommunikationspolitik lassen sich durch viele ähnlich gelagerte Fälle ergänzen.

Am 3.5.2002 wurde mit einer E-Mail, auf die gleich mehrere Nachrichtenagenturen hereinfielen, ein Übernahmeangebot für Gold-Zack durch die Deproma Sechsundzwanzigste Vermögensverwaltungs AG Berlin fingiert. In zwei Stunden stieg der Gold-Zack-Kurs um über 80 Prozent. Nach Aufdeckung der Informationsmanipulation sank er unter sein Ausgangsniveau.

Man muss nicht gleich mit von Nell-Breuning zwischen nützlichem Börsenhandel und schädlicher Börsenspekulation differenzieren[6], bei der Kapitalmarktkommunikation empfiehlt sich aber eine scharfe Trennung zwischen angestrebter objektiver Markteinschätzung und von Eigeninteressen geleiteter Fehlinformation. Um Kurse manipulieren zu können, brauchen die Verführer leichtgläubige Anleger, Medien als Multiplikatoren und möglichst einen Kultstatus als Börsenguru. Wie auch die Gerichte feststellen mussten, trifft man häufig auf eine schwer justitiable Grauzone der Beurteilung von Vergehen in der Kapitalmarktkommunikation. So bewirkten beispielsweise die von Edgar Prior im 3 SAT Börsenfernsehen verbreiteten Anlageempfehlungen Kursreaktionen von bis zu 40 Prozent.[7] Eine bewusste persönliche Bereicherung konnte dem Börsenbriefherausgeber in diesem Zusammenhang aber nicht nachgewiesen werden. Auch die Kauf- und Verkaufempfehlungen großer Investmentbanken verursachen Kursbewegungen. Hierzu wurden für den deutschen Markt in einer empirischen Studie 371 Empfehlungen großer Analystenhäuser ausgewertet.[8] Gegen die Kursrelevanz von Analystenempfehlungen ist aus ethischer Sicht erst einmal nichts einzuwenden. Sie ist ein Indiz dafür, dass die Analysen ernst genommen werden. Problematischer fällt die Beurteilung aus, wenn bereits vor Bekanntmachung Kursveränderungen festzustellen sind. Derartige Vorgänge deuten auf ein so genanntes Front Running hin. Der Analyst gerät aufgrund der Vorabkenntnis seiner eigenen Anlageempfehlungen in eine Art Insiderstellung, die mit der typischen Unternehmensinsiderposition wenigstens in Bezug auf die Kursrelevanz der Information vergleichbar ist. Damit gerät er in Versuchung, von seinem Auftraggeber gewünschte Informationen zu verbreiten oder sein Wissen durch vorgezogene Käufe oder Verkäufe für sich ge-

---

[6] Mit seinem Grundlagenwerk zur Börse hat von Nell-Breuning über viele Jahrzehnte hinweg die Diskussion über den Nutzen und Schaden von Börsenhandel beeinflusst. Vgl. von Nell-Breuning, O. (1928).

[7] Vgl. Gerke, W. (2000), S. 151-170.

[8] Vgl. Gerke, W./ Oerke, M. (1998), S. 1-14.

winnbringend zu nutzen. Außerdem besteht die Gefahr, dass er die Ergebnisse einer im Auftrag erstellten Expertise bewusst mit Zeitverzögerung der breiten Öffentlichkeit zur Verfügung stellt, um so seinem Finanzier wenigstens den Effekt einer „self-fulfilling prophecy" zu bescheren.

Ehrenkodex für Kapitalmarktkommunikation

Zur Eindämmung von anlegerschädigender Kapitalmarktkommunikation wurde im Auftrag des Bundesministeriums für Wirtschaft ein Ehrenkodex für anlegergerechte Kapitalmarktkommunikation entwickelt.[9] Dieser Kodex sollte für mehr Ethik in der Kapitalmarktkommunikation sorgen, und beschränkte sich deshalb nicht nur auf Analysten, sondern erfasste auch den Berufsstand der Journalisten. Die Wege für potenzielle Anlegerschädigung sind, wie Abbildung 1 skizziert, außerordentlich vielfältig.

Dabei zeigt sich, dass die Manager von Unternehmen keineswegs nur über falsche oder unterlassene Ad hoc-Meldungen, sondern auch über Interviews und Pressekonferenzen Marktmanipulation betreiben können. Das 4. Finanzmarktförderungsgesetz konnte sich dieser breiteren Sicht bei der Regelung von anlegerschädigender Unternehmenskommunikation leider nicht anschließen. Aber auch der insbesondere an Analysten und Journalisten gerichtete Ehrenkodex stieß auf wenig Gegenliebe bei den potenziell Betroffenen. Die vorgesehenen Sanktionen wurden als zu hart angesehen.

Dies galt für die Abschöpfung des unredlich erzielten Gewinnes, sowie für die maximalen Bußgelder von 50.000 Euro bei natürlichen Personen und 500.000 Euro bei Unternehmen und anderen Institutionen. Die Deutsche Vereinigung für Finanzanalyse und Asset Management (DVFA) hob hervor, dass sie einen eigenen Standeskodex besäße. Diese Ethikgrundsätze würden einen allgemeinen Ehrenkodex für anlegergerechte Kapitalmarktkommunikation erübrigen. Als positive Folge des vorgeschlagenen Ehrenkodex verschärfte die DVFA zwar noch während der politischen Diskussion ihren Standeskodex, die Überwachung der Kodexeinhaltung durch einen neutralen, beim Bundesaufsichtsamt für den Wertpierhandel anzusiedelnden Beirat lehnte sie aber ab.[10] Diese Kontrollfunktion wollte sie nicht außerhalb ihrer Standesvereinigung ausgeübt wissen. Dabei ist anzumerken, dass der eigene Kontrollbeirat der DVFA bis zum Zeitpunkt der Vorlage des Ehrenkodex nicht ein einziges Bußgeldverfahren verhängt hatte, was angesichts der Turbulenzen am Neuen Markt weniger für die hundertprozentige Seriosität der Analysten, sondern für eine gewisse Laxheit der Kontrolle spricht. Auch an dieser Stelle bestätigt sich wieder die Eingangsthese, dass die Bereitschaft zu Absichtserklä-

[9] Vgl. Gerke, W./ von Rosen, R. (2001), o.S.

[10] Zu den Bestimmungen des Kodex vgl. insbesondere Gerke, W./ von Rosen, R. (2001), S. 66-72.

rungen zu ethischem Verhalten in öffentlichen Diskussionen relativ groß ist. Die Verpflichtung zu ethischem Verhalten, das Opfer verlangt, ist nicht gegeben. Dies beginnt bereits, wenn dieses Opfer lediglich eine strengere externe Kontrolle beinhaltet.

Den Ausschlag zur Ablehnung des Kodex für anlegergerechte Kapitalmarktkommunikation gaben aber die Bedenken des Deutschen Presserats. Dieser sah das Recht der Wirtschaftsjournalisten auf Meinungsfreiheit gefährdet. Einen externen Beirat zur Sanktionierung von Journalisten, die Anleger bewusst und vorsätzlich schädigen, lehnte er entschieden ab. Diese ablehnende Position der Journalistenvertreter beeindruckte die Politiker nachhaltig. Sie entschlossen sich deshalb, einerseits zu den Analysten Teile des Kodex direkt in das 4. Finanzmarktförderungsgesetz aufzunehmen und andererseits die Kapitalmarktkommunikation der Journalisten unangetastet zu belassen.

Der vorgeschlagene freiwillige Kodex für anlegergerechte Kapitalmarktkommunikation bewirkte damit in Bezug auf seine Durchsetzbarkeit wesentlich mehr als ursprünglich zu erhoffen war. In Bezug auf die Schärfe und Breite seiner Sanktionen gegen anlegerschädigende Kapitalmarktkommunikation, sowie in Bezug auf die Einbeziehung der Journalisten blieb das 4. Finanzmarktförderungsgesetz aber weit hinter den Empfehlungen zurück.

Das Fazit zur Ethik in der Kapitalmarktkommunikation fällt damit relativ pessimistisch aus. Appelle zu mehr ethischem Verhalten in der Kommunikation stoßen bei denen, die es am meisten angeht, auf wenig Akzeptanz. Schon gar nicht besteht die Bereitschaft, für mehr Ethik persönliche Opfer zu bringen. Die Bürger müssen deshalb darauf bestehen, dass durch bewusst irreführende Kapitalmarktkommunikation entstehende Schäden leichter einklagbar werden, und dass die Kapitalmarktaufsicht personell und in ihren Befugnissen weiter gestärkt wird. Nicht nur die Unternehmen sollten den Anlegern für missbräuchliche Kapitalmarktkommunikation haften, sondern insbesondere auch die sie verursachenden Organmitglieder. Schadensersatzansprüche von Aktionären gegen ihre Gesellschaft stellen letztlich nur Umverteilungsprozesse zwischen den erfolgreich klagenden und den übrigen Aktionären dar. Organmitglieder sollten ihre Käufe und Verkäufe von Anteilen am eigenen Unternehmen zwei Tage vorher öffentlich bekannt machen und mit ihrem Limit sechs Tage im Markt stehen lassen. Dem eindeutigen Nachteil, den sie hierdurch hinnehmen müssen, entspricht ein Vorteil der weniger informierten Anleger. Einen so wichtigen Berufsstand wie die Journalisten darf man aus Bestimmungen zu mehr Ethik in der Kapitalmarktkommunikation nicht ausnehmen. Die Bekämpfung von anlegerschädigender Kursmanipulation hat nichts zu tun mit Einschränkung der Pressefreiheit im Sinne des Grundgesetzes.

Trotz des mit den Finanzmarktförderungsgesetzen bereits erzielten besseren Schutzes der Privatanleger bleibt als Ausblick auf die zukünftige Ethik in der Kapitalmarktkommunikation ein Aufruf an die Anleger zu bleibendem Skeptizismus gegenüber der Objektivität von Anlageempfehlungen und Unternehmensverlautbarungen und der abschreckenden Wirkung von Aufsichtsbehörden und Finanzmarktgesetzen. Die Errichtung so genannter „Chinese Walls“ zwischen Investmentbankern und Sell Side Analysten und die mit zahlreichen Befugnissen ausgestatteten Aufseher der SEC haben nicht verhindert, dass in den USA in großem Stil Anleger durch Falschmeldungen bewusst geschädigt wurden. Dies sind jedoch keineswegs Argumente gegen mehr Anlegerschutz. In den anonymen, liberalisierten internationalen Kapitalmärkten kann nicht darauf verzichtet werden, zum Schutz der Schwachen mehr Ethik in der Kapitalmarktkommunikation durch international abgestimmte Gesetze zu erzwingen, auch wenn es den totalen Schutz nie geben wird.

Literaturverzeichnis

Akerlof, G.A. (1970): The Market for "Lemons", in: QJE 1970, S. 488–500.

Fama, E.F. (1970): Efficient Capital Markets, in: Journal of Finance 1970, S. 383–417.

Fama, E.F./ French, K.R. (1992): The Cross Sections of Expected Stock Returns, in: Journal of Finance 1992, S. 427–465.

Eisenführ, F./ Weber, M. (1993): Rationales Entscheiden, Berlin.

von Nell-Breuning, O. (1928): Grundzüge der Börsenmoral, Freiburg i. Br.

Gerke, W. (2000): Missbrauch der Medien zur Aktienkursbeeinflussung – Ehrenkodex für Analysten und Journalisten, in: Rolke, L. Wolff, V. (Hrsg.): Finanzkommunikation durch Meinungspflege – das Geschäft mit dem Vertrauen, Frankfurt, S. 151-170.

Gerke, W./ Oerke, M. (1998): Marktbeeinflussung durch Analystenempfehlungen, in: ZfB-Ergänzungsheft 2/98, S. 1-14.

Gerke, W./ von Rosen, R. (2001): Kodex für anlegergerechte Kapitalmarktkommunikation, Gutachten Frankfurt/Nürnberg.

Hirshleifer, J./ Riley, J.G. (1992): The Analytics of Uncertainty and Information, Cambridge.

Osborne, M.F.M. (1959): Brownian Motion in the Stock Market, in: OR 1959, S. 145–173.

Poddig, T. (2001): Kursprognose, in: Gerke, W./ Steiner, M. (Hrsg.): Handwörterbuch des Bank und Finanzwesens, S. 1471–1486.

Schachtschneider, K.A. (2002): Zur Rolle und Fortentwicklung des Rechts im Hinblick auf die Verantwortlichkeit der multinationalen Unternehmen, in: Scherer, G. et al (Hrsg.): Globalisierung und Sozialstandards, München, S. 149–162.

Gesellschaftliche Funktionen internationalen Wettbewerbs

Manfred Neumann

Gegen Mutlosigkeit

Ein populärer Titel meines Vortrags würde lauten „Gefahren und Chancen der Globalisierung“. Bei dieser Formulierung kommen einem zuerst die Gefahren und Bedrohungen in den Sinn: Konkurrenz aus Schwellenländern Ostasiens und Osteuropas, Abwanderung von Betrieben in Niedriglohnländer, feindliche Übernahmen deutscher Unternehmen durch ausländische Konzerne – z.B. Mannesmann durch Vodafone – und so weiter. Chancen, die durch internationalen Wettbewerb eröffnet werden, kommen dagegen seltener in den Blick. Auch der Bundespräsident Rau hat in seiner Rede zwar die positiven Seiten der Globalisierung erwähnt, der Unterton war aber durchaus kritisch und gipfelte in der Mahnung, der Prozess der Globalisierung sei beherrschbar und müsse gesteuert werden.

Die Fokussierung auf die Bedrohungen durch Globalisierung, insbesondere die Angst vor einem Verlust an Arbeitsplätzen, ist Ausdruck einer verbreiteten Mutlosigkeit, die dazu führt, dass man voller Sorgen auf die Gefahren schaut und voller Bedenken übersieht, dass Globalisierung die Chance enthält, Neues zu wagen und zu gewinnen.

Erst in jüngster Zeit gibt es in Umfragen Anzeichen dafür, dass die Vorteile der Globalisierung zunehmend wahrgenommen werden. Während im November 1997 erst 14 % der Befragten eher Vorteile für Deutschland erwarteten, waren dies im Februar 2002 schon 23 % (Bundesverband deutscher Banken, Interesse 4.2002). Gleichwohl ist Mutlosigkeit noch weit verbreitet und beeinflusst auch die Einschätzung der Auswirkungen internationalen Wettbewerbs. Um das deutlich zu machen, soll der Blick zunächst ein wenig weiter gehen und über eine enge mikroökonomische Beurteilung des Wettbewerbs und seiner Auswirkungen hinausgehen.

Die hier kritisierte Mutlosigkeit kommt in Ängsten vor Investitionen zum Ausdruck, vor Ängsten namentlich, sich durch Kreditaufnahme existenzbedrohenden Risiken auszusetzen. So gesehen ist nicht zuletzt der Maastricht-Vertrag der Regierungen der Europäischen Union über die Begrenzung der Staatsverschuldung ein Dokument der Mutlosigkeit. Für weitergehende Forderungen nach einem stets ausgeglichenem Staatshaushalt gilt das erst recht. Schlicht gedacht, meint man, zuerst müsse gespart werden, ehe man investieren könne. Es ist in der Tat besorgniserregend, dass gegenwärtig gefordert wird, den als Folge einer Rezession eintretenden Verringerung der Steuereinnahmen durch Ausgabenkürzungen und Steuererhöhungen zu begegnen. Diese Rezeptur wurde in Deutschland schon einmal angewandt – mit katastrophalen Folgen. Das liegt aber schon siebzig Jahre zurück und scheint heute vielfach in Vergessenheit geraten zu sein. Vergessen ist offenbar, dass – plakativ formuliert – folgendes gilt: Investitionen schaffen sich ihre Ersparnis selbst!

Das ist eine Einsicht, die meines Wissens als erster Joseph Schumpeter im Jahre 1912 in seiner „Theorie der wirtschaftlichen Entwicklung" formuliert hat. Schumpeter wird heute zu Recht dafür gelobt, dass er Innovationen wagemutiger Unternehmer als die wesentliche Triebkraft der wirtschaftlichen Entwicklung hervorgehoben hat. Weniger bekannt ist, dass Schumpeter auch die Idee der Geldschöpfung durch Kredit als erster formuliert hat, ein Lehrstück, das heute in allen Lehrbüchern der Geldtheorie zu finden ist, aber praktisch kaum mehr mit der Idee des dynamischen Unternehmers in Verbindung gebracht wird. In der Tat ist ein Pionier-Unternehmer im Sinne Schumpeters, ein Unternehmer, der Innovationen vornimmt, nicht ohne den Kredit vorstellbar. Der Kredit verschafft ihm den Zugang zu den Ressourcen, die zur Realisierung der Innovation erforderlich sind. Der Kredit basiert nicht auf vorhergehenden Ersparnissen, er rechtfertigt sich durch den erwarteten Ertrag und kann durch diesen mit Zins und Tilgung bedient werden.

Diese von Schumpeter für die Unternehmer formulierte Einsicht gilt natürlich ebenso für staatliche Investitionen. Das Musterbeispiel ist die Haushaltspolitik des amerikanischen Präsidenten Ronald Reagan. Haushaltsdefizite, d.h. aufgenommene Kredite, zu Finanzierung staatlicher Investitionen rechtfertigen sich durch die Erwartung künftiger Steuereinnahmen, die aus höherem Wirtschaftswachstum resultieren. Reagan musste sich seinerzeit als ökonomischen Ignoranten beschimpfen und durch ein Kinostück lächerlich machen lassen. Am Ende hatte er aber Recht, wenn der Erfolg auch erst in der Amtszeit seiner Nachfolger voll sichtbar wurde. Reagan hat für die amerikanische Wirtschaft nur das praktiziert, was für private Unternehmen selbstverständlich ist.

Welches Unternehmen würde Innovationen durchführen können, wenn es in jeder Periode einen „ausgeglichenen Haushalt" im Sinne der kameralistischen Haushaltsführung realisieren würde, wenn es also alle Investitionen aus der Ansammlung von Überschüssen der laufenden Erlöse über die laufenden Aufwendungen finanzieren müsste.

Ähnlich mutlos ist auch die Geldpolitik der Europäischen Zentralbank und war die Geldpolitik der Deutschen Bundesbank. Die Fixierung der Aufgabe der Zentralbank auf die Verhinderung einer Inflation hat zwar in Europa eine gewisse Berechtigung, da nicht wenige Regierungen in der Vergangenheit Beschäftigungspolitik – nicht zuletzt bedingt durch aggressive Gewerkschaften – durch Inflation und Abwertung ihrer Währungen betrieben haben. Im Ergebnis hat diese Orientierung aber die wirtschaftliche Stagnation gefördert. Im Gegensatz dazu hat die amerikanische Zentralbank unter der Führung von Greenspan eine offensivere Geldpolitik betrieben, die privaten Investitionen größere Chancen ließ und damit die internationale Wettbewerbsfähigkeit der amerikanischen Wirtschaft stärkte. Es ist in der Tat bemerkenswert, dass auch heute noch der kurzfristige Zins der amerikanischen Notenbank niedriger ist als der Zins der Europäischen Zentralbank.

Aus dieser Sicht heraus möchte ich hier dafür plädieren, Mut zu fassen, die Chancen der Globalisierung zu erkennen und in der Wirtschaftspolitik Bedingungen zu schaffen, die es privaten Unternehmen besser als bisher erlauben, diese Chancen auch wahrzunehmen.

Der erste Punkt meiner Darlegungen wird darin bestehen, die Chancen der Globalisierung zu beschreiben. Globalisierung, d.h. vor allem Öffnung nationaler Märkte für internationalen Handel und internationalen Kapitalverkehr, ist an sich nichts Neues. Globalisierung war schon vor dem Ersten Weltkrieg gang und gäbe. Die Außenhandelsquoten, Export- und Importquoten, der europäischen Länder waren ähnlich hoch wie heute. Große Kapitalströme bewegten sich zwischen den europäischen Ländern und flossen nach Amerika und in den Orient, und Wanderungen von Menschen insbesondere über den Atlantik unterlagen keinen staatlichen Beschränkungen. Globalisierung wurde dann durch den Weltkrieg und die daraus folgenden politischen Verwicklungen stark reduziert, um erst nach dem Zweiten Weltkrieg durch internationale Abkommen, wie z. B. das GATT und die WTO, wieder belebt zu werden.

Eine regional beschränkte Globalisierung, die allerdings inhaltlich deutlich weiter geht, wurde durch den europäischen Einigungsprozess eingeleitet und durch die Schaffung des europäischen Binnenmarktes der EU verstärkt.

Zum zweiten soll die Tatsache hervorgehoben werden, dass Globalisierung Wettbewerb beinhaltet, internationalen Wettbewerb, der auf die nationalen Märkte ausstrahlt. Doch auch hier möchte ich dafür plädieren, für eine Exportnation wie Deutschland vor allem die Chancen und weniger die Gefahren zu thematisieren. An diesem Punkt vor allem sind die gesellschaftspolitischen Aspekte des Wettbewerbs, insbesondere ethische Gesichtspunkte, zu diskutieren.

Drittens möchte ich darauf aufmerksam machen, dass nach aller Erfahrung die internationale Wettbewerbsfähigkeit eines Landes durch internen Wettbewerb gestärkt wird. Um das zu erreichen, ist eine konsequente Wettbewerbspolitik erforderlich. Diese ist in einem geeigneten ordnungspolitischen Rahmen, der makroökonomische und sozialpolitische Aspekte einschließt, zu realisieren.

Wohlstand für alle durch Globalisierung

Es dürfte heute unbestritten sein, dass internationaler Handel den ökonomischen Wohlstand fördert. Wie in den Lehrbüchern der Volkswirtschaftslehre zutreffend dargestellt wird, kann sich jedes Land auf die Produktion derjenigen Güter spezialisieren, für die es vergleichsweise günstige Produktionsbedingungen von Natur aus besitzt oder durch vorausgegangene Kapitalbildung geschaffen hat. Durch Arbeitsteilung wird Wissen, das kein Einzelner insgesamt besitzt oder besitzen kann, für alle nutzbar gemacht. Dadurch wird die Produktion verbilligt, eine größere Nachfrage kann befriedigt werden, und die Einkommen der am Handel beteiligten Länder steigen.

Zunehmend ist in jüngerer Zeit wahrgenommen und in die Theorie des internationalen Handels inkorporiert worden, in welch hohem Maße Wettbewerbsvorteile und damit Ausmaß und Richtung des internationalen Handels durch Innovationen und die dadurch herbeigeführten Produktivitätsfortschritte bestimmt werden. Hand in Hand ging damit die Einsicht einher, dass Wettbewerb sich vor allen Dingen in Innovationen manifestiert, in neuen Produktionsverfahren, durch die sich die Produktion verbilligt, und durch neue Produkte, die neue Nachfrage weckt.

Im Ergebnis bedeutet internationaler Handel mit Waren und Dienstleistungen, dass letztlich Produktionsfaktoren – Arbeit, Kapital und Boden – miteinander konkurrieren. Das hat zur Folge, dass nicht allein die im Inland vorhandene Angebotsrelation von Arbeit und Kapital ihre relative Entlohnung bestimmt, sondern in einem beträchtlichen Ausmaß auch die weltweite Angebotsrelation. Da Arbeit weltweit reichlich vorhanden ist, Kapital dagegen knapp ist, entsteht durch Globalisierung ein Druck auf die Löhne in den Industrieländern. Das gilt unabhängig davon, inwieweit Arbeit und Kapital international mobil ist.

Diese Tendenz zur internationalen Angleichung der Faktorpreise kann dadurch aufgehalten – oder sogar umgekehrt werden –, dass sich die Industrieländer durch Innovationen Wettbewerbsvorsprünge verschaffen. Für Industrieländer, denen dies gelingt, ist es deshalb möglich, hohe Löhne auch gegen internationalen Wettbewerb zu behaupten, ohne eine Einbuße an Wettbewerbsfähigkeit zu erleiden. In den USA sind die Einkommen für qualifizierte Arbeit gestiegen, während die Löhne für einfache Arbeit seit langem konstant geblieben oder sogar gesunken sind, so dass die Arbeitslosigkeit im Bereich einfacher Arbeit niedrig geblieben ist. Demgegenüber wurde in Deutschland durch den Widerstand der Gewerkschaften ein gleichartiges Sinken der Löhne für einfache Arbeit weitestgehend verhindert – mit der Folge von Arbeitslosigkeit in diesem Bereich.

Spezialisierung durch internationalen Handel bedeutet natürlich auch, dass im Prozess der wirtschaftlichen Entwicklung nicht alle Wirtschaftsbereiche im gleichen Maße wachsen können. Diejenigen, in denen das betreffende Land Wettbewerbsvorteile besitzt, wachsen überproportional, andere bleiben zurück oder schrumpfen sogar. An einigen Stellen entstehen neue Arbeitsplätze, an anderen gehen Arbeitsplätze verloren. Internationaler Handel beinhaltet „schöpferische Zerstörung" im Sinne Schumpeters. Letztlich können aber alle profitieren. Ludwig Erhard hat dies durch den Slogan „Wohlstand für alle" prägnant zum Ausdruck gebracht.

Richtig ist freilich auch, dass es nicht allen zur gleichen Zeit im gleichen Maße besser gehen muss. In den zurückgebliebenen Wirtschaftszweigen entstehen Verluste, Verluste an Arbeitsplätzen und Einkommen, die nicht immer und sofort durch Vorteile kompensiert werden. Insoweit stellt Globalisierung in der Tat eine Bedrohung für Besitzstände dar. Eine Verweigerung des Strukturwandels hat jedoch wirtschaftliche Stagnation zur Folge. Am Ende wird es dann allen schlechter gehen, so dass die zunächst nur potentielle Bedrohung durch den Wettbewerb einer globalen Wirtschaft zur tatsächlichen Bedrohung wird. Auf der anderen Seite, das sei schon hier angemerkt, schafft wirtschaftliches Wachstum die Voraussetzungen dafür, dass die im Prozess des wirtschaftlichen Wandels zeitweise Zurückgebliebenen durch das Netz der Sozialpolitik aufgefangen werden können.

Ein Aspekt, der erst in jüngerer Zeit in die ökonomische Literatur zum internationalen Handel Eingang gefunden hat, für unsere Beurteilung des internationalen Wettbewerbs aber von größter Bedeutung ist, stellt die Existenz von Größenvorteilen dar. Sie kommen darin zum Ausdruck, dass die Produktion mit Fixkosten verbunden ist, so dass die Durchschnittskosten des größeren Betriebes geringer sind als die Durchschnittskosten eines kleineren Betriebes. Großunternehmen können also Wettbewerbsvorteile genießen und kraft dessen kleinere Konkurrenten vom Markt verdrängen. In der Tat lässt sich beobachten, dass im Zuge der Globalisierung Unternehmenszusammenschlüsse stattfinden und die schon bisher großen Konzerne der Industrie durch grenzüberschreitende Fusionen noch größer werden. Aus dieser Beobachtung erwächst die Besorgnis, dass die Konzentration in der Wirtschaft zunimmt und damit der Wettbewerb geschwächt wird.

Diese Sorge ist zum Teil berechtigt, doch nicht jeder Unternehmenszusammenschluss muss zu einer Wettbewerbsbeschränkung führen. Man kann vielmehr zeigen, dass auch bei völlig freiem Zutritt zu den Märkten, d.h. bei Abwesenheit aller Wettbewerbsbeschränkungen, Globalisierung der Märkte infolge der Existenz von Fixkosten zu größeren Unternehmenseinheiten führen wird. Auf den einzelnen nationalen Märkten ist dann die Zahl der Anbieter zwar geringer geworden, auf dem größeren, jetzt relevanten Markt aber gibt es eine größere Zahl von Konkurrenten.

Wohlstand durch Wettbewerb

Damit komme ich jetzt zu der Frage, warum Wettbewerb denn überhaupt vorteilhaft ist. Das ist eine Frage, die auch aus ethischer Sicht der Beantwortung bedarf.

Schon in der Mitte des 19. Jahrhunderts, als die Industrielle Revolution in England einen ersten Höhepunkt erreicht hatte und ihre Erfolge in Weltausstellungen dokumentiert wurden, schrieb der damals führende englische Nationalökonom John Stuart Mill,

dass er niemals von der Idee begeistert gewesen sei, der Normalzustand der Menschheit bestehe im Konkurrenzkampf, von der Idee, dass Niedertrampeln, Einsatz der Ellbogen und immerzu den Atem des Verfolgers im Nacken zu spüren, das bestmögliche Los des Menschen sei, sondern nicht mehr als ein Symptom einer Phase der industriellen Entwicklung.

Einige Jahrzehnte später stellte in den USA der Journalist A. J. Eddy (1912) fest: „Konkurrenz ist Krieg und Krieg ist die Hölle“. Er leitete daraus ab, dass friedliche Kooperation der Konkurrenz vorzuziehen sei und unterbreitete Vorschläge zu Beschränkung des Wettbewerbs.

Mit den zitierten Äußerungen wird in der Tat eine ethisch wichtige Frage angesprochen. Warum sollte man Wettbewerb gut finden? Wäre nicht Kooperation besser? Diese Frage ist nicht zuletzt deshalb brisant, weil Wettbewerb vom Selbstinteresse des Einzelnen angetrieben wird, vom Streben, der erste zu sein und andere zu übertrumpfen, so dass vielfach Egoismus und Rücksichtslosigkeit belohnt wird. Das Prinzip Wettbewerb durch Verfolgung des Selbstinteresses scheint also auf den ersten Blick dem Gebot der Nächstenliebe, das eines der Fundamente jüdisch-christlicher Ethik ist, zu widersprechen.

Zwei Argumente sind zu bedenken.

Erstens ist zu bedenken, dass das biblische Gebot „Liebe deinen Nächsten wie dich selbst“ Selbstinteresse nicht ausschließt. Es bringt vielmehr Selbstinteresse und Rücksichtnahme auf das Wohl des Nächsten in ein widerspruchsfreies Verhältnis. Die englischen Klassiker haben sich mit diesem Problem intensiv auseinandergesetzt. So nimmt John Stuart Mill (Utilitarianism 1861, S. 22) auf das Wort Jesu (Mt. 7,12) Bezug „Alles nun, was ihr wollt, das euch die Leute tun sollen, das tut ihnen auch.“ Das ist „das Gesetz und die Propheten“, und in seinem Buch „On Liberty“ (1859, S. 16f.) stellt er fest:

The only freedom which deserves the name is that of pursuing our own good in our own way, so long as we do not attempt to deprive others of theirs or impede their efforts to obtain it.

(Freiheit, die diesen Namen verdient, besteht darin, dass wir unser eigenes Wohl auf selbstgewählte Weise verfolgen können, und zwar so lange, wie wir dabei nicht anderen ihre Möglichkeiten beschneiden oder ihre Anstrengungen untergraben.)

Danach darf also die Verfolgung des Selbstinteresses andere nicht daran hindern, auch ihr Selbstinteresse zu verfolgen. Das schließt – wohlgemerkt – nicht aus, dass Konkurrenten einen Schaden erleiden, schließt nicht durch Wettbewerb herbeigeführte „schöpferische Zerstörung" aus. Es schließt aber aus, dass ein Unternehmen, das über Marktmacht verfügt, potentielle Konkurrenten am Marktzutritt hindert.

Darin besteht demzufolge das grundlegende Postulat einer wohlverstandenen Wettbewerbspolitik. Sie muss Wettbewerbsbeschränkungen verhindern. Es ist sehr schwer, Wettbewerb positiv zu definieren und deshalb praktisch kaum möglich, Wettbewerb durch staatliche Maßnahmen herzustellen. Es ist aber durchaus möglich, Wettbewerbsbeschränkungen zu erkennen. Freilich ist es nicht immer einfach, sie zu verhindern.

Zweitens ist zu bedenken, dass der Begriff des Nächsten einer genaueren Bestimmung bedarf. Ist Nächster nur der Angehörige einer kleinen, überschaubaren Gruppe von Menschen, so kann der einzelne bei seinem Verhalten durchaus das Wohlergehen der Gesamtgruppe im Auge behalten, das durch eigenes Handeln nicht verletzt werden sollte. Diese in der Sicht des Alten Testamentes vermutlich zutreffende Interpretation des Begriffs des Nächsten kann freilich nicht gelten, wenn der Begriff des Nächsten wie im Christentum universalistisch gedeutet wird. Das Gesamtinteresse einer Großgruppe, einer Nation oder gar der ganzen Welt ist inhaltlich nicht bestimmbar. Es sei denn durch einen Diktator, den wir uns nicht wünschen sollten.

Es muss also ein anderer Weg gefunden werden, um das Gesamtinteresse mit dem Individualinteresse in Übereinstimmung zu bringen. Der Weg dahin, der letztlich in den von J.S. Mill dargelegten Argumenten verankert ist, wurde durch den schottischen Philosophen und Nationalökonomen Adam Smith (1776) vorgezeichnet.

Man geht wohl zu Recht von der Voraussetzung aus, dass Selbstinteresse die dominante Motivation des Menschen ist. Altruismus ist nicht ausgeschlossen und wird vielfach auch als sympathischer empfunden. Er ist jedoch im Vergleich zum Selbstinteresse weit weniger wirksam. Wenn es nicht so wäre, würde man nicht Menschen, die sich durch hervorragende Taten der Nächstenliebe ausgezeichnet haben, als Heilige verehren. Andererseits ist die religiöse Literatur voller Verbote und Drohungen gegenüber Egoismus, Habgier und dergleichen. Die Häufigkeit solcher Ermahnungen beweist, dass sie gewöhnlich nicht befolgt wurden und auch gegenwärtig vielfach nicht befolgt werden. Das wird nicht zuletzt durch die jüngsten Skandale an den Aktienmärkten belegt. Selbst in den USA, wo man in der Öffentlichkeit bis vor kurzem extrem hohe Einkommen der Führungskräfte der großen Unternehmen als Entlohnung für effektives Management bereitwillig akzeptierte, macht sich neuerdings eine kritische Einstellung bemerkbar. So wird in einem Editorial von Business Week (April 22, 2002) missbilligend Folgendes festgestellt: 1980 belief sich die Entlohnung eines CEO (Chief Executive Officer) auf das 42-fache des Durchschnittseinkommens eines Arbeiters, im Jahre 2000 auf das 531-fache. Ein solcher Anstieg ist kaum durch Steigerungen der Effektivität des Managements zu begründen.

Kurz gesagt: Habgier ist nicht auszurotten. Das führt zu der Frage, wie man diesem Laster begegnen soll. Wie kann man es gesellschaftspolitisch unschädlich machen, wenn Mahnungen wenig hilfreich sind?

Um eine Konvergenz zwischen Gesamtinteresse und Individualinteresse zu erreichen, muss ein anderer Weg eingeschlagen werden. Adam Smith hat dazu die Metapher der unsichtbaren Hand eingeführt. Sie besagt folgendes:

Wenn es keine Beschränkungen des Wettbewerbs gibt, führt die Verfolgung des Selbstinteresses, wie von einer unsichtbaren Hand geleitet, zur Erreichung eines Ergebnisses, das niemand bewusst angestrebt hat oder auch nur anstreben konnte, zu einem Ergebnis, das dem gesellschaftlichen Interesse dient.

Diese Einsicht hat weitreichende Implikationen. Sie beinhaltet erstens, dass eine gesellschaftliche Institution, der Wettbewerb, ethische Konsequenzen hat, die über die Individualethik hinausgehen. Sie beinhaltet zweitens, dass Selbstinteresse für sich allein genommen, keine ethische Legitimation besitzt. Es erhält diese nur durch die Konsequenzen, die sich bei Wettbewerb ergeben.

Durch Wettbewerb wird das natürliche Streben des Menschen nach Selbstverwirklichung gewissermaßen domestiziert, gezähmt und in den Dienst der Gesellschaft gestellt. Durch Wettbewerb wird ein Entdeckungsverfahren installiert, das – angetrieben durch das Selbstinteresse – Innovationen hervorbringt, die niemand voraussehen konnte und vorher gesehen hat. Damit sind wir wieder beim Prozess der „schöpferischen Zerstörung“ durch Innovationen im Wettbewerb, der nach dem Urteil von Ludwig Erhard zu Wohlstand für alle führt.

Die von Adam Smith als erstem ausgesprochene Einsicht über die sozialethischen Konsequenzen des Wettbewerbs hat in der neueren Entwicklung der ökonomischen Theorie eine präzise Formulierung erfahren. Sie gipfelt in dem Lehrsatz, dass bei vollständigem Wettbewerb ein „Pareto-Optimum“ erreicht wird. Vollständiger Wettbewerb liegt dann vor, wenn niemand in der Lage ist, den Preis für das von ihm angebotene Produkt zu bestimmen. Ein Pareto-Optimum ist dann erreicht, wenn niemand mehr besser gestellt werden kann, ohne dass ein anderer schlechter gestellt werden muss. Wettbewerb führt danach zu einem Höchstmaß an Effizienz.

Dieses Theorem ist vielfach als unrealistisch und deshalb wirtschaftspolitisch wertlos kritisiert worden. Namentlich von der sog. evolutorischen Ökonomik ist vorgebracht worden, dass das Theorem auf der Annahme beruhe, den Wirtschaftssubjekten seien die technologischen Möglichkeiten vollständig bekannt, so dass sie optimal ausgeschöpft werden könnten. Das aber sei gar nicht möglich, denn Wettbewerb sei ein Entdeckungsverfahren, in dem die technologischen Möglichkeiten erst im nachhinein durch vollzogene Innovationen bekannt würden. Deshalb sei ein Pareto-Optimum überhaupt nicht ex ante bestimmbar.

Das ist zwar richtig, dennoch ist die evolutorische Kritik unberechtigt, denn sie beruht auf einem Missverständnis über die Rolle der ökonomischen Theorie. Da eine Prognose über zukünftige Innovationen nicht möglich ist, ist ökonomische Theorie, sei sie neoklassisch oder evolutorisch, nicht in der Lage inhaltliche Voraussagen zu treffen. Sie kann aber durchaus „Mustervoraussagen" (pattern predictions) zu treffen. Eine wesentliche Aussage dieser Art besteht in der These, dass ungehinderter Wettbewerb – als Entdeckungsverfahren – tendenziell zu einem Resultat führt, das gesellschaftspolitisch allen Alternativen überlegen ist.

Eine Alternative, für die immer wieder geworben wird, stellt die Kooperation dar. Tatsächlich aber ist Kooperation in einer begrenzten Gruppe gesellschaftspolitisch und ethisch dem Wettbewerb immer unterlegen. Eine Gruppe wird immer egoistisch handeln, weil sie naturgemäß nur ihr eigenes Interesse definieren und verfolgen kann. Dies wirkt sich regelmäßig zu Lasten Dritter aus. Es steht damit diametral im Widerspruch zu dem utilitaristischen Prinzip von J.S. Mill, dass die Freiheit und die Chancen Dritter nicht beeinträchtigt werden dürfen.

Diese Einsicht ist die Grundlage für das Verbot von Kartellen und wettbewerbsbeschränkenden Fusionen. Regelmäßig wird zur Begründung von Wettbewerbsbeschränkungen durch Kartelle und Fusionen vorgebracht, dass die Wettbewerbsfähigkeit der Unternehmen der betreffenden Branche gestärkt und dadurch der Verlust von Arbeitsplätzen verhindert werde. Übersehen wird dabei, dass durch die Verhinderung von Beschränkungen des Wettbewerbs das gesamtwirtschaftliche Wachstum begünstigt wird, so dass an anderen Stellen der Wirtschaft neue Arbeitsplätze entstehen. So sind beispielsweise durch die Beseitigung des Monopols der Telekommunikation zahlreiche Arbeitsplätze bei der Deutschen Telekom verloren gegangen, in neu entstandenen Unternehmen aber sind neue Arbeitsplätze geschaffen worden.

Der Einsicht in die Überlegenheit des Wettbewerbs liegt zugleich der Forderung zugrunde, Beschränkungen des internationalen Handels und des internationalen Kapitalverkehrs zu beseitigen. Zwischen der Wettbewerbspolitik und der Außenwirtschaftspolitik bestehen zudem enge Beziehungen. Handelsbeschränkungen wie zum Beispiel Zölle und Einfuhrquoten bilden einen Schutzwall für Kartelle und andere Wettbewerbsbeschränkungen. So konnten sich zum Beispiel am Ende des 19. Jahrhunderts die zahlreichen Kartelle in Deutschland wie auch in anderen europäischen Ländern dank der in jener Zeit herrschenden Schutzzollpolitik weitestgehend ungehindert entfalten. Die Beseitigung von Handelsbeschränkungen und auch schon ihre Verringerung führen zu mehr Wettbewerb und damit zu Wohlfahrtssteigerungen. Das Gleiche gilt für die Verhinderung von Subventionen für einzelne Wirtschaftszweige, durch die der internationale Wettbewerb verzerrt wird.

Darüber hinaus sind Großunternehmen sowie Wirtschaftsverbände, die die Interessen ihrer Mitgliedsfirmen vertreten, ebenso wie Gewerkschaften in der Lage, politischen Einfluss auszuüben. Da regelmäßig das eigene Interesse mit dem der Gesellschaft gleichgesetzt wird – „What's good for General Motors is good for America!" – entstehen durch politische Begünstigungen Wettbewerbsbeschränkungen. Der kürzlich verstorbene Mancur Olson (The Logic of Collective Action, New York 1965) hat die gesamtwirtschaftlich schädlichen Wirkungen von Interessenverbänden eindrucksvoll dargestellt.

Internationale Wettbewerbsfähigkeit durch Wettbewerb

Das führt mich zur letzten These meines Vortrags: Die internationale Wettbewerbsfähigkeit eines Landes, genauer: der Unternehmen und Arbeitnehmer eines Landes, wird durch Wettbewerb auf dem Binnenmarkt gestärkt. Diese Tatsache ist empirisch durch zahlreiche Studien belegt worden. Hier in Nürnberg hat Egon Görgens in seiner Dissertation (Wettbewerb und Wirtschaftswachstum, Freiburg i.Br. 1969) diesen Nachweis erbracht. Zum gleichen Ergebnis kam Michael Porter in seinem Buch The Competitive Advantage of Nations, New York 1990, sowie die Weltbank in ihrer Studie über die Rolle der Institutionen im wirtschaftlichen Wandel, im World Development Report 2002. Sie steht freilich in einem krassen Widerspruch zu der Auffassung, die vielfach von gutmeinenden Politkern vertreten wird.

Zur Förderung der sog. internationalen Wettbewerbsfähigkeit von Nationen wird vielfach gefordert, dass Großunternehmen geschaffen werden müssten, Nationale Champions, die den konkurrierenden Großunternehmen anderer Länder „auf gleicher Augenhöhe" begegnen könnten. Diese vom französischen Journalisten Servan-Schreiber in seinem Buch über die amerikanische Herausforderung 1967 vertretene These ist neuerdings auch vom deutschen Wirtschaftsminister vertreten worden.

Dieser Auffassung steht zunächst die empirische Evidenz entgegen. Obgleich die führenden deutschen Industrieunternehmen wesentlich kleiner waren und zum Teil bis heute kleiner sind als ihre US-amerikanischen Konkurrenten, waren sie im Export ebenbürtig, wenn nicht sogar überlegen. Ferner waren es in Amerika nicht die Mammutunternehmen, die im High-Tech-Bereich durch Pionierleistungen bekannt geworden sind. Es war nicht die Größe von Unternehmen, die sie befähigte innovative Durchbrüche zu erzielen. Es war genau umgekehrt! Unternehmen wurden groß, weil sie infolge von Pionierleistungen an den Märkten Erfolge erzielen konnten.

Demgegenüber haben sich Hoffnungen, durch Fusionen Effizienzvorteile zu erlangen – sog. Synergie-Effekte – vielmals als unbegründet erwiesen. In einer recht großen Zahl von Studien ist gezeigt worden, dass in mehr als 50 % aller jeweils untersuchten Fusionen die erhofften Synergie-Effekte weit hinter den Erwartungen zurückgeblieben sind.

Ein berühmtes Beispiel aus der amerikanischen Geschichte stellt die Gegenüberstellung von Standard Oil of New Jersey und United States Steel dar. Die von John D. Rockefeller gegründete Firma, die ein Monopol des Erdölmarktes in den USA und darüber hinaus besaß, wurde durch ein Urteil des obersten Gerichts der USA in Teile zerlegt, die anschließend alle prosperierten. Demgegenüber war das aus Fusionen hervorgegangene dominierende Stahlunternehmen der USA in der Lage, der Zerschlagung durch ein Gerichtsurteil zu entgehen – und es ging fortan ständig bergab. US Steel hat es bis heute nicht geschafft, ohne staatliche Hilfe zu prosperieren.

Diese Beobachtungen sprechen eine deutliche Sprache. Sie sind ein Indiz gegen die Annahme, die internationale Wettbewerbsfähigkeit eines Landes könne durch eine interventionistische Industriepolitik gefördert werden. Die Begründung für die Ablehnung einer solchen Industriepolitik stützt sich auf zwei Argumente.

Erstens unterliegt unternehmerische Tätigkeit immer dem Risiko des Fehlschlags, denn technologische Entwicklungen sind nicht vorhersehbar. Karl Popper (The Poverty of Historicism, London 1957, p. XII) brachte dies auf den Punkt, indem er lakonisch feststellte, man könne nicht heute schon wissen, was erst morgen bekannt wird. Wenn der Staat einzelne Unternehmen oder eine bestimmte Technik durch Subventionen fördert, geht er eine Verpflichtung ein, den eingeschlagenen Weg auch dann fortzusetzen, wenn sich ein Misserfolg abzeichnet. Das führt notwendigerweise zu Wettbewerbsverzerrungen gegenüber alternativen Techniken, die nicht staatlich gefördert worden sind.

Zweitens sollte der Staat nach dem Verständnis einer freiheitlichen Verfassung kein selbständig handelnder Akteur im gleichen Sinne sein wie dies die Bürger des Landes sind. Die Rede von der internationalen Wettbewerbsfähigkeit eines Landes lädt deshalb stets zu dem Missverständnis ein, es gäbe ein eigenständiges Staatsinteresse. Das wäre letztlich eine merkantilistische Vorstellung, die ihre Berechtigung besaß, als im 16. bis zum 18. Jahrhundert die europäischen Staaten von absoluten Fürsten regiert wurden, die ihre Machtbefugnis von „Gottes Gnaden" herleiteten. Sie betrieben eine Wirtschaftspolitik zur Stärkung ihrer Macht und förderten zu diesem Zweck bestimmte Unternehmen. In einer demokratischen Gesellschaft hat eine solche Politik keinen Platz. In einer demokratischen Gesellschaft lässt sich ein eigenständiges Staatsinteresse nicht definieren. Vielmehr ist der Staat letztlich nicht mehr als die Summe der Bürger, und die Regierung, von den Bürgern gewählt, ist nur der Sachwalter der Interessen der Bürger. Teilnehmer am Wettbewerb, auch am internationalen Wettbewerb können deshalb nur Individuen sein und Unternehmen, die im Interesse der Eigentümer – möglicherweise auch anderer „stakeholder“ – handeln.

Nebenbei sei angemerkt: Ich weiß sehr wohl, dass die in Deutschland herrschende juristische Deutung einer Kapitalgesellschaft ein eigenständiges Interesse der Gesellschaft beinhaltet. Ich halte dies aber für ein Relikt einer antiquierten Staatsphilosophie, die zugunsten der im angelsächsischen Rechtskreis herrschenden Auffassung aufgegeben werden sollte, nach der von den Organen einer Kapitalgesellschaft erwartet wird, dass sie („due diligence“) den Interessen der Eigentümer dienen. Aus dieser Sicht folgt auch das Prinzip der „shareholder value“ Maximierung.

Die Ablehnung eines eigenständigen Staatsinteresses schließt freilich nicht aus, dass die Regierung eine wichtige Rolle für die internationale Wettbewerbsfähigkeit der inländischen Wirtschaft spielt. Das soll aber nicht durch unmittelbare Teilnahme des Staates am Wirtschaftsprozess geschehen, sondern durch die Schaffung einer Rahmenordnung, die wirtschaftliche Freiheit garantiert und Wettbewerbsbeschränkungen verhindert. In der Europäischen Union obliegt diese Aufgabe nicht allein den Mitgliedstaaten, sondern vor allem der Union und ihren Organen. Nationalstaaten befinden sich allzu oft in der Position einer begrenzten Gruppe, die allein ihren Vorteil zu Lasten anderer verfolgt und sich damit letztlich selbst schädigt. In der EU sind durch die Schaffung des Binnenmarktes zahlreiche Wettbewerbsbeschränkungen – zum Teil gegen den Widerstand der Regierungen der Mitgliedstaaten – beseitigt worden, wodurch die internationale Wettbewerbsfähigkeit der Gemeinschaft und der Wohlstand der Bürger gefördert worden ist.

Ein wesentlicher Bestandteil der Rahmenordnung ist die Sozialpolitik. Auf der einen Seite ist Sozialpolitik unabdingbar, um Verwerfungen im Prozess der schöpferischen Zerstörung abzufedern und erträglich zu machen. Gleichzeitig ist wirtschaftliches Wachstum und Wohlstandssteigerung durch Wettbewerb Voraussetzung dafür, dass Sozialpolitik finanzierbar ist. Andererseits gehen von der Abgabenlast, die zur Finanzierung sozialpolitischer Aufgaben verursacht wird, negative Anreizeffekte aus, die wirtschaftliches Wachstum hemmen. Es ist und bleibt ein schwieriges Unterfangen, ein gutes Gleichgewicht zwischen widerstreitenden Interessen zu finden.

Sicher ist dabei, dass internationaler Wettbewerb dazu zwingt, den Umfang der Sozialpolitik immer wieder auf den Prüfstand zu stellen. Theoretisch, aber auch nur theoretisch, könnte man die sozialpolitischen Aufgaben durch Steuern finanzieren, die keine negativen Anreizwirkungen verursachen. Praktisch ist das aber nicht möglich. Praktisch werden durch Steuern und Sozialabgaben die Erträge inländischer Wirtschaftstätigkeit gemindert, so dass Tendenzen zur Abwanderung mancher Tätigkeiten ins Ausland begünstigt werden. Soweit das geschieht, werden die Einkommen immobiler Produktionsfaktoren, namentlich also des Bodens und der Arbeit, beeinträchtigt. Es liegt also nicht zuletzt im Interesse der Arbeitnehmer, eine Beeinträchtigung der internationalen Wettbewerbsfähigkeit der heimischen Unternehmen durch hohe Sozialabgaben in Grenzen zu halten.

Ein letzter wesentlicher Bestandteil der Rahmenordnung ist die Struktur des finanziellen Sektors der Wirtschaft, der Banken und Versicherungen, des organisierten Kapitalmarktes und der Geldversorgung durch die Zentralbank. Um freien Wettbewerb zu gewährleisten müssen alle Unternehmen, unbeschadet ihrer Größe und Rechtsform, Zugang zum Kapitalmarkt haben. Wettbewerbsbeschränkungen im finanziellen Sektor stehen dem im Wege. Wettbewerbsbeschränkungen können auch durch die staatliche Regulierung des Bankensektors herbeigeführt werden. Ein Beispiel sind die neuerdings geplanten strengeren Eigenkapitalanforderungen der staatlichen Bankenaufsicht für den Bankenkredit an Unternehmen. Dadurch wird die Finanzierung für mittelständische Unternehmen erschwert, denn diese können sich, anders als Großunternehmen, kaum durch Anleihen am organisierten Kapitalmarkt finanzielle Mittel beschaffen. Ihre Chancen im Wettbewerb mit größeren Konkurrenten werden dadurch beeinträchtigt, so dass im Ergebnis die Konzentration der Wirtschaft steigt und der Wettbewerb insgesamt gemindert wird.

Literaturverzeichnis

Görgens, E. (1961): Wettbewerb und Wirtschaftswachstum, 1961.
Olson, M. (1995): The Logic of Collective Action, 1965.
Popper, K. (1957): The Poverty of Historicism, 1957.
Porter, M. (1990): The Competitive Advantage of Nations, 1990.
Schumpeter, J. (1912): Theorie der wirtschaftlichen Entwicklung, 1912.
Smith, A. (1993): An Inquiry into the Nature and Causes of the Wealth of Nations, 1776, Nachdruck 1993.

Preisethik im Marketing

Hermann Diller

1. Perspektiven der Preisethik

Die Diskussion um die Preisethik hat in ganz verschiedenen Wissenschaftsdisziplinen eine lange Tradition (vgl. z.B. Brinkmann, 1940; Schachtschabel, 1939). Man kann sie sozusagen zu den „Dauerbrennern" der Wirtschafts-Diskussion zählen. Einerseits geht es dabei um eine Forderung der *Wirtschaftsethik*, andererseits um ein Problem der *Wirtschaftstheorie*, schließlich aber auch der modernen *Absatztheorie* (Marketing) sowie des *Wirtschaftsrechts*, welches sowohl im GWB als auch UWG einschlägige Normen zur Regulierung des Preisgebarens von Unternehmen enthält. Mein Beitrag zum Thema Wirtschaftsethik soll freilich kein historischer sein. Vielmehr möchte ich aufzeigen, wie preisethische Forderungen im modernen Marketing aufgegriffen und systemendogen eingelöst werden.

Nützlich ist hierfür freilich ein - allerdings nur sehr kursorischer - Rückblick auf die historisch eingenommenen Perspektiven, mit denen in den Wissenschaften auf die Preisethik geschaut wurde:

- Unter *wirtschaftsethischen* Gesichtspunkten geht es um den *„gerechten Preis"*. Gerechtigkeit kann man dabei individual-, aber auch sozialethisch betrachten. Individualethisch fragt man nach den gerechten Preisen aus Sicht der beteiligten Geschäftspartner, sozialethisch nach der gesamtwirtschaftlich gerechten Verteilung von Gütern auf Basis eines Preisbildungssystems.

- *Rechtsphilosophisch* stecken hinter dieser Unterscheidung die zwei bekannten aristotelischen Gerechtigkeitsbegriffe, die auch in der Scholastik wieder aufgegriffen wurden: die *justitia commutativa* und die *justitia distributiva*. Unter ersterer versteht man die austauschende Gerechtigkeit. Sie bezieht sich also auf das Verhältnis der ausgetauschten Güter und entspricht damit der einzelwirtschaftlichen (individualethischen) Perspektive. Die justitia distributiva bezieht sich als verteilende Gerechtigkeit dagegen auf das Verhältnis zwischen Individuum und Gesellschaft und betrifft damit die Verteilungsgerechtigkeit (vgl. dazu auch Schinzinger, 1982, S. 41).

- Aus Sicht der *Volkswirtschaftslehre* stellt sich die Frage nach dem „richtigen" Preis nicht vor dem Hintergrund der Wirtschaftsethik, sondern der volkswirtschaftlichen Wohlfahrtsmaximierung. Gerechte Preise in diesem Sinne sind solche, welche eine volkswirtschaftlich optimale Ressourcenallokation bewirken, weil dadurch gleichzeitig eine Wohlfahrtsmaximierung erreicht werden kann.

Freilich sind die in der *Wirtschaftspolitik* behandelten Ungleichgewichte auf vielen realen Märkten Anlass dafür, korrigierende ordnungspolitische Maßnahmen via Wirtschaftsrecht einzuleiten und der freien Preisbildung Schranken aufzuerlegen.

- Aus der *Philosophie* bzw. *Theologie* stammen die frühesten Überlegungen zur Preisgerechtigkeit schon von *Platon,* der für eine gesetzliche Preisfestsetzung plädierte. Die Vorstellungen von *Aristoteles* kreisten dagegen um die Konzeption des Gerechtigkeitsbegriffs, was später im Zeitalter der Scholastik häufig wieder aufgegriffen wurde. Insbesondere *Augustinus* hat sich mit der Idee der Preisgerechtigkeit und deren Konsequenzen für das römische Recht nachklassischer Zeit auseinander gesetzt. Besonders bekannt sind schließlich die Thesen von *Thomas von Aquin,* welcher die Vorstellung des *justum pretium* kreierte, von dem man sich im Laufe der weiteren rechtsphilosophischen Entwicklung jedoch zunehmend löste. So tat bereits *Heinrich von Gent* einen Schritt in Richtung Vertragsfreiheit, bei dem jener Preis als gerecht anzusehen ist, den ein Vertragspartner freiwillig akzeptiert. *Thomas von Aquin* gab dagegen noch – geprägt von der mittelalterlichen Ständeordnung als gottgewollter Ordnung - der Idee der justitia distributiva den Vorrang. Die justitia commutativa ist nach ihm abhängig von der Verwirklichung der justitia distributiva. Damit ergibt sich der Wert eines Produktes aus der Funktion eines Produzenten innerhalb einer Volkswirtschaft. Letztlich führt dies hin zur Verankerung des gerechten Preises an den für die Produktherstellung benötigten Produktionsfaktoren. Damit war eine bis heute nachwirkende *kostenorientierte Preisethik* geschaffen, an der sich auch heute noch behördliche Preisregulierungen – etwa in den „Leitsätzen für die Preisermittlung aufgrund von Selbstkosten" (LSP) für öffentliche Aufträge – sowie das Gerechtigkeitsverständnis vieler Verbraucher orientieren.

- In der *Betriebswirtschaftslehre* hatte die Preisethik lange Jahre keinen Platz. In der Kalkulationslehre ging es nämlich eher um Rechenregeln zur Bestimmung des „Selbstkostenpreises" und nicht um den auf diesen Selbstkostenpreis noch aufzuschlagenden Gewinn, über dessen Höhe keine präzisen Angaben gemacht werden konnten. Diese Funktion übernahm die aus der *Volkswirtschaftslehre* übernommene mikroanalytische Preistheorie, bei welcher der Preis als Ergebnis von Angebot und Nachfrage modelliert wurde. Auch hier spielten wirtschaftsethische Überlegungen keine Rolle. Allerdings wurde mit der Theorie des „workable competition" auch für die Preistheorie eine neue Prämisse gesetzt: „Ideal" war hier nicht mehr der vollkommene Markt, auf dem letztlich keiner der Akteure einen preispolitischen Spielraum besaß, sondern der dynamische Markt, auf dem Pionierunternehmen neue Produkte schufen, deren überproportionale Preise und Gewinne als Steuerungsinstrumente für den Innovationswettbewerb gerechtfertigt waren, sollten sie doch dafür sorgen, dass andere Unternehmen diese Leistung ebenfalls anbieten, wodurch die Angebotsmenge am Markt steigt und der Preis wieder sinkt.

- Diese Interpretation des angemessenen Preises nähert sich bereits der Sichtweise der modernen Absatztheorie an, für die das Grundprinzip des Marketing gilt: Alle marktbeeinflussenden Maßnahmen sind insoweit gerechtfertigt, wie sie die Präferenz der angesprochenen Kunden gegenüber den Angeboten anderer Wettbewerber finden und damit wiederum dazu beitragen, den Unternehmenserfolg des präferierten Anbieters zu steigern. Einer der ersten betriebswirtschaftlichen Vertreter dieser Auffassung war *W. Vershofen* (1939, S. 154), der sich vehement gegen eine kostenorientierte und für eine wirtschaftsdynamisch ausgerichtete Preisethik aussprach: „Der gerechte Preis müsste ....vor allen Dingen ein objektiver Preis sein, d.h. ein solcher, der unter allen Umständen in jeder Lage Gültigkeit hätte. Das wäre natürlich nur in einer statischen Wirtschaft möglich. Die Wirtschaft kann aber, als Teilgebiet des Lebens, unmöglich statisch sein".

Damit wird bereits deutlich, dass die Preisgerechtigkeit sowohl aus *Anbieter-* als auch aus *Nachfragersicht* betrachtet werden kann. In der Tat stehen unter heutigen Wettbewerbsbedingungen viele *Anbieter* unter einem enormen Preisdruck, weil marktmächtige Nachfrager (etwa solche aus dem Einzelhandel, die nicht selten 20 bis 30 % der Nachfrage auf sich vereinen) Preise „bestimmen" können, d.h. Machtmittel einsetzen (z.B. Auslistungsdrohungen), welche dem Anbieter keine andere Wahl lassen, als das Angebot anzunehmen oder die – für den Lieferanten u. U. lebensnotwendige – Geschäftsbeziehung zu beenden.

Im Rahmen der Theorie des *vertikalen Marketing* führen solche Überlegungen hin zu „leistungsgerechten" *Konditionensystemen* jenseits eines rein machtbedingten Preispokers (vgl. hierzu *Capune/Crones,* 2003).

Wie virulent die Problematik des „gerechten Preises" auch heute noch ist, zeigen viele aktuelle Beispiele:

- Z.B. haben die *Preiskartelle* der Chemie- und Pharmaindustrie bei Vitaminen in den USA in den späten 90er Jahren erhebliche Geldstrafen der Kartellbehörden und unabsehbare Imageschäden nach sich gezogen. Letztlich beruhen diese auf Vorstellungen eines „fairen" Wettbewerbs und „lauteren" Preisgebarens ohne Preisabsprachen.

- Die Diskussion um das neue *Preissystem der Deutschen Bahn* aus dem Jahre 2002, das letztlich wegen öffentlicher Widerstände nicht durchgesetzt werden konnte, weil es nicht zuletzt als ungerecht und intransparent erschien, zeigt, wie groß der individuelle, aber auch der öffentlich Widerstand gegen preispolitische Maßnahmen von Unternehmen werden kann.

- Immer wieder wird darüber diskutiert, ob z.B. die *Kaffeepreise* oder die Preise anderer, *in Entwicklungsländern produzierten Waren*, den Leistungen aller Teilhaber an der Produktionskette gerecht werden, was zur Etablierung sog.

„Dritte-Welt-Marken" (z.B. *„Fair"*) mit bewussten Preiszuschlägen gegenüber sonstigen Preisen am Markt geführt hat.

- Auch *ökologische Aspekte* führen immer wieder zur Diskussion von angemessenen Preisen, etwa bei Pauschaltarifen für Strom, welche den Mehrverbrauch fördern, statt – wie ökologisch gefordert – mindern.

- Die *Mineralölindustrie* sieht sich trotz der hochgradigen Abschöpfung des Mineralölverbrauchs durch staatliche Mineralölsteuern regelmäßig heftigen Angriffen ausgesetzt, sobald Preise angehoben werden und dies angesichts der oligopolistischen Strukturen stets wie ein abgesprochenes Verhalten zu Tage tritt.

- Nach dem *Fall des Rabattgesetzes* im Jahre 2001 werden in Deutschland immer neue Preissysteme entwickelt, welche das Ausmaß der Preisdifferenzierung enorm steigern. Da *Preisdifferenzierung* stets mit Ungleichbehandlung verschiedener Kunden verbunden ist, wird der Vorwurf der *Diskriminierung* nicht lange auf sich warten lassen. Schon heute ist darüber hinaus absehbar, dass die Vielfalt der Rabattformen und Bonussysteme die *Preistransparenz* so stark einschränkt, dass den in der Preisangabenverordnung eigentlich verlangten Prinzipien der Preiswahrheit und Preisklarheit nicht mehr voll entsprochen wird.

Insgesamt bleibt also festzuhalten, dass preisethische Fragen nach wie vor von hoher praktischer und theoretischer Relevanz sind. Versucht man dabei, eine gewisse Ordnung in die einschlägigen wissenschaftlichen Beiträge zu bringen, bietet sich ein generelles Schema von Ursula Hansen (2001, S. 971) an, in der das Programm der Marketingethik je nach Methodik (deskriptiv/explikativ vs. normativ/präskriptiv) und dem Gegenstand der Betrachtung (Normenethik vs. Verfahrensethik) eingeteilt wird. Abb. 1 zeigt eine von uns daran angelehnte Einteilung preisethischer Fragestellungen.

Abb. 1. Dimensionen der Preisethik (in Anl. an Hansen, 2001, S. 971)

Eine deskriptive bzw. explikative Betrachtung preisethischer Normen (linkes oberes Feld in Abb. 1) kann aufgrund der in der Gesetzgebung und Rechtssprechung verfolgten preisethischen Prinzipien erfolgen. In Deutschland spielen dabei insbesondere drei Prinzipien eine Rolle (vgl. Diller, 2000, S.69 f):

1. Das *Prinzip der Privatautonomie* beinhaltet die Möglichkeit zur freien Entfaltung des eigenen (preispolitischen) Willens, soweit dies die Allgemeinheit nicht schädigt und nicht gegen die guten Sitten verstößt.

2. Der *Schutz des Wettbewerbsystems* gilt als grundlegender Pfeiler der deutschen Wirtschaftsordnung. Dem *Preismechanismus* kommt innerhalb dieses Systems eine zentrale Steuerungsfunktion zu, da er als „invisible hand" (*Adam Smith*), also quasi oberste, aber nicht institutionalisierte Instanz für die Regelung von Marktungleichgewichten sorgt.

3. Das *Prinzip des Verbraucherschutzes* ist im Grunde im Prinzip der Privatautonomie bereits enthalten, wird aber durch den Wandel des ursprünglichen Wettbewerbsleitbildes der vollkommenen Konkurrenz zu einem „weiten" oder sogar „engen" Oligopol zu einem dritten selbstständigen Normzweck des Preisrechts.

Normative Leitlinien, die im deutschen Wettbewerbsrecht festgeschrieben sind (und somit in das untere linke Feld der Abb. 1 gehören), stellen u.a. folgende Verbzw. Gebote dar:

- Das *Verbot von Preiskartellen* zur Einschränkung des Preiswettbewerbs und damit zur Benachteiligung der Abnehmer (§1 KartG).

- Der preispolitische Missbrauch („*Preismissbrauch*") marktbeherrschender Unternehmen, z.B. durch Forderung überhöhter Preise (Ausbeutungsmissbrauch) (§ 19 KartG).

- Das *Diskriminierungsverbot* und das Verbot der *unbilligen Behinderung* von Wettbewerbern (§ 20 KartG). Hierbei sollen Behinderungen kleiner und mittlerer Wettbewerber durch marktmächtige Unternehmen vermieden werden, wozu nach § 20 (Abs. 4) auch unbillige Verkäufe unter Einstandspreis ausdrücklich verboten sind.

- *Unsittliche Preispolitik* im Sinne des § 1 UWG, z.B. in Form des sog. Ausbeutungsmissbrauchs oder der Preisschleuderei, bei der Unternehmen extrem niedrige Preise festsetzen, obwohl das Ausscheiden aus dem Markt auch damit nicht mehr verhindert werden kann.

- Die *irreführende Preiswerbung* nach § 3 UWG, z.B. in Form von sog. Lockvogelangeboten, bei denen Anbieter mit einzelnen Niedrigpreisen den falschen Eindruck erwecken, in ihrem ganzen Sortiment entsprechend preisgünstig zu sein bzw. trotz Auslobung keine ausreichenden Mengen anbieten können, um die zu erwartende Nachfrage befriedigen zu können.

- *Wucherpreise* im Sinne des § 138 BGB, d.h. Preise, die in einem auffälligen Missverhältnis zur Gegenleistung stehen oder die durch Ausnutzung einer Notlage oder Unerfahrenheit des Vertragspartners zustande kommen.

Zu den im rechten unteren Feld der Abb. 1 angesiedelten *verfahrensethischen Normen* gehören z.B. *Preisschiedsstellen*, wie sie etwa in Versicherungsfragen oder bei Streitigkeiten mit Handwerkern bei den Kammern eingerichtet sind, aber *Beschwerdestellen* von Dienstleistern oder Handelsbetrieben, bei welchen Preisreklamationen oder andere preisbezogene Beschwerden eingegeben und behandelt werden können.

Auch das *Preisrecht* liefert einige einschlägige prozedurale Normen:

- Nach §1 der *Preisangabenverordnung* gelten z.B. die Prinzipien der Preiswahrheit und Preisklarheit.

- Die §§ 6-8 des *UWG* regeln die zeitliche Zulässigkeit von Sonderverkäufen und ähnlichen Veranstaltungen. Die *Rechtsprechung* zur Zugabeverordnung regelt die Zulässigkeit solcher Zugaben hinsichtlich des Höchstwertes und der Art der Zugaben.

- Darüber hinaus finden sich in manchen *Unternehmensleitlinien* Hinweise auf preisethische Normen. Häufiger wird dabei heute auf das Prinzip „fairer Preise" Bezug genommen. Eine solche *Preisfairness* beinhaltet bei genauerer Betrachtung sieben Komponenten, die in Abbildung 2 in einer Übersicht dargestellt sind (vgl. Diller, 2000, S. 184 ff.):

1. *Preisgerechtigkeit* bedeutet, dass Preis und Leistung in einem marktüblich akzeptablen Verhältnis zueinander stehen.

2. *Konsistenz* impliziert, dass die Interaktionsprozesse zwischen Geschäftsleuten stets nach den gleichen „Gesetzmäßigkeiten" ablaufen, also z.B. nach derselben Preisformel addiert wird. Will ein Partner diese Regeln ändern, so muss er dies dem anderen Partner vorweg offen und überzeugend darlegen.

3. Bei der *Preiszuverlässigkeit* geht es um die Einhaltung der bei Vertragsabschluss in Aussicht gestellten Preise. Dies kann insbesondere dann zum Problem werden, wenn – z.B. bei Autoreparaturen mit zunächst versteckten Materialmängeln – während der Leistungserstellung unvorhergesehene Leistungsbedingungen eintreten. Letztlich geht es also um die Übernahme bestimmter Preisrisiken.

4. *Preisehrlichkeit* ist ein Aspekt, der insbesondere auf die Wahrheit und Klarheit der Preisinformationen abstellt. Der Kunde erwartet hierbei richtige, schnell überschaubare, ungeschönte und vollständige Informationen über Preise, Konditionen und Leistungen. Er setzt darauf, dass ihn sein Geschäftspartner nicht zu übervorteilen versucht, auch wenn er u.U. nicht sorgfältig genug agiert und z. B. das „Kleingedruckte" in Verträgen nicht im Detail studiert. (vgl. hierzu auch Diller, 1997).

5. *Einfluss- und Mitspracherechte* betreffen verfahrensethische Gesichtspunkte. Wenn Preise aufgrund vorhandener Marktmacht den Kunden z.B. aufoktroyiert werden, ohne dass der Partner eine Chance zur Argumentation erhält, so gilt dies als unfair.

6. *Respekt und Achtung* gegenüber dem Partner betreffen grundsätzliche Einstellungen zwischen Geschäftsleuten, zwischen denen eine längerfristige Beziehung entstehen soll. Achtung impliziert, dass der Mächtigere auf den Schwächeren keinen übermäßigen Druck ausübt, Verständnis für dessen Probleme zeigt und nicht nur an den eigenen Vorteilen interessiert ist. In der Fairnessforschung wird dies als Prinzip der Solidarität bezeichnet.

7. *Kulantes Verhalten* beinhaltet schließlich Großzügigkeit in Zweifelsfällen und Flexibilität bei unvorhergesehenen Umständen. Großzügigkeit offenbart sich

z.B. in entgegenkommendem Verhalten und Verzicht auf kleinliche Auslegung von Verträgen und Vereinbarungen.

2. Preisethik im Lichte des Beziehungsmarketing

2.1 Merkmale des Beziehungsmarketing

Etwa seit Anfang der 90-iger Jahre prägt mit dem „Beziehungsmarketing" ein neuer Marketingstil den Marktauftritt vieler Unternehmen in den hoch entwickelten Industrieländern. Er lässt sich vom herkömmlichen „Beeinflussungsmarketing" durch drei Kennzeichen unterscheiden:

1. Statt einer Orientierung an kurzfristigen Transaktionserfolgen zielt das Marketing sehr viel stärker auf *langfristige Beziehungserfolge* bei den Kunden. Damit verliert die kurzfristige Abschöpfung von Kundenpotenzialen (z.B. durch hohe Preise) zugunsten der langfristigen Maximierung aller Kundenpotenziale (einschließlich nicht monetärer wie das Referenz- oder das Informationspotenzial) an Bedeutung.

2. Zum herkömmlich angestrebten Produkterfolg tritt der *Kundenerfolg* als Marketingziel hinzu. Dies bedeutet, dass die *Kundenzufriedenheit* in den Mittelpunkt der Marketingbemühungen rückt, um auf diese Weise die *Kundenbindung* zu erhöhen. Kundenbindung wiederum bewirkt eine bessere Kundenkenntnis und damit vielfältigere Ansprachemöglichkeiten des Kunden, Umsatzwachstum durch Ausschöpfung aller Cross-Selling- und Up-Selling-Chancen sowie Weiterempfehlungsgeschäfte, aber auch Kostensenkungen durch vereinfachte, da auf Vertrauen und nicht auf organisatorischen Regelungen basierende Geschäftsabwicklungen.

3. Übergang zu einem *interaktiven statt aktionistischen Marketing*, bei dem der Kunde aktiv in das Marketing mit einbezogen wird, Mitspracherechte erhält und darauf aufbauend *Individualisierungen* der Marktbearbeitung vorgenommen werden („Mass-Customization"). In manchen Fällen kommt es sogar zur stärkeren *Integration* des Kunden in die Wertschöpfungsprozesse des Anbieters, d.h. engen Kooperationen, z.B. bei der Produktentwicklung oder der Personalschulung.

Wie unmittelbar deutlich wird, ist das Leitbild des Beziehungsmarketing also weit weniger antagonistisch als bei der herkömmlichen Marktbetrachtung, wo den Anbieter auch kurzfristig Gewinnmaximierungsabsichten treiben und die Interessen des Kunden im Zweifel hintanstellen, wenn dies ihrem Opportunismusstreben dient.

2.2 Preispolitik im Beziehungsmarketing: Auf dem Weg zur Preisautonomie des Kunden

Eine nähere Analyse der drei Kennzeichen des Beziehungsmarketing im Hinblick auf die *Preispolitik* macht diese fundamentale Wendung noch deutlicher, waren es doch traditionell gerade die preispolitischen Verteilungskonflikte, welche den Gegensatz zwischen dem Anbieter und dem Nachfrager prägten. Ersterer wollte beim Absatz möglichst hohe Gewinnspannen erzielen, letzterer möglichst preisgünstig einkaufen. Beide Positionen stehen sich unvereinbar gegenüber.

Durch die *langfristige Orientierung* des Beziehungsmarketings wird dieser Antagonismus in gewisser Weise obsolet. Eine Übervorteilung des Kunden erscheint nicht mehr zweckmäßig, weil dadurch die langfristige Kundenbindung verloren geht. „Hit & Run"- Aktivitäten, bei welchen Anbieter Kunden kurzfristig abschöpfen, weil sie nicht damit rechnen müssen, auf diesen Kunden noch einmal angewiesen zu sein, sind nicht mehr Erfolg versprechend. Dazu gibt es in der Regel zu wenig neue Kunden, zudem sind die vorhandenen Kunden oft so nachfragestark, dass man auf sie nicht verzichten kann.

Eine moderne, den Prinzipien des Beziehungsmarketing gerecht werdende Preispolitik wird deshalb versuchen, die langfristige Kundenbindung zu unterstützen. Dies erfolgt z.B. durch eine finanzielle Belohung treuer Kunden in Form von *Bonusprogrammen*. Noch wichtiger ist das möglichst *individuelle Eingehen* auf die spezifischen Anforderungen einzelner Kunden, die auch mit Mitteln der Preispolitik bewerkstelligt werden kann. So bieten Gebrauchsgüteranbieter *spezifische Leasingangebote* je nach Zahlungsfähigkeit und Kreditwürdigkeit der Kunden, bieten Telefongesellschaften je nach individuellem Telefonverhalten entsprechend *„zugeschnittene" Telefontarife* an oder lassen Anbieter im Internet dem Kunden im Wege elektronischer *Auktionen* die Freiheit, den von ihm maximal akzeptierten Preis zu benennen. Immer häufiger werden auch sog. *Preisagenten* oder *Beschaffungsplattformen* zwischen die Marktparteien geschaltet, um dann im Wege von Ausschreibungen oder Höchstpreisgeboten den Einkauf preislich möglichst vorteilhaft für den Käufer zu gestalten. Auf diese Weise werden heute z.B. viele gewerbliche Massenartikel der Industrie beschafft, wobei sich der ursprünglich vom Anbieter gesteuerte Preisbildungprozess umgekehrt hat: Statt eines Preisangebotes seitens des Anbieters erfolgt ein Preisgebot des Nachfragers.

Die Preishoheit geht mit solchen individualisierten Preisbildungssystemen also mehr und mehr auf den Kunden über. Aus preisethischer Sicht gewinnt dieser damit auch größere Verantwortung für das Preisgeschehen. Jedenfalls mindert sich der Spielraum für unethische Preispraktiken der Anbieter. Solche Praktiken würden im Übrigen auch weit weniger geheim bleiben als im herkömmlichen Marketing, weil virtuelle Kundengemeinschaften im Internet dafür sorgen, dass unlautere Anbieter schnell in Verruf geraten.

Durch die langfristige Orientierung steigt im Übrigen die Bedeutung des Kundenwertes als Orientierungsgröße für das Marketing. Kunden mit langfristig größerem Absatzpotential und/oder anderen Erfolgspotenzialen (z.B. Weiterempfehlungen, Verbesserungsvorschläge, Cross-Selling-Potenziale etc.) werden deshalb auch preispolitisch bevorzugt. Ein typisches Beispiel hierfür ist der schon immer übliche Mengenrabatt, der in der modernen Preispolitik durch vielfältige Varianten nichtlinearer Tarife ergänzt wird. Ein anderes Beispiel ist die Bahn-Card, mit der Vielfahrer günstiger reisen können als Wenigfahrer. Dem Diskriminierungsvorwurf kann im Beziehungsmarketing also mit betriebswirtschaftlichen Argumenten entgegengetreten werden.

2.3 Kundenorientierte Preispolitik

Dem zweiten Postulat des Beziehungsmarketing, der umfassenden Kundenorientierung, muss also auch die Preispolitik folgen. Ausgangspunkt der Preisstellung sind demnach nicht mehr Kosten oder ähnliche kalkulatorische Größen, sondern die Preisbereitschaft bzw. Preiserwartungen der Kunden. Darüber hinaus kann ein Anbieter Wettbewerbsvorteile erzielen, wenn es ihm gelingt, spezifische *Preisprobleme* seiner Kunden zu erkennen und zu lösen. Dadurch wird *Preiszufriedenheit* erzeugt, die wiederum die Kundenbindung stärkt und damit für die langfristigen Erfolge des Anbieters sorgt.

Im Gegensatz zu einem punktuellen Preisurteil beim Einzelkauf entsteht Preiszufriedenheit im Zeitablauf. Sie baut auf Preiserfahrungen in allen Phasen eines Kaufprozesses auf, also sowohl in der Vor- als auch in der Entschluss- und in der Nachkaufphase.

In der *Orientierungs- und Suchphase* geht es für den Kunden zunächst darum, *Preis(-Leistungs-) Transparenz* herzustellen, um eine Vorauswahl der relevanten Kaufalternativen vornehmen zu können und das Preisgefüge transparent zu machen. Die Informationsökonomie lehrt, dass hierbei zeit- und informationsökonomische Probleme auftauchen, die demzufolge durch eine anbieterseitig entsprechend ausgestaltete Informationspolitik zu unterschiedlich hoher Preiszufriedenheit im Sinne von *Preisinformationszufriedenheit* führen können. Die „Tarifdschungel“ in vielen deregulierten Diensleistungsmärkten (Verkehr, Telefon, Strom) bieten hierfür reichlich Spielraum. Statt der in der Preisangabenordnung verordneten Preisethik („Preiswahrheit und –klarheit“) tritt hier also ein marketingpolitisches Nutzenkalkül: Anbieter mit überzeugender Preisinformationspolitik gewinnen die Präferenz bestimmter Kundenkreise und damit Markterfolg. Preisethik zahlt sich damit sozusagen von selbst aus. Ein Beispiel dafür bieten die Discountbetriebe des Einzelhandels, z.B. ALDI, dessen überragende Markterfolge nicht zuletzt auf einer besonders transparenten und kundenfreundlichen Preisinformation beruhen.

In der *Bewertungsphase* eines Kaufentscheidungsprozesses kann Preiszufriedenheit vonseiten der Anbieter dadurch geschaffen werden, dass man den Kunden in seiner gegebenenfalls vorhandenen Unsicherheit über angemessene Präferenzen bezüglich unterschiedlicher Qualitätsmerkmale, Preislagen, Kaufmengen etc. aufklärt. Damit ist die ehrliche *Preisberatung* als weiterer potenziell relevanter Aspekt der Preiszufriedenheit identifiziert. Je individueller eine solche Preisberatung ausfällt, umso niedriger wird das subjektiv empfundene Preis-Leistungs-Risiko des Käufers sein. *Individualität* im Sinne einer nicht von Anbieterinteressen, sondern von den Kundeninteressen her entwickelten Preis-Leistungsangebotes stellt demnach einen weiteren relevanten Unteraspekt von Preiszufriedenheit dar.

Gerade bei individualisierten Preisleistungen, wie Reparaturentgelten, Beratungshonoraren oder langfristigen Leistungsverträgen, bei denen die tatsächlichen finanziellen Belastungen eines Kunden zum Kaufzeitpunkt schwer überschaubar sind, könnten aber auch *Pauschalpreise*, d.h. der Verzicht auf individuelle Abrechnung, die Preisattraktivität und -zufriedenheit des Kunden erhöhen. Ähnliche Effekte dürften der Verzicht auf versteckte Zusatzkosten (z.B. durch *Full-Service-Verträge*) sowie *Kulanz* bei Qualitätsmängeln und Schadensfällen besitzen.

Betrachtet man die *Entscheidungsphase*, so ergeben sich zunächst für den Kunden gegebenenfalls durch den Zwang zu Preisverhandlungen Probleme. In diesem Zusammenhang ist (ähnlich wie schon in der Orientierungs- und Suchphase) die *Preisoffenheit und -ehrlichkeit* des Anbieters ein für die Preiszufriedenheit relevanter Aspekt. Die Preiszufriedenheit wird wachsen, wenn der Käufer dem Anbieter gegenüber *Preisvertrauen* aufbringen kann und nicht befürchten muss, dass die Vereinbarungen unfair sind, nicht eingehalten werden oder in anderer Weise gegen seine Interessen verstoßen. Ein weiterer Punkt in der Entscheidungsphase betrifft die *Finanzierung* des Kaufes. Je nach Produktfeld können dabei z.B. die *Inzahlungnahme von Altprodukten*, die *Gewährung von Zahlungszielen*, die Ausgestaltung von *Leasingkonditionen* oder *Rücktrittsklauseln* Relevanz gewinnen. Neben solchen ökonomischen Aspekten spielen beim Kaufabschluss aber auch emotionale Faktoren eine Rolle, so der *Stolz*, einen vergleichsweise günstigen Preis „herausgehandelt“ zu haben, oder schlicht die Freude an der Wahrnehmung einer *günstigen Preisgelegenheit („Schnäppchen“)*.

Die „Bedienung“ derartiger Einkaufsmotive der Kunden verlagert wiederum ein Stück preisethischer Verantwortung auf die Kunden. Deren Preiswünsche sind es, denen der Anbieter Rechnung zu tragen versucht, auch wenn dies, wie z.B. bei Preisbündelungen oder Mehrstückangeboten, nicht unbedingt im objektiven („wohl verstandenen“) Interesse des Kunden liegt.

Die Preiszufriedenheit wird schließlich auch von Umständen in der *Nachkaufphase* geprägt, in der sich insbesondere Informationen darüber ansammeln, ob die vor dem Kaufentschluss gemachten Annahmen über die Qualität und das Preis-Leistungs-Verhältnis des Produktes richtig waren. Besonders kritisch für die Preiszufriedenheit könnten dabei die in aller Regel hoch gesteckten Erwartungen an die *Störanfälligkeit*, die *Reparaturkosten* sowie die laufenden *Unterhaltskosten* für ein Produkt sein. Derartige Preisbestandteile spielen vor allem für langlebige Gebrauchsgüter eine wichtige Rolle. Aber auch die mit der versicherungstechnischen Abwicklung eines Schadensfalles verbundenen Aufwendungen und der tatsächliche Risikoeintritt einer Versicherung, d.h. einer Dienstleistung, sind bekanntermaßen nicht immer erwartungsgemäß und beeinflussen damit (potenziell) die Preiszufriedenheit der Kunden.

Ähnliche Effekte treten immer dann auf, wenn der letztendliche Preis einer Dienstleistung erst *im Nachhinein* festgelegt werden kann, wie das z.B. bei Beratungshonoraren, Reparaturdienstleistungen und anderen stark individualisierten Dienstleistungen der Fall ist.

Denkt man schließlich an die *Wiederkaufphase*, so treten (vorwiegend bei Sachgütern) zunächst gegebenenfalls die *Beseitigungskosten* eines Produktes bzw. die *Rücknahmepreise* ins Bewusstsein. Darüber hinaus könnte der Kunde Erwartungen bezüglich eines *Treuebonus* beim Wiederkauf hegen, dessen Gewährung die Preiszufriedenheit erhöht. Schließlich könnten insbesondere bei Anbietern mit breitem Produktionsprogramm auch Häufungseffekte positiver bzw. negativer Preiserfahrungen über mehrere Produktgattungen hinweg eine Rolle spielen („*Breite*" der Preiszufriedenheit). Wem z.B. von seiner Bank nicht nur im Giroverkehr, sondern auch bei der Wertpapierberatung, dem Hypothekengeschäft und gegebenenfalls auch noch bei der steuerlichen Hilfestellung hervorragende Leistungen geboten werden, der mag sich in seiner Preiszufriedenheit besonders bestätigt fühlen.

Abb. 3 fasst die bisher gemachten Überlegungen durch Einordnung verschiedener Teilleistungen in drei *Leistungsdimensionen* einerseits (Preisgünstigkeit, Preiswürdigkeit und begleitende Preisleistungen) sowie durch Zuordnung zu drei Teilphasen einer Kaufentscheidung (Vorkauf-, Entscheidungs- und Nachkaufphase) zusammen. Je nach Produktgattung fallen unter die dort genannten Kategorien zum Teil jeweils recht spezifische Teilleistungen, die hier nicht alle im Detail behandelt werden können.

3. Empirische Befunde zur Preiszufriedenheit bei Dienstleistungen

Welche Preis-Teilleistungen die Preiszufriedenheit in welchem Umfang beeinflussen, haben wir in einer empirischen Studie bei fünf verschiedenen Dienstleistungen geprüft (vgl. Diller 2000a). Dabei nutzten wir multiple Regressionsanalysen mit direkt abgefragten Preiszufriedenheiten als abhängige und den verschiedenen Teilpreiszufriedenheiten als unabhängige Variablen. Tab. 1 fasst die entsprechenden Ergebnisse zusammen. Alle ermittelten Regressionslösungen sind hochsignifikant und weisen ein Bestimmtheitsmaß von bis zu 77 % auf. Lediglich bei Kfz-Versicherungen scheinen nicht alle relevanten Preisleistungen erfasst oder in der richtigen Form modelliert zu sein.

Betrachtet man die Einflussstärke der Preis-Teilleistungen auf die Preiszufriedenheit anhand der standardisierten Regressionskoeffizienten (β-Werte), so überrascht es nach den obigen Überlegungen zu den Preisproblemen der Verbraucher nicht mehr, dass hier die Preisgünstigkeit und Preiswürdigkeit keineswegs dominieren. Vielmehr überschreiten die Preisgünstigkeit nur in zwei und die Preiswürdigkeit nur in drei Teilmärkten die Signifikanzschwelle. Damit bestätigen sich die Ergebnisse einer parallel dazu erfolgten direkten Erhebung der relativen Bedeutung verschiedener Preisleistungen.

Gemessen am Niveau der β-Werte scheint die Preiswürdigkeit wichtiger als die Preisgünstigkeit zu sein, was angesichts der Intransparenz auf vielen Dienstleistungsmärkten auch nicht verwundert. Die Kunden messen einen Preis hier offenkundig stärker an der vom jeweiligen Anbieter gemessenen Gegenleistung als an den Preisen von Wettbewerbern, deren Leistung oft nur schwer mit jener dieses Anbieters vergleichbar ist. Damit bestätigt sich die Bedeutung der Preisfairness als preisethischer Standard aus Sicht der Befragten. Entsprechend unserer Typologisierung spielen auch die Vollständigkeit und Offenheit der Preisinformation, deren Übersichtlichkeit und Verständlichkeit sowie die Nachvollziehbarkeit der Preisstellung für das Zustandekommen der Preiszufriedenheit eine beträchtliche Rolle. Andere Aspekte, wie der Verzicht auf Preisschönung, die individuelle Preisberatung oder die Preiskonstanz, üben nur in speziellen Märkten einen signifikanten Einfluss aus. Der Verzicht auf versteckte Zusatzkosten ist in keinem der Märkte ein maßgeblicher Faktor, obwohl diese Preisleistung bei einer direkten Abfrage durchaus als bedeutsam eingestuft worden war. Interessant erscheint auch, dass es bei Mobilfunkleistungen weniger auf eine transparente Information, als auf ein nachvollziehbares Preissystem und eine individuelle Preis-/Leistungsberatung anzukommen scheint. Ein Mehr an (gedruckter) Information über die Preistarife könnte also hier u.U. sogar kontraproduktiv wirken.

Insgesamt muss festgehalten werden, dass die Preiszufriedenheit bei Dienstleistungen keineswegs nur auf Preisgünstigkeit (dies sogar eher selten!) oder Preiswürdigkeit, sondern auch auf, je nach Dienstleistung, unterschiedliche Preisnebenleistungen basiert. Dies unterstreicht die marketingpolitische Relevanz moderner Standards der Preisethik, wie sie im Kontext des Beziehungsmarketing entwickelt werden.

Dies gilt umso mehr, als unsere Studie auch die direkten Wirkungen auf die Kundenbindung belegt. Wir haben sie anhand der Gesamtzufriedenheit mit dem zuletzt gewählten Anbieter, der Wiederkaufbereitschaft bei diesem Anbieter und der Referenzbereitschaft zugunsten dieses Anbieters gemessen.

Alle drei Größen wurden in unserer Studie durch direkt erhobene fünfstufige Skalen erfragt und konnten deshalb in jeweils bivariate Regressionsmodelle eingebracht werden. Alle drei Analysen brachten eine hochsignifikante ($p < 0,0001$) Bestätigung des jeweiligen Modells bei Bestimmtheitsmaßen von 0,43 für die Gesamtzufriedenheit, 0,36 für die Wiederkaufbereitschaft, 0,40 für die Referenzbereitschaft. Preiszufriedenheit wird also von den Kunden mit ökonomisch höchst bedeutsamen Effekten belohnt!

Verfügt man in der Praxis über entsprechende Zufriedenheitswerte bei den eigenen Kunden, so kann ein *Preiszufriedenheitsmanagement* gezielt Schwachpunkte im Preisauftritt eines Unternehmens angehen u.U. auch ohne Veränderungen bei Preishöhe oder Preis-Qualitätsverhältnis deutliche Verbesserungen der Preiszufriedenheit erreichen. Dass derartige Strategien gelegentlich auch intuitiv erkannt und erfolgreich praktiziert werden, zeigen zahlreiche Beispiele von Dienstleistungsunternehmen, die mit einer radikal vereinfachten Preisstruktur, transparenten Preisinformationen und einem auf Preisvertrauen abzielenden Werbeauftritt z.T. bis zum Marktführer aufstiegen.

Die Ergebnisse unserer exemplarischen Studie schließen den eingangs aufgespannten Bogen. Sie belegen nämlich, dass die Preiszufriedenheit in Dienstleistungsmärkten eine beträchtliche Bedeutung für die Gesamtzufriedenheit der Kunden spielt und insofern stärker im Beziehungsmarketing zu berücksichtigen ist. Preisethische Standards werden dadurch einem *Marktmechanismus* unterworfen, der dafür sorgt, dass die Anbieter für preisethisches Verhalten durch Kundentreue belohnt werden. Umgekehrt sinkt aber auch der Kundenwert unethischer Nachfrager, so dass diese von den Anbietern weniger umworben und mit Sonderleistungen bedient werden. Ein solche „Lösung" der preisethischen Probleme setzt freilich Transparenz der entsprechenden Verhaltensweisen voraus. Diese wird sich in praxi aber eher erreichen lassen als ein institutionalisierter oder gar behördlich regulierter Konsens über preisethische Standards.

Ludwig Ehrhard als Schöpfer der sozialen Marktwirtschaft und geistiger Mentor unserer Vortragsreihe hätte an einer solchen Sichtweise der Preisethik sicher seine Freude!

Literaturverzeichnis

Brinkmann, C. (1940): Geschichtliche Wandlungen in der Idee des gerechten Preises, in: Der gerechte Preis, Schrift der Akademie für Deutsches Recht, Gruppe Wirtschaftswissenschaften, Nr. 1, Berlin 1940.

Capune, T., Crones, J. (2003): Preisverhandlungen, in: Diller, H., Herrmann, A. (Hrsg.): Handbuch Preispolitik, Strategien-Planung-Organisation-Umsetzung, Wiesbaden 2003, S. 642-665.

Diller, H. (1978): Theoretische und empirische Grundlagen zur Erfassung der Irreführung über die Preisbemessung, in: WiSt, 7. Jg. (1978), Heft 6, S. 249-255.

Diller, H. (1982): Der Preis als Wettbewerbswaffe in der Marktwirtschaft, in: Markenartikel, 44. Jg. (1982), Heft 3, S. 104-117.

Diller, H. (1997): Preisehrlichkeit – Eine neue Zielgröße im Preismanagement des Einzelhandels, in THEXIS, Fachzeitschrift für Marketing, 14. Jg. 1997, H.2, S. 16-21.

Diller, H. (2000): Preispolitik, 3. Auflage Stuttgart 2000.

Diller, H. (2000): Preiszufriedenheit bei Dienstleistungen, in: DBW-Die Betriebswirtschaft, 60. Jg. (2000), H. 5, S. 570 – 587.

Hansen, U. (2001): Marketingethik, in: Diller, H. (Hrsg.): Vahlens großes Marketinglexikon, 2. Auflage München 2001, S. 970-972.

Schachtschabel, H.G. (1939): Der gerechte Preis. Geschichte einer volkswirtschaftlichen Idee, Berlin 1939.

Schinzinger, F. (1982): Der gerechte Preis, WiSt-Wirtschaftswissenschaftliches Studium, H. 1/1982, S. 41-43.

Vershofen, W. (1939): Randbemerkungen zum Thema „Gerechter Preis", in: Markt und Verbrauch, H. 4/1939, S. 147-157.

Wertorientierte Unternehmensführung – Eine Herausforderung für internationale Unternehmen

Harald Hungenberg

1. Einleitung

Das Thema "wertorientierte Unternehmensführung" kann von zwei möglichen Interpretationen des Worts "Wert" ausgehen: Wert im Sinne von Geldwerten und Wert im Sinne von Wertvorstellungen. Zwischen beiden Interpretationen wird oft ein Konflikt gesehen, in dem die Rollen eindeutig verteilt sind: Werte zu haben ist das Positive, Geld zu verdienen das Negative. Die zentrale These des vorliegenden Beitrags ist, dass diese Rollenverteilung - zumindest in dieser Eindeutigkeit - nicht zu rechtfertigen ist.

Um diese These zu stützen, soll gezeigt werden, dass Unternehmen in den heutigen Marktumfeldern nur dann wettbewerbsfähig bleiben und überleben können, wenn sie Werte schaffen, die sich in Geld ausdrücken lassen - mit anderen Worten: wenn sie auf einem wettbewerbsfähigen Niveau "Geld verdienen". Hierauf aufbauend soll verdeutlicht werden, dass Geld zu verdienen auch eine Voraussetzung ist, um weitergehende Wertverstellungen verfolgen zu können. In diesem Sinne wird "wertorientierte Unternehmensführung" im Folgenden als ein Führungshandeln verstanden, das danach strebt, den in Geld messbaren Wert des Unternehmens bestmöglich zu entwickeln.

2. Wertorientierung als aktuelle Führungsherausforderung

Wertorientiert zu führen ist eine Anforderung, die vor allem in den letzten 20 Jahren stark an Bedeutung gewonnen hat. Sie ist Ausdruck von Veränderungen in den Markt- und Wettbewerbsumfeldern, die zu einer neuen Perspektive bei der Führung internationaler Unternehmen geführt haben (Abbildung 1)[1]. Im Mittelpunkt der Führung stehen heute das Gesamtunternehmen und die Frage, welchen Beitrag dieses für den Erfolg seiner einzelnen Geschäfte leisten kann. In früheren Jahren dominierte demgegenüber eine andere Perspektive die Unternehmensführung: die Perspektive des Einzelgeschäfts. Die Hauptaufgabe der Führung wurde darin ge-

[1] Vgl. Goold/ Luchs (1993), S. 7ff.; Friedrich/ Hinterhuber (2000), S. 8ff.

sehen, Einzelgeschäfte zu identifizieren und zu entwickeln, die einen möglichst positiven Beitrag zum Wachstum, zur Risikostreuung oder zur Balancierung des Unternehmensportfolios leisten können.

Der geschilderte Perspektivwechsel wurde in den 80er Jahren zunächst in den USA deutlich. Dort wurde sichtbar, dass die vielen breit diversifizierten Konglomerate, die in den 60er und 70er Jahren entstanden sind, immer schwieriger zu führen waren. Es kam zu einer Welle des Aufbrechens dieser Unternehmen, die von so genannten "Corporate Raiders" ausgelöst wurde - von Personen, die durch den Aufkauf eines großen, diversifizierten Unternehmens, seine anschließende Zerschlagung und den Verkauf seiner einzelnen Geschäfte enorme Gewinne erzielen konnten. Dass dies möglich war, bedeutet nichts anderes, als dass offensichtlich die eigenständige Führung dieser Geschäfte als effizienter eingeschätzt wurde und folglich durch die Restrukturierung eines diversifizierten Unternehmens beachtliche Werte geschaffen werden konnten. Im Zuge dieser Entwicklung erfuhr die Orientierung am Unternehmenswert immer größere Bedeutung, und auch Unternehmen, die nicht Ziel eines "Corporate Raiders" wurden, begannen, sich selber aus einer wertorientierten Perspektive heraus zu restrukturieren. Die Wertorientierung als übergeordneter Leitgedanke des Managements setzte sich durch.[2]

[2] Vgl. Bergsma (1989), S. 57ff.; Bowman/ Singh (1990), S. 8ff.; Gressle (1990).

Ergebnis dieser Restrukturierungsmaßnahmen war in vielen Fällen ein deutlicher Rückgang des Diversifikationsgrads internationaler Unternehmen.[3] Die Unternehmen beschränkten ihr Tätigkeitsfeld auf einige wenige Aktivitäten - eine Fokussierung auf Kerngeschäfte wurde als Schlüssel für die Optimierung des Unternehmenswerts gesehen. In der Regel waren damit jene Geschäfte gemeint, die die ursprüngliche Basis des Unternehmens waren, aus denen heraus es also gewachsen ist. In diesem Zusammenhang wurde aber auch eine Konzentration auf so genannte Kernkompetenzen empfohlen.[4] Auch wenn sich in den Folgejahren zunehmend die Überzeugung durchsetzte, dass es nicht nur eine sinnvolle Strategie für internationale Unternehmen gibt - die Orientierung am Wert des Unternehmens blieb der Ankerpunkt der Argumentation. So fordert man heute von der Führung eines internationalen Unternehmens, einen möglichst positiven Beitrag der Unternehmenszentrale - als "Parent" der verschiedenen Geschäfte - zu der Entwicklung ihrer Einzelgeschäfte zu leisten.[5] Ob die Zentrale die Einzelgeschäfte stärker macht, als diese es eigenständig wären, lässt sich wiederum am Wert des Unternehmens ablesen: der Wert des Gesamtunternehmens muss die Summe der Einzelwerte der verschiedenen Geschäfte übersteigen.

Letztlich sind alle diese Überlegungen Ausdruck einer zunehmenden Wertorientierung in veränderten Umfeldern. Sie hat dazu geführt, dass unter den Interessengruppen, die mit einem Unternehmen in Beziehung stehen, die Interessen der Gruppe der Eigentümer stärker gewichtet werden. Ausgehend von der Annahme, dass diese vor allem an einer bestmöglichen Verzinsung ihres eingesetzten Kapitals interessiert sind, rückt damit der Wert des Unternehmens für seine Eigentümer - der so genannte Shareholder Value - in den Mittelpunkt des unternehmerischen Zielsystems. Ihn zu maximieren wird zum obersten Unternehmensziel und zur zentralen Anforderung an die Führung internationaler Unternehmen. Was genau bedeutet aber Shareholder Value und Shareholder Value-Maximierung? Dieser Frage soll im folgenden Abschnitt nachgegangen werden.

3. Shareholder Value als Erfolgsmaßstab der Führung

Für ein Unternehmen, das als große, international tätige Aktiengesellschaft an einer Börse gelistet ist, kann die Frage nach dem Shareholder Value des Unternehmens einfach beantwortet werden: er ist identisch mit dem Marktwert des Unternehmens, der sich aus der Multiplikation des Aktienkurses mit der Gesamtzahl der vorhandenen Aktien ergibt. Diese Form der Bewertung eines Unternehmens spiegelt die Marktperspektive wider (Abbildung 2).

[3] Vgl. Lichtenberg (o.J.).
[4] Vgl. Prahalad/ Hamel (1990), S. 79ff.
[5] Vgl. Goold/ Campbell/ Alexander (1994), S. 12ff.

In der Diskussion um die wertorientierte Führung von Unternehmen, speziell in der Praxis, ist aber genau diese Form der Bewertung Ausgangspunkt einer grundsätzlichen Kritik. Es wird kritisiert, dass der eigentliche Treiber des Marktwerts eines Unternehmens, nämlich sein Aktienkurs, von sehr vielen unterschiedlichen Faktoren abhängt, die nicht notwendigerweise etwas mit der tatsächlichen Leistungsfähigkeit des Unternehmens zu tun haben. Verknüpft man nun die Führung des Unternehmens und seine Strategien mit dieser Zielgröße, so wird kritisiert, macht man sich in seinem Handeln abhängig von externen Einflüssen und Erwartungen, die oft nur kurzfristiger Natur sind. Ob dies im Unternehmensinteresse sinnvoll ist, wird bezweifelt.

In der Tat muss man einräumen, dass eine unmittelbare Orientierung der Unternehmensführung am Aktienkurs des Unternehmens zu beachtlichen Fehlsteuerungen führen könnte. Aber die wenigsten Unternehmen verstehen unter wertorientierter Führung eine solche Aktienkurs-Orientierung. Für die eigentliche strategische Ausrichtung des Unternehmens, für die Beurteilung des Erfolgs seiner Strategien, wird vielmehr in der Regel eine andere Maßgröße von Shareholder Value herangezogen. Klassische Verfahren der Unternehmensbewertung auf der Grundlage von "Discounted Cash-flows" oder des "Economic Value Added" bieten nämlich ebenfalls die Möglichkeit, eine Aussage über den Wert des Unternehmens für seine Eigentümer abzuleiten - und zwar aus der Perspektive des Unternehmens selber. Man spricht in diesem Zusammenhang auch vom Eigenkapitalwert des Unternehmens.[6]

Natürlich führen beide Bewertungsformen in einer kurzfristigen Betrachtung zu unterschiedlichen Ergebnissen. Die Einschätzung des Unternehmens von außen wird sich nämlich nie oder bestenfalls zufällig mit den Informationen decken, die intern im Rahmen der Unternehmensplanung entwickelt und in der Unternehmensbewertung verarbeitet worden sind.[7] Eigenkapitalwert und Marktwert stimmen kurzfristig nicht überein. In einer mittelfristigen Betrachtung sind beide Größen jedoch hochgradig korreliert.[8] Der Eigenkapitalwert wird dadurch zu einer geeigneten Steuerungsgröße für die Unternehmensführung. Er drückt einerseits die tatsächliche Leistungsfähigkeit des Unternehmens und die Qualität seines strategischen Handelns unbeeinflusst von externen Erwartungen aus. Andererseits führt eine positive Entwicklung des Eigenkapitalwerts mittelfristig auch dazu, dass sich der Marktwert positiv entwickelt, was bedeutet, dass auch die Forderung der Eigentümer nach einer bestmöglichen Verzinsung ihres eingesetzten Kapitals erfüllt wird.

Ein Unternehmen wertorientiert zu führen bedeutet also keinesfalls, das Führungshandeln von den kurzfristigen Veränderungen an den Aktienmärkten abhängig zu machen. Im Gegenteil: es kann sehr wohl bedeuten, das Unternehmen im Interesse einer langfristigen, kontinuierlichen Steigerung des Eigenkapitalwerts zu führen - wissend, dass sich dieses mittelfristig auch im Marktwert des Unternehmens niederschlagen wird.[9]

Interpretiert man wertorientierte Führung in dieser Form, so wird der Unterschied zwischen dem Shareholder Value und den klassischen Erfolgsmaßstäben der Unternehmensführung - etwa dem Gewinn - relativ klein. Er konzentriert sich im Kern auf einen Punkt: die gestiegene Eigenkapitalverzinsung, mit der die Unternehmen heute kalkulieren müssen, wenn sie ihre Investoren nicht enttäuschen wollen. Investoren fordern heute eine Verzinsung ihres Kapitals, die sich am Risiko des Unternehmens orientiert und dieses abdecken muss. Und Investoren haben im Zuge der Globalisierung der Kapitalmärkte auch zunehmend die Möglichkeit gewonnen, dieser Forderung Gehör zu verschaffen.

---

[6] Vgl. Rappaport (1986); Stewart/ Stern (1991); Hahn/ Hungenberg (2001), S. 191ff.
[7] Vgl. Hinne (2001), S. 50ff.
[8] Vgl. Copeland/ Koller/ Murrin (2000), S. 55ff.
[9] Vgl. Glaum (1998).

4. Erfolg im Geschäft setzt Erfolg am Kapitalmarkt voraus

Trotz dieser Überlegungen fragen sich manche immer wieder, ob sich ein Unternehmen eigentlich diesen Forderungen nicht widersetzen kann? Könnte man sich nicht von den Zwängen der Kapitalmärkte abkoppeln und andere Anforderungen stärker gewichten als die der Eigentümer? Ist eine Orientierung am Shareholder Value heute notwendig oder nur eine Mode? Um diese Fragen zu klären, sind zunächst die Konsequenzen zu betrachten, mit denen ein Unternehmen konfrontiert wird, wenn es die Erwartungen seiner Investoren nicht adäquat erfüllt.

Die unmittelbare Konsequenz findet sich im Aktienkurs des betroffenen Unternehmens. Ein Unternehmen, das die Anforderungen seiner Investoren nicht erfüllt und auch nicht die Erwartungen weckt, dies in der Zukunft zu tun, wird nämlich erleben, wie sich die Investoren von ihm abwenden - was unter sonst gleichen Bedingungen zu einem Sinken des Aktienkurses und damit des Marktwerts führt. Die Bewertung des Unternehmens an den Kapitalmärkten geht zurück. Niedrig bewertete Unternehmen haben aber zumindest in drei wichtigen Bereichen Nachteile gegenüber höher bewerteten Unternehmen:

1. Unternehmen, bei denen Investoren nicht damit rechnen, dass sich die Aktienkurse (wieder) positiv entwickeln, werden im Zuge einer Kapitalerhöhung auf wenig Resonanz bei den Anlegern stoßen. Ein solches Unternehmen muss damit rechnen, dass die Aktien nicht oder nur zu ungünstigen Konditionen in den Markt eingeführt werden können. Aus Sicht des Unternehmens bedeutet dies aber nichts anderes als eine Verschlechterung seiner Eigenkapital-Beschaffungsmöglichkeiten. Dies ist immer dann ein Problem, wenn das Unternehmen das zusätzliche Kapital zur Finanzierung einer Investition, beispielsweise einer Akquisition, verwenden will - was der Regelfall sein dürfte. Eine solche Investition wird ja gerade deswegen angestrebt, weil sich das Unternehmen davon eine Stärkung seiner eigenen Wettbewerbsposition verspricht. Kann die Investition nicht oder nicht im vorgesehenen Maße finanziert werden, so stößt dies einen negativen Kreislauf von Unterinvestition, nachlassender Wettbewerbsstärke, rückläufigen Gewinnen und wiederum sinkenden Aktienkursen an (Abbildung 3). Mit anderen Worten: der fehlende Erfolg des Unternehmens am Kapitalmarkt - der sich in dem sinkenden Aktienkurs ausdrückt - beeinträchtigt auch seinen Erfolg im Produktmarkt, also im eigentlichen Geschäft des Unternehmens.

Diese Problematik wird noch dadurch verstärkt, dass sich ein solches Unternehmen auf seinem Produktmarkt in der Regel auch mit Wettbewerbern auseinander setzen muss, die am Kapitalmarkt erfolgreich, also hoch bewertet sind. Cisco ist ein gutes Beispiel dafür. Hier hat der Erfolg auf dem Kapitalmarkt den gleichen Kreislauf in umgekehrter, positiver Richtung angestoßen: hohe Aktienkurse und Marktwerte eröffneten Investitionsspielräume, diese wurden zum Ausbau der eigenen Wettbewerbsposition genutzt, was die Gewinne im Produktmarkt kontinuierlich steigen ließ und sich wiederum positiv auf die Erwartungen der Anleger und damit den eigenen Aktienkurs auswirkte. Im Endeffekt konnte Cisco sich so erfolgreich von seinen niedriger bewerteten Konkurrenten absetzen.

2. Unternehmen, die am Kapitalmarkt erfolgreich sind, erzielen einen weiteren Vorteil aus ihrer hohen Marktbewertung: sie können ihre Aktien als "Akquisitionswährung" einsetzen. Akquisitionen, die zur Stärkung der eigenen Wettbewerbsposition durchgeführt werden, können dann vollständig oder in Teilen durch Aktientausch abgewickelt werden, ohne eigene finanzielle Mittel des Unternehmens zu binden. Damit erhalten diese Unternehmen nicht nur zusätzliche Handlungsspielräume, sondern sie verhindern auch, dass ihre Verschuldung (weiter) zunimmt (Abbildung 4). Eine Zunahme der Verschuldung würde tendenziell nämlich einen Anstieg der Fremdkapitalkosten nach sich ziehen, wodurch sich die finanziellen Handlungsspielräume des Unternehmens weiter einengten.

Aber auch unabhängig von der Finanzierung zusätzlicher Maßnahmen bedeuten sinkende Aktienkurse eine Belastung bei der Fremdkapitalfinanzierung. Investoren beurteilen die Kreditwürdigkeit eines Unternehmens - sichtbar gemacht durch sein "Rating" - nämlich unter anderem anhand seines Verschuldungsgrads. Dabei interessieren sich die Anleger für den Verschuldungsgrad zu Marktwerten, in dessen Berechnung der Marktwert des Eigenkapitals und der Marktwert des Fremdkapitals eingehen. Sinkende Aktienkurse, das heißt sinkende Marktwerte des Eigenkapitals, führen dann (unter sonst gleichen Bedingungen) zwingend zu einem Anstieg des Verschuldungsgrads - mit allen negativen Konsequenzen für Kapitalbeschaffung und Kapitalkosten.

3. Eine weitere Konsequenz sinkender Aktienkurse ist, dass sie - wiederum unter sonst gleichen Bedingungen - die Übernahmegefahr für das betroffene Unternehmen erhöhen. Unternehmen mit niedrigen Marktwerten sind nicht nur "billiger" für einen potenziellen Aufkäufer. Die unzureichende Wertorientierung, die Ursache der rückläufigen Kurse ist, stellt zudem für den Käufer eine beachtliche Chance zur Wertsteigerung dar. Vor diesem Hintergrund werden nicht nur solche Akquisitionen erleichtert, die strategische Wertsteigerungspotenziale aufweisen - etwa durch die Integration von zwei vormals getrennten Einheiten und die Ausnutzung von Synergieeffekten. Möglich werden dann auch Akquisitionen, die allein unter finanziellen Gesichtspunkten betrachtet werden. Dies ist gerade bei großen, diversifizierten Unternehmen immer wieder der Fall. Der Aufkauf eines solchen Unternehmens, seine anschließende Zerschlagung und der "stückweise" Verkauf einzelner Unternehmenseinheiten eröffnet für den Käufer attraktive Wertsteigerungspotenziale, die umso größer werden, je günstiger das Unternehmen zu erwerben ist.[10]

[10] Vgl. Jensen (1976), S. 323ff.; Ramanujam/ Varadarajan (1989), S. 523ff.; Rajan/ Servaes/ Zingales (2000), S. 35ff.

Wohl gemerkt: dass Übernahmen stattfinden können, ist sowohl volkswirtschaftlich wie betriebswirtschaftlich im Allgemeinen begrüßenswert. Unternehmensübernahmen sind notwendiger Bestandteil einer wettbewerblichen Wirtschaftsordnung, und von ihnen gehen disziplinierende Wirkungen auf das Management von Unternehmen aus. Aus der Sicht eines betroffenen Unternehmens ist eine Übernahme aber immer ein Verlust an eigenständigen Handlungsmöglichkeiten - und damit ein Ereignis, das eine anspruchsvolle Unternehmensführung eigentlich vermeiden sollte.

Insofern kann man die einleitenden Fragen, was die Konsequenzen einer unzureichenden oder fehlenden Ausrichtung auf die Interessen der Eigentümer sind, sehr einfach beantworten: fehlt eine Ausrichtung auf das Ziel Shareholder Value, sind die Handlungsmöglichkeiten, die Wettbewerbsfähigkeit und letztlich die Existenz des Unternehmens gefährdet.

[11] Vgl. Coenenberg/ Salfeld (2003), S. 9.

5. Geht die Shareholder-Orientierung zu Lasten anderer Interessengruppen?

Die Ausrichtung eines Unternehmens auf seine Eigentümer, wie sie im Ziel Shareholder Value zum Ausdruck kommt, wird häufig mit einem Alternativmodell konfrontiert, das die Priorisierung der Interessen einer Gruppe ablehnt und statt dessen eine gleichberechtigte Berücksichtung aller Interessengruppen fordert. Man spricht hier vom so genannten Stakeholder-Modell. Interessengruppen (oder Stakeholder) sind dabei neben den Eigentümern auch die Fremdkapitalgeber, die Kunden und Lieferanten, Staat und Gesellschaft und nicht zuletzt die Mitarbeiter des Unternehmens. Im Stakeholder-Modell wird gefordert, das Unternehmen so auszurichten, dass der Nutzen aller dieser Interessengruppen gleichberechtigt gesteigert wird.[12]

Dieses Modell wird in Deutschland und anderen kontinentaleuropäischen Ländern oft als anstrebenswert bezeichnet, weil es einen pluralistisch Ansatz verfolgt und - speziell im Vergleich mit dem Shareholder-Modell - weniger diskriminierend erscheint.[13] Diese Beurteilung basiert im Allgemeinen auf der Einschätzung, dass zwischen einer Eigentümer-Orientierung und der Zielerreichung der anderen Bezugsgruppen ein direkter Konflikt besteht. Mit anderen Worten: dass Maßnahmen zur Steigerung des Shareholder Values stets zu Lasten der Interessen anderer, etwa der Mitarbeiter oder Kunden, gehen.

Natürlich gibt es Situationen, wo genau dieser Zielkonflikt besteht - etwa wenn Arbeitsplätze abgebaut werden, um die Kosten zu senken, oder Leistungen für die Kunden reduziert werden, um Gewinne zu steigern. Diese Konflikte bestehen vor allem bei einer kurzfristigen Betrachtung. In einer mittel- bis langfristigen Betrachtung sind die Interessen aller Stakeholder - einschließlich der Eigentümer - aber zumindest neutral, oft sogar komplementär.[14]

Dies wird beispielsweise anhand der Frage sichtbar, ob Wertsteigerungen immer zu Lasten der Beschäftigung gehen. Die Behauptung, dass hier ein Zielkonflikt vorliegt, lässt sich empirisch nicht bestätigen. Dies gilt zumindest dann, wenn man die Entwicklung ganzer Branchen im internationalen Vergleich betrachtet, wodurch Sondereffekte einzelner Unternehmen beseitigt werden. Das Bild zeigt

[12] Vgl. Freeman (1984).

[13] Es sei nur am Rande erwähnt, dass eine Anwendung dieses Modells in der praktischen Führung von Unternehmen nicht zu verwirklichen wäre, weil sie erforderte, dass die Präferenzen aller Gruppen erkannt, die Auswirkungen von Entscheidungen auf den Nutzen aller Gruppen ermittelt und diese Auswirkungen gewichtet und verglichen werden können. Diese (praktischen) Probleme werden jedoch in der meist normativ geführten Diskussion nicht thematisiert.

[14] Vgl. Hungenberg (1999), S. 125ff.

hier eine eindeutig positive Beziehung zwischen der Wertentwicklung und der Beschäftigungsentwicklung (Abbildung 5).[15]

Es gibt eine relativ einfache Erklärung für diesen Zusammenhang. Hinter beiden Entwicklungen steht nämlich ein dritter Faktor: die Wettbewerbsfähigkeit des Unternehmens. Unternehmen, die wettbewerbsfähig sind und Wettbewerbsvorteile besitzen, erwirtschaften Gewinne, aber es sind auch diese Unternehmen, die in einem funktionsfähigen Markt am stärksten wachsen. Und Unternehmenswachstum ist bekanntlich ein Treiber von Marktwert- und Beschäftigungswachstum. Diese Regel wird nur dann außer Kraft gesetzt, wenn externe Einflüsse, etwa des Staats, dauerhaft zu einem nicht mehr funktionsfähigen Wettbewerb führen.

Vor diesem Hintergrund wird deutlich, dass der eingangs angesprochene Konflikt zwischen "Geld verdienen" und "Werte haben" vor allem Ausdruck einer kurzfristigen Betrachtungsweise ist. Kurzfristig, etwa in Anpassungsprozessen, gibt es diesen Konflikt. Mittel- bis langfristig löst er sich jedoch weitestgehend auf. Nur jene Unternehmen, die Werte für ihre Eigentümer schaffen, weil sie "Geld verdienen", bleiben dauerhaft wettbewerbsfähig und sichern so ihre Existenz. Nur diese Unternehmen wachsen und schaffen damit neue Beschäftigung.

[15] Vgl. Copeland/ Koller/ Murrin (2000), S. 11ff.

[16] Vgl. Copeland/ Koller/ Murrin (2000), S. 14.

Und nur wettbewerbsfähige, wachsende Unternehmen können es sich langfristig leisten, Verantwortung für andere Stakeholder zu übernehmen und es ihnen ermöglichen, ihre Interessen dauerhaft zu verwirklichen.

Literaturverzeichnis

Bergsma, E. (1989): Managing Value - The new Corporate Strategy, in: McKinsey Quarterly, o. Jg. 1989, S. 57 ff.

Bowman, W., Singh, H. (1990): Overview of Corporate Restructuring: Trends and Consequences, in: Corporate Restructuring, Hrsg. M. Rock, R. Rock, New York 1990, S.8 ff.

Coenenberg, A., Salfeld, R. (2003): Wertorientierte Unternehmensführung, Stuttgart 2003.

Copeland, T., Koller, T., Murrin, J. (2000): Valuation, 3. Auflage, New York 2000.

Fremann, E. (1984): Strategic Management: A Stakeholder Approach, Boston 1984.

Friedrich, S., Hinterhuber, H. (2000): Mehrwert durch Diversifikation?, in: Die Zukunft der diversifizierten Unternehmung, Hrsg. H. Hinterhuber, S. Friedrich, K. Matzler, H. Pechlaner, München 2000, S. 8 ff.

Glaum, M. (1998): Kapitalmarktorientiertung deutscher Unternehmungen, Frankfurt a.M. 1998.

Goold, M., Luchs, K. (1993): Why Diversify? Four Decades of Management Thinking, in: Academy of Management Executive, 7. Jg. 1993, Nr. 3, S. 7 ff.

Goold, M., Campbell, A., Alexander, M. (1994): Corporate-Level Strategy, New York 1994.

Gressle, M.: Corporate Restructuring - The Theme of the 1980s, in: Corporate Restructuring, Hrsg. B. Caires, S. 8 ff.

Hahn, D., Hungenberg, H. (2001): PuK - Wertorientierte Controllingkonzepte, 6. Auflage, Wiesbaden 2001.

Hinne, C.: Gründe für das mögliche Auseinanderfallen zwischen Börsenwert und unternehmungsintern ermitteltem Eigenkapitalwert, Gießen 2001.

Hungenberg, H. (1999): Kooperation und Konflikt aus Sicht der Unternehmensverfassung, in: Unternehmung, Gesellschaft und Ethik, Hrsg. H. Hungenberg, B. Schwetzler, Wiesbaden 1999, S. 125 ff.

Jensen, M. (1986): Agency Costs of Free Cash-flow, Corporate Finance and Takeovers, in: American Economic Review, 76. Jg. 1986, S. 323 ff.

Lichtenberg, F.: Industrial Dediversification and its Consequences for Productivity, National Bureau of Economic Research,Working Paper 3231.

Prahalad, C., Hamel, G. (1990): The Core Competence of the Corporation, in: Harvard Business Review, 68. Jg. 1990, Nr. 3, S. 79 ff.

Rajan, R., Servaes, H., Zingales, L. (2000): The Cost of Diversity: The Diversification Discount and Inefficient Investment, in: Journal of Finance, 55. Jg. 2000, S. 35 ff.

Ramanujam, V., Varadarajan, P. (1989): Research on Corporate Diversification: A Synthesis, in: Strategic Management Journal, 10. Jg. 1989, S. 523 ff.

Rappaport, A. (1986): Creating Shareholder Value, New York 1986.

Stewart, B., Stern, J. (1991): The Quest for Value: The EVA Management Guide, New York 1991.

Das wertphilosophische Leitbild persönlicher Verantwortlichkeit und Toleranz im internationalen Kartellrecht

Harald Herrmann

1. Einführung

Meine Damen und Herren, heute kommt noch einmal das Recht zur Diskussion. Ich meine, es steht einer Ludwig-Erhard-Ringvorlesung gut an, dass das von ihm federführend legalisierte Kartellrecht, das Gesetz gegen Wettbewerbsbeschränkungen (GWB), zur Sprache kommt. Dabei geht es – ganz im Sinne der Gesamtausrichtung der Vortragsreihe – um die Bedeutung des GWB und seiner Grundwertungen für die internationale Wirtschaft. Ich will versuchen, Ihnen zu zeigen, dass das deutsche GWB und seine internationalen Vorschriften von Anfang an – also seit 1957, als es erstmals im Deutschen Bundestag verabschiedet wurde – von einer tief reflektierten philosophischen Grundwertung getragen worden sind: dem Leitbild persönlicher Verantwortlichkeit und Toleranz.

Die Fragestellung ist in etwas anderer Form schon vom Kollegen Neumann in seinem Beitrag zur Ringvorlesung erörtert worden. Bei ihm ging es aber darum, die weltwirtschaftlichen Wohlfahrtsvorteile wettbewerblicher Handlungsfreiheiten und damit zugleich die sozialpolitische Überlegenheit von marktwirtschaftlicher Globalisierung zu erweisen. Ich darf sagen, dass ich den Ausführungen von Herrn Neumann – bis auf wenige wissenschaftliche Nuancen – zustimme[1], und möchte nur aus juristischer Sicht noch hinzufügen, dass das GWB neben diesem Schutz des Wettbewerbs auch noch den der persönlichen Handlungsfreiheit eines jeden Verkehrsteilnehmers bezweckt. Dieser nicht bloß auf die wirtschaftliche Betätigungsfreiheit bezogene Schutz darf sogar nicht einmal für volkswirtschaftliche Zwecke instrumentiert werden. Wichtigste Folge dessen ist, dass Großfusionen vom Bundeswirtschaftsminister nicht etwa im Wege der Ministererlaubnis genehmigt werden dürfen, wenn durch sie zwar enorme Kostensenkungen oder Innovationssprünge ermöglicht werden, aber die „marktwirtschaftliche Ordnung" aufs Spiel gesetzt würde (§ 42 Abs. 1 S. 3 GWB). Aber das nur am Rande.

---

[1] Großenteils übereinstimmend auch W. Harbrecht, Katholische Soziallehre und Soziale Marktwirtschaft, in: Bossle/ Kell (Hrsg.), Die Erneuerung der Sozialen Marktwirtschaft, 1995, S. 135; F. Hanssmann, Humanisierung des Managements. Ein christlicher Standpunkt, 2001, S. 85ff., passim.

Heute soll es um eine hochinteressante Folge dieses Freiheitsschutzes gehen:

Die Wettbewerbsfreiheit ist Teil der allgemeinen Freiheit der Persönlichkeitsentfaltung, die im Grundrechtskatalog des Grundgesetzes zusammen mit weiteren Grundrechten geschützt ist. Damit ist das verfassungsrechtliche Zusammenspiel der Grundrechte durchweg auch für die Auslegung sämtlicher Vorschriften des GWB relevant. Zugespitzt könnte man sagen: Zwar ist die Instrumentierung für ökonomische Effizienz ausgeschlossen, aber die gegenseitige Durchdringung und Güterabwägung mit anderen Grundrechten ist nicht versperrt. Sie ist im Gegenteil sogar immer dann zwingend geboten, wenn Grundrechtskonflikte entstehen.

Wichtigste Beispiele dafür sind die Konflikte der Wettbewerbsfreiheit mit den Toleranzrechten, also der Meinungs- und Pressefreiheit, der Glaubens- und Religionsfreiheit sowie den Informationsfreiheiten des Medienzeitalters. Mächtige nationale und internationale Konzerne greifen nämlich immer wieder zu wettbewerbswidrigen Praktiken, um ihre politische, religiöse oder weltanschauliche Meinung anderen aufzuzwingen. Auch die ökonomische Macht von Nachfragern kann für Zwecke des Meinungskampfes eingesetzt werden, und so geschieht es auch immer wieder. Boykott-Aufrufe, Liefersperren und Diskrimierungen marktstarker Unternehmen sind beliebte Mittel, die bei solchen Meinungskämpfen eingesetzt werden.

Die deutsche Rechtsprechung hat zu derartigen Kampfmethoden eine sehr liberale Haltung eingenommen. Sie erlaubt den Meinungskampf, verbietet aber strikt, sich mit dem Meinungsgegner mit meinungswidrigen Mitteln auseinanderzusetzen. Ich darf eingangs für die Kenner nur die berühmte Blinkfüer-Entscheidung des BVerfG aus den 60er Jahren nennen, die bis heute im Grundansatz maßgebend geblieben ist. Hier kommt eine tief reflektierte Toleranz zum Ausdruck (s.u. zu 3.1), die zeigt, dass das Autonomieleitbild des GWB sich auch in der Begegnung tiefgreifend verschiedener Kulturen im internationalen Wettbewerb bewähren kann. Denn sehr abstrakt gesagt: Autonomie und Toleranz bedingen sich gegenseitig.

Bevor ich einige konkrete Beispiele dafür aus der reichhaltigen Rechtsprechung von 1957-2003 vorstelle, möchte ich aber ein paar Worte zu den wertphilosophischen Grundlagen des Autonomie- und Toleranzdenkens sagen. Dazu scheint mir besonders beachtenswert, dass die neuere interdisziplinäre Rechtsphilosophie und deren theologische Nachbarforschungen in den letzten Jahren zu grundlegend neuen Erkenntnissen über das Verhältnis der Toleranzgrundrechte zur Theologie gefunden haben. Erst wenn man diesen Hintergrund sieht, kommt die ganze ethische Tiefe wettbewerblicher Globalisierungstrends in den Blick.

2. Christliche Wurzeln der Toleranz-Grundrechte

2.1 Die neue kopernikanische Wende

Zunächst also – weil wir in Bayern leben – zu den katholischen Entdeckungen:

Die Menschen- und Toleranzrechte galten bis vor kurzer Zeit einhellig als nicht-christlichen Ursprungs. Dafür wurde v.a. dogmengeschichtliche Gründe angeführt: Wertetoleranz setze eine Abkehr von der aristotelischen Entelechie und von der von Thomas von Aquin im Anschluss daran dogmatisierten Werte-Offenbarung voraus. Nicht eine in der Natur ablesbare Absolutheit wahrer Werte, sondern kartesischer Zweifel ist für die Toleranz des jeweils Anderen grundlegend. Bejahte die Scholastik die Erkennbarkeit des moralisch Guten, so musste sie nach älterem Stand der Forschung die Toleranz abweichender Wertvorstellungen ablehnen.

Zudem wendeten sich realhistorisch die Toleranzideen im 16.-18. Jahrhundert gegen die Verketzerungen der katholischen Kirche - und später auch der protestantischen Kirchen. Als Entstehungsursachen wurden besonders Voltaires Schriften[2] und die französische Revolution angesehen. Noch im 19. Jahrhundert weigerte sich der Heilige Stuhl deshalb wiederholt, die Menschenrechte als solche überhaupt anzuerkennen. Deren christliche Ursprünge schienen vollends undenkbar.

Erst durch Untersuchungen des deutschen Staatsrechtlers Isensee seit 1997 wurde bekannt, dass es jedenfalls schon Mitte des 17. Jahrhunderts auch prokatholische Toleranzpolitiken gegeben hat. Allen voran ist die englische Toleranzakte Karls I. für die Katholiken in Maryland zu nennen. Der damalige Gouverneur Calvert war als römisch-katholischer Eigentümer mit Patent eines anglikanischen Königs zur Gewährung weitgehender Religionsfreiheit gezwungen. Schon 1649 wurden diese Rechte in der Toleranzakte („Act Concerning Religion“) legalisiert. Die ganze Bewegung ist vom Heiligen Stuhl mit ausführlichen theologischen Toleranzargumenten legitimiert worden. Darin bezog man sich vor allem auf die Schrift von Augustin De Civitate Dei, wonach – ähnlich wie später auch bei Luther – die Trennung des Reiches Gottes und der Reiche dieser Welt bejaht wurde und damit auch die weltlichen Rechte von Ketzern ermöglicht worden sind.

---

[2] „Ich bin nicht Ihrer Meinung, doch würde ich von mir hoffen, dass ich mein Leben für Ihre Freiheit einsetzte, sie zu äußern“, Voltaire, zit. n. Fikentscher, Zwei Wertebenen, nicht zwei Reiche, in: ders. u.a. (Hrsg.), Wertewandel, Rechtswandel, 1997, 121, 146.

2.2 Zwei-Reiche Luthers und Zwei-Werte der Habeas Corpus Akte

In den protestantischen Theologien war schon länger anerkannt, dass die Entstehung von Rechtstiteln freien Glaubens und Gewissens bereits lange vor der französischen Revolution, nämlich in der englischen Habeas Corpus Akte von 1679 erstmals vollzogen worden ist. Dafür berief man sich auf das berühmte historische Fälschungswerk von Edward Coke, das die Magna Carta Libertorum von 1215 angeblich kommentierte, in Wahrheit aber erstmals Menschenrechte für alle Bürger erfand und begründete. Waren etwa der nulla poena-Satz und das due process-Gebot im 13. Jahrhundert noch wie selbstverständlich als Adelsprivilegien verstanden, so wurden sie von Coke freimütig als allgemeine Bürgerrechte uminterpretiert. Dazu bedurfte es einer anspruchsvollen Toleranzethik, die der Magna Charta noch völlig fremd gewesen ist.

Noch bis Mitte der 90er Jahre nahm man allgemein an, die dieser Entwicklung zugrunde liegende Ethik sei im Humanismus und in der damals wieder entdeckten griechischen Klassik zu sehen. Erst neuere Forschungen – allen voran die von Wolfgang Fikentscher – haben gezeigt, dass eine niederländische Philosophenschule um Wilhelm von Oranien seit der Befreiung von der spanischen Herrschaft des Herzogs Alba Ende des 16. Jahrhunderts das maßgebende ethische Gedankengut hervorgebracht hat. Federführend scheint Richard Hooker mit seiner Rechts- und Staatstheorie von 1586-1592 gewesen zu sein, die auf Coke nachweislich stark eingewirkt hat.

Kurz kann die neuartige Toleranzethik folgendermaßen beschrieben werden:

- Grundlegend ist die Unterscheidung von unentziehbaren Rechten und von täglichen Dingen, über die in Mehrheitsverfahren demokratischer Provenienz entschieden werden konnte. Sie stammt von Cokes Kommentierung und wurde als solche in die Habeas Corpus Akte übernommen.

- Die Unentziehbarkeit der Menschenrechte wird nicht mehr auf den Willen eines Herrschers im Reiche dieser Welt, sondern darauf gestützt, dass der Mensch eine gottgegebene Vernunft hat. Die freie Betätigung dieses Gottesgeschenks ist im Prinzip von jedem Herrscher zu gewährleisten.

An die Stelle der Zwei-Reiche-Lehren trat also eine neuartige Zwei-Werte-Lehre. Es gibt aber – trotz aller Unterschiede – auch wesentliche Übereinstimmungen. Wie Luther, so gibt auch Hooker dem freien Christenmenschen ein Widerstandsrecht gegen den „Großtyrannen“, weil dieser die Trennung der zwei Reiche überschreitet und den Glauben seiner Untertanen beherrschen will. Aber Hooker sieht das göttliche Geschenk freier Vernunft auch im Reich dieser Welt wirksam und rechtlich geschützt. Luthers Gedanke von der grundlegenden Sündhaftigkeit des Menschen und die darauf aufbauende anti-römische Rechtfertigungslehre scheinen bei Hooker keinen Einfluss auf das Menschenrechtsdenken gewonnen zu haben. Die darin begründeten Unterschiede sind theologisch nicht zu leugnen, scheinen aber auch für eine moderne protestantische Grundrechtsethik nicht unüberwindbar.

Festzuhalten bleibt die juristische Errungenschaft Hookers und der Habeas Corpus Akte. Aus der Toleranztheorie Luthers und der Katholiken von Maryland wird eine Grundrechtslehre. Lassen Sie mich deshalb mit einem Wort von Wilhelm von Oranien abschließen. Er schreibt in seinem staatstheoretischen Hauptwerk, der Apologie von 15080/81:

> Das einfache Volk will keine „tyrannos", sondern gute „councils", die die „Freiheit des Gewissens zu garantieren" haben.[3]

3. Rechtsgrundlagen und Leitentscheidungen

3.1 Die wettbewerbsrechtliche Ausstrahlungswirkung im Fall „Blinkfüer"

Ich schließe damit den wertphilosophischen Teil meiner Ausführungen und komme zu den rechtstechnischen Angaben. Wie schon eingangs erwähnt, ist die Entscheidung des BVerfG im Fall Blinkfüer aus dem Jahr 1969 grundlegend. Es ging um Folgendes:

Der Axel Springer-Verlag hatte kurz nach dem Bau der Berliner Mauer allen Verkaufsstellen in West-Berlin mitgeteilt, dass er sich nicht mehr zur Belieferung mit der Bildzeitung in der Lage sehe, wenn am gleichen Stand oder im gleichen Laden auch die DDR-Zeitschrift „Blinkfüer" angeboten werde. Zweck der Aktion war es, der DDR-Propaganda entgegenzutreten, die sowohl in der Zeitschrift Blinkfüer selbst als auch in den durch diese angekündigten TV-Sendungen erfolgte. Nach dem Bau der Mauer im Jahr 1963 schien der Gegensatz östlicher und westlicher Politiken in beiden Teilen Deutschlands derart zugespitzt, dass der Meinungskampf auch mit den Mitteln der Vertriebstrennung durchgeführt werden müsse.

In rechtlicher Hinsicht stand dieser Maßnahme zweierlei entgegen:

- Die bisherigen Verkaufsstellen sollten veranlasst werden, ihre Geschäftsbeziehung zum Anbieter von „Blinkfüer" zu beenden und künftig keine B-Hefte mehr abzunehmen. Ein solcher Aufruf zur Abnahmeverweigerung ist als Boykottaufforderung durch den heutigen § 21 Abs. 1 GWB erfasst, wonach verboten ist, „...ein anderes Unternehmen ...in der Absicht, bestimmte Unternehmen

[3] Zit. n. Fikentscher, a.a.O., S. 144.

unbilling zu beeinträchtigen, zu Liefersperren oder Bezugssperren" aufzufordern.

- Außerdem verbietet § 20 Abs. 1 GWB marktstarken Unternehmen Diskriminierungen und Behinderungen. Auch diese Vorschrift war verletzt, da Springer auf den maßgebenden Berliner Märkten durchweg starke Stellungen innehatte und der Blinkfüer-Verlag behindert und diskriminiert worden war.

Alle drei genannten Tatbestände des GWB setzen voraus, dass die Maßnahme darauf abzielt, bei ihren Adressaten zu „unbilligen" wirtschaftlichen Nachteilen zu führen. Was unbillig ist, sagt das Gesetz nicht eigens, sondern muss aus den Verbotszwecken herausgelesen werden. Dabei sind die Grundrechte in ihrem objektiven Wertgehalt auslegend zu berücksichtigen. Man spricht insoweit von der Ausstrahlungswirkung der Grundrechte oder – was im Wesentlichen gleichbedeutend ist – von einer mittelbaren Grundrechtsdrittwirkung, die nicht nur zur Kontrolle der Staatsgewalt dient, sondern auch im Verhältnis von Wirtschaftsverkehrsteilnehmern in privater Rechtsform gilt. Die Grundrechte werden zwar nicht direkt auf das Privatrechtsverhältnis angewendet, sie müssen aber bei der Auslegung unbestimmter Rechtsbegriffe des BGB und des GWB etc. mit berücksichtigt werden.

Die Springer-Juristen führten nun an, es sei das gute Recht des Bild-Verlegers, sich im Meinungskampf mit den DDR-Blättern exklusiv zu positionieren und damit die Ansicht kämpferisch zum Ausdruck zu bringen, dass der Mauerbau und die damit grausam perpetuierte Teilung Deutschlands bekämpft werden solle. Die Meinungsfreiheit beinhalte nicht nur das Recht, anderer Meinung zu sein und diese zu äußern, sondern berechtige auch zu nicht-verbalen Kampfhandlungen wie Demonstrationen und dergleichen. Deshalb müssten auch Boykottaufrufe, Behinderungen und Diskriminierungen trotz der GWB-Verbote ausnahmsweise gerechtfertigt sein.

Das BVerfG billigte zunächst die skizzierte Ausstrahlungswirkung und die erweiterte Auslegung des Schutzes der Meinungsfreiheit. Kampfmaßnahmen könnten durch das Grundrecht der Meinungsfreiheit legitimiert sein und in gewissem Umfang sogar zur Rechtfertigung von ansonsten verbotenen wettbewerbswidrigen Handlungen führen. Auf keinen Fall dürfe aber wirtschaftliche Macht zu „meinungswidrigem" Meinungskampf missbraucht werden. Die Meinungsfreiheit beider Seiten des Meinungskampfes sei zu schützen, so dass nur Kampfmittel geschützt sind, die auf Überzeugung der Gegenseite abzielen. Auf Marktverdrängung und Existenzvernichtung abzielende Kampfmaßnahmen, wie sie die Springer-Kampagne damals beinhaltete, hat das BVerfG deshalb verboten.

3.2 Aktuelle Meinungs- und Glaubenskriege

Die Blinkfüer-Entscheidung des BVerfG hat in der Folgezeit bahnbrechend gewirkt. Ich erwähne nur die zahlreichen Fälle, in denen Naturschützer und Umweltfanatiker versucht haben, den Meinungsgegner durch Boykottaufrufe daran zu hindern, Pelzmäntel aus Seehundfellen oder Nerze zu verkaufen, Kaviar vom Stör anzubieten oder Holzprodukte aus brasilianischer Urwaldabholzung zu vermarkten.[4] Neuerdings ist vom OLG München sogar ein Aufruf an Werbefirmen untersagt worden, für einen Buchverlag keine Werbung mehr zu machen, weil dieser Publikationen über religiöse und politische Mindermeinungen produziert hatte. Das Gericht formuliert wörtlich:

„Der Boykottaufruf muss sich auf den Versuch einer geistigen Einflussnahme und Überzeugung beschränken. Die Ausübung wirtschaftlichen oder sozialen Drucks, der für die Adressaten schwere Nachteile bewirkt und ihnen die Möglichkeit nimmt, ihre Entscheidung in voller innerer Freiheit zu treffen, ist nicht durch Art. 5 I GG geschützt"[5] (und rechtfertigt deshalb auch keinen Boykottaufruf).

Zur Vermeidung von Missverständnissen sei hervorgehoben:

Die Rechtsprechung steht nicht jeder Rechtfertigung wirtschaftlicher Boykottaufrufe oder Diskriminierung und Behinderung entgegen. Nur Marktverdrängung, Existenzvernichtung oder „schwere Nachteile" bewirken meinungswidrigen Druck i.S. der Blinkfüer-Rechtsprechung. Besonders hinterhältig erscheint es, wenn sich der Meinungsgegner gar nicht selbst wehren kann, indem seine Kunden und nicht er selbst unmittelbar unter Druck gesetzt werden. Auf die Marktstärke kann es bei Behinderungen und Diskriminierungen ankommen. Bei echten Boykott-Aufrufen ist aber keine marktstrukturelle Tatbestandsvoraussetzung erfordert.

3.3 Anzeigenblätter und Multimedia-Fusionen

Nur unwesentlich anders liegen die Fälle wirtschaftlichen Meinungskampfes durch Pressefusionen und durch Zusammenschlüsse von Multimedia-Unternehmen. Dabei geht es vor allem um die überragende Marktposition der großen Medienkonzerne Springer, Bertelsmann und WAZ. Die Rechtsprechung hierzu ist ebenfalls sehr reichhaltig. Ich erwähne nur den Versuch des Springer-Konzerns, bedeutende Zeitschriftenhändler aufzukaufen oder sich mit einem anderen Zeitungsverleger zusammenzuschließen, mit dem zusammen er dann über mehr als 50% der regionalen Marktanteile erlangt hätte;[6] und ich tue das nicht, weil ich ein besonderer Springer-Feind bin – im Gegenteil: ich achte das populistische Grundanliegen dieses Verlegers durchaus bis zu einem gewissen Grade. Aber die Bei-

[4] Vgl. Kübler, AfP (zit. in Habil.).
[5] OLG München, AfP 2002, 235=ZUM-RD 2002, 370.
[6] Nachw. bei Emmerich, Kartellrecht, 8. Aufl. S. 318 Fn. 92f.

spiele zeigen sehr anschaulich, wie wichtig die Blinkfüer-Rechtsprechung in der Folgezeit auf unterschiedlichsten Gebieten geworden ist.

Noch ein Wort zur Unterscheidung der Fälle:

In den Regeln zur sog. Fusionskontrolle schreibt das GWB vor, marktmachtbegründende oder -verstärkende Zusammenschlüsse zu verbieten. Dabei ist also, ähnlich wie in den Diskriminierungs- und Behinderungsfällen, der Schutz vor marktstruktureller Machtbildung vorgeschrieben. Aber es geht nicht mehr um aktuelle Verhaltensmissbräuche mit meinungswidriger Wirkung, sondern schon die Strukturbildung als solche ist verbietbar. Der Wettbewerbsschutz wird unmittelbar zur Aufrechterhaltung der Meinungsfreiheit eingesetzt. Meinungsvielfalt soll institutionell gesichert werden.

4. Wettbewerbs- und Toleranzleitbilder in globaler Bewährung?

4.1 Philosophische Leitbilder im Recht

Ich komme nun noch einmal zurück auf die christlichen Wurzeln dieser Toleranzrechte. Schon bei der Behandlung der Hooker'schen Zwei-Werte-Lehre wurde hoffentlich deutlich, dass es sich um ein interdisziplinäres Zusammenwirken von Recht und Theologie gehandelt hat. Ich rekapituliere noch einmal:

- Die Unterscheidung von alltäglichen Dingen und unabänderlichen Grundwerten beruhte auf der schöpfungstheologischen Annahme eines göttlichen Vernunftgeschenks für den Menschen.

- Hooker und seine theologischen Wegbereiter haben diesen Zusammenhang gekannt und für die Konkretisierung der Menschenrechte i.S. der Habeas Corpus Akte berücksichtigt.

Heute ist dieser enge Zusammenhang von Recht und Religion unwiederbringlich aufgelöst, nachdem die Aufklärung die Eigenständigkeit beider Wissenschaften bis heute unwiderlegt erwiesen hat; und ich werde mich als Kenner dieser Entwicklung[7] hüten, diese Grundeinsicht rückgängig machen zu wollen.

Doch sind zumindest beide Theologien der christlichen Großreligionen nach wie vor als Wissenschaften im Rechtssinn anerkannt, so dass gar kein Zweifel besteht, dass die Rechtswissenschaft und die hier behandelten Theologien in einem wissenschaftlichen interdisziplinären Zusammenhang stehen können. Dieser ist

[7] Vgl. H. Herrmann, Das Verhältnis von Recht und christlicher Theologie bei Christian Thomasius, 1970.

wissenschaftstheoretisch im Prinzip nicht anders zu sehen als der zwischen Recht und Volks- oder Betriebswirtschaftslehre. Hier wie dort hat sich in der neueren ökonomischen Rechtsanalyse herausgestellt, dass die interdisziplinären Zusammenhänge am besten durch institutionelle Bezüge und in der Form von Leitbildern erklärbar sind. Diesen leitbildartigen Zusammenhang persönlicher Verantwortung und Toleranz mit dem GWB möchte ich abschließend noch etwas näher umreißen.

Ein erster Punkt betrifft die wissenschaftliche Zuordnung der Zwei-Werte-Lehre. Sie ist, wie gezeigt, weder einer bestimmten Theologierichtung zuzuordnen noch deshalb untheologisch. Eher gehört sie in den Bereich der Meta-Ethik, also zur international vergleichenden Wert- und Religionsphilosophie, d.h. es geht um die Erkenntnis, dass in verschiedenen Glaubensrichtungen und deren theologischen Wissenschaften die Vorstellung von Bedingungen möglicher Glaubenstoleranz entwickelt worden ist. So wie sie im Christentum auf der Vorstellung der Zwei-Reiche-Lehre und auf dem Glauben von der Schöpfung des vernunftbegabten Menschen beruht, ist sie etwa im fernen Osten mit buddhistischer Weltabkehr begründet worden.[8] Am besten verzichtet man deshalb wohl auf eine genaue wissenschaftsspezifische Einordnung und wählt die Wertphilosophie als gemeinsamen Wissenschaftszweig. Ich spreche deshalb im Folgenden nur noch von philosophischen Leitbildern im Recht.

4.2 Leitbild offenen Wettbewerbs und geistiger Toleranz

Neben den Toleranz-Leitbildern religions- und wertphilosophischer Herkunft muss der Leitbildcharakter des Wettbewerbs gekennzeichnet werden, der dem GWB zugrunde liegt. Dazu gibt es glücklicher Weise umfänglichere Forschungen, so dass ich hierzu mehr als zuvor schlicht berichten kann.

Man unterscheidet heute im Wesentlichen 4 Wettbewerbsmodelle:

- das ordoliberale Modell atomistischen Wettbewerbs, das von Eucken und Böhm stammt und dem Ludwig Erhard besonders nahe stand;
- das workability-Modell funktionsfähigen Wettbewerbs der Harvard School of Economics aus den 40er Jahren;
- das Effizienzmodell der Chicago School aus den 60er Jahren, das Anfang der 80er Jahre in den USA zu grundlegenden Veränderungen des Antitrustrechts geführt hat, und
- das Modell der Offenhaltung der Märkte für Wettbewerb als Entdeckungsverfahren, das v.a. mit den Namen von Hayek und Hoppmann verbunden ist.

---

[8] Vgl. nochmals Fikentscher, a.a.O. S. 127f.

Ohne auf Einzelheiten der Unterschiede einzugehen, kann gesagt werden, dass – außer dem Chicago-Modell – keines der Leitbilder den uninstrumentierten Schutz der Wettbewerbs- und der Meinungsfreiheit geleugnet hat. Es gibt deshalb zahlreiche Belege aus allen drei anderen Forschungsrichtungen über den Zusammenhang politischen und wirtschaftlichen Freiheitsschutzes. Ich nenne nur das berühmte Buch von von Hayek über „Wege der Knechtschaft", das dieser Anfang der 40er Jahre im Londoner Exil geschrieben hat. Auch die Rechtsprechung des US-Supreme Court zur Fusionskontrolle über Riesenkonzerne mit Gefahren für die Unabhängigkeit demokratischer Volksvertretungen ist ein Beleg für Zusammenhänge der Wettbewerbsfreiheit und der Zwei-Werte-Ethik. Da ich selbst seit vielen Jahren der Modelltheorie offenen Wettbewerbs anhänge, sei hierzu besonders betont, dass meinungswidrige Boykotte und Behinderungen in besonders gefährlicher Weise die Offenheit der Märkte für Ein- und Austritte bedrohen.

Man kann also ohne zu starke Vereinfachung sagen:

Die meisten ökonomischen und im Recht des GWB anerkannten Leitbilder vom Wettbewerb sind nicht bloß auf ökonomische Effizienz, sondern auch auf den Schutz wettbewerblicher Handlungsfreiheit und auf die Toleranz gegenüber Andersdenkenden und Andersglaubenden ausgerichtet. Es ist deshalb ein schlichter Irrglaube, wenn man den Wettbewerbskapitalismus westlicher Prägung als anti- oder unreligiös einschätzt. Das Gegenteil ist richtig; und es wird, wie mir scheint, besonders schlagend belegt durch die Rechtsprechung zum Schutz der Meinungsfreiheit durch den der Wettbewerbsfreiheit.

4.3 Bedeutung für das internationale Kartellrecht

Bevor ich zum Schluss komme, muss wenigstens noch ein Wort zum Internationalen des Kartellrechts gesagt werden. Ich meine, die aufgezeigten Wettbewerbs- und Toleranzleitbilder stehen mit der Globalisierung der Wirtschaft derzeit in einer internationalen Bewährungsprobe sondergleichen. Der bekannte Heidelberger IPR-Forscher Jayme hat dazu die These aufgestellt, dass vor einer übernationalen Rechtsangleichung stets das internationale Privatrecht die Aufgabe hat, die Rechtsordnungen miteinander zu koordinieren, um sie für die internationale Wirtschaft und Gesellschaft funktionsfähig zu machen.[9] Ich möchte das bestätigen und ergänzen: Das internationale Kartellrecht des GWB zeigt Konturen, die dazu in Vielem recht gut geeignet sind. Jedenfalls die Toleranzidee freien Wettbewerbs und das Leitbild persönlicher Verantwortlichkeit haben gezeigt, dass sie zur Koordinierung verschiedenster Meinungs- und Glaubensrichtungen taugen.

Allerdings bleibt dabei noch der Nachweis offen, ob diese Toleranzfunktion auch für das Internationale des GWB gilt. Denn die bisher behandelten Fälle betrafen ausschließlich nationale Sachverhalte. Ich darf aber darauf hinweisen, dass

[9] E. Jayme, Die kulturelle Dimension des Rechts, RabelsZ 2003, 211, 215.

das GWB auch ein spezifisches IPR enthält. § 130 Abs. 2 GWB regelt das sog. Auswirkungsstatut. Danach findet das GWB auf alle Wettbewerbsbeschränkungen Anwendung, die „sich im Geltungsbereich dieses Gesetzes auswirken, auch wenn sie außerhalb des Geltungsbereichs dieses Gesetzes veranlasst werden." D.h. deutsche Unternehmen sind auch im moslemischen oder buddhistischen Ausland keineswegs ohne Missbrauchsaufsicht, wenn sie versuchen, Meinungsgegner durch meinungswidrigen Druck zu bekämpfen, oder wenn sie marktbeherrschende Stellungen im Ausland begründen bzw. verstärken, die sich im Inland nachteilig für den Wettbewerb auswirken können. Gleiches gilt übrigens auch für das US-Kartellrecht und das EU-Kartellrecht. Die hier aufgezeigte Kultur persönlicher Verantwortung und Toleranz kann also auch und vor allem bei der weltweiten Koordination der Kartellrechte richtungsgebend wirksam sein. Ich hoffe sehr, dass dies nicht durch andere Rechtssysteme verhindert wird, die an meta-ethischer Orientierung hinter dem deutschen GWB weit zurückstehen.

5. Ausblick: Kulturell-europäisch versus ökonomisch-amerikanisch?

Lassen Sie mich zum Schluss noch einen Ausblick wagen, der sich mit der gegenwärtig in der Folge des Irak-Krieges schnell wachsenden Anti-Amerikanistik auseinandersetzt. Schon seit den 90er Jahren ist die Ansicht verbreitet, dass die Ökonomisierung des Wirtschaftsrechts, die aus der ökonomischen Rechtsanalyse der USA herrühre, mit der kulturell-europäischen Rechtstradition unvereinbar sei. Ich halte das für schlichten Unsinn und sehe dennoch, dass das dahingehende Vorurteil mehr und mehr Zustimmung findet. Ich darf meine Ansicht mit nur zwei Argumenten begründen:

ERSTENS kann man rechtsvergleichend verblüffende Übereinstimmungen zwischen der Blinkfüer-Rechtsprechung und dem US-amerikanischen Meinungsschutz via Antitrust Law feststellen; und ZWEITENS ist der wettbewerbliche Freiheitsschutz in den USA mindestens ebenso gut belegt wie im GWB.

Ad 1: Schon seit den 30er Jahren gibt es zum amerikanischen Sherman Act von 1880 Kartellverbotsausnahmen der Rechtsprechung, die auf den politischen Meinungskampf und den Schutz geistiger Toleranz vor wirtschaftlichem Machtmissbräuchen gerichtet sind.[10] V.a. die sog. Noerr-Pennington-Doctrine des US Supreme Court von 1961[11] ist passgenau vergleichbar mit den Urteilen zum Meinungsboykott und Behinderungsmissbrauch, die ich zuvor erörtert habe. Es

[10] Vgl. nur die Parker-exemption und die Noerr-Pennington-Doctrine, dazu Herrmann, Interessenvertretung und Wettbewerbsrecht, 1994.

[11] Eastern Railroads Presidents Conference vs. Noerr Motor Freight, Inc., 365 U.S. 127 (1961); dazu nochmals Herrmann, a.a.O. S. 127ff.

kann deshalb keine Rede davon sein, dass das amerikanische Recht allein auf die ökonomische Effizienz abzielt.

Ad 2: Allenfalls einige extreme Lehren der Chicago-School können diesen Eindruck erwecken. Aber auch in Chicago war die Ansicht zur alleinigen Maßgeblichkeit ökonomischer Wohlfahrtszwecke des Antitrustrechts keineswegs ungeteilt; und immer war die weit berühmtere Harvard School entgegengesetzt.

Nach alledem ist nur das eine einzuräumen:

Der Zusammenhang des Kartellrechts mit den Lehren Hookers und der Habeas Corpus Akte ist – trotz einiger bahnbrechender Untersuchungen – noch viel zu wenig erforscht. Was fehlt, sind v.a. offizielle theologische Stellungnahmen, die auch im kirchlichen Alltag Gewicht haben. Aber auch die juristischen Lehren sind bislang nur den Orchideenforschern aufgeschlossen, die – wie ich selbst – mehr oder weniger zufällig sowohl juristische als auch theologische oder religionsphilosophische Karrieren durchlaufen haben.[12]

Wissenschaftspolitisch folgt: Es wird höchste Zeit, dass

- die abendländisch-theologische Tradition auch für das Wirtschaftsrecht kompetent in Forschung und Lehre betreut wird;
- kurzfristig Denominationen vorhandener Lehrstühle für internationales Wirtschaftsrecht auch auf rechtskulturelle Kompetenzen bezogen werden und
- längerfristig Lehrstühle für Rechtskultur eingerichtet werden.

Ich kann mir nicht vorstellen, dass die interkulturellen Probleme der Globalisierung bewältigt werden können, ohne dass die Wirtschafts- und Rechtswissenschaften wieder stärker erkennen, wo ihre wertphilosophischen Grundlagen liegen. Es mag sein, dass der Islam erst allmählich dabei ist, die für modernes Wirtschaften nötige Trennung von theologischen Dogmen zu verwirklichen. Ob es aber wirklich fortschrittlich ist, die Isolierung so weit zu treiben, wie es in der sog. westlichen Welt geschehen ist, scheint mehr als fraglich. Das Kartellrecht des GWB ist jedenfalls ein gutes Beispiel dafür, dass praxisrelevante Zusammenhänge des Wirtschaftsrechts mit den Meta-Werten der Meinungs-, Glaubens- und Gewissensfreiheit nach wie vor bestehen und in der Rechtsprechung auch berücksichtigt werden.

---

[12] Bei den zitierten Ausnahmewissenschaftlern Isensee und Fikentscher sind mir die Hintergrundinformationen zur Bildungslaufbahn nicht bekannt.

Literaturverzeichnis

Emmerich, V. (2001): Kartellrecht, 9. Auflage München 2001.

Fikentscher, W. (1997): Zwei Wertebenen, nicht zwei Reiche, in: ders. u.a. (Hrsg.), Wertewandel.

Harbrecht, W. (1995): Katholische Soziallehre und Soziale Marktwirtschaft, in: Bossle/Kell (Hrsg.), Die Erneuerung der Sozialen Marktwirtschaft, S. 135 ff.

Hanssmann, F. (2001): Humanisierung des Managements. Ein christlicher Standpunkt, 1. Auflage Gräfelfing, Rechtswandel (1997), S. 121, 146.

Herrmann, H. (1970): Das Verhältnis von Recht und christlicher Theologie bei Christian Thomasius.

ders. (1994): Interessenvertretung und Wettbewerbsrecht.

Jayme, E. (2003): Die kulturelle Dimension des Rechts, RabelsZ 2003, S. 211, 215.

Kübler, F. (1972): Öffentliche Kritik an gewerblichen Erzeugnissen und beruflichen Leistungen, Archiv für die civilistische Praxis, S. 177-202.

II. Unternehmensethische und interkulturelle Problemfelder

Unternehmensethik und Globalisierung* – Das politische Element in der multinationalen Unternehmung –

Horst Steinmann

1. Einführung

(1) Über das „politische Element" in der privaten Unternehmung *im Nationalstaat* nachzudenken, hat in der Betriebswirtschaftslehre eine lange, allerdings auch hoch umstrittene Tradition, und dies nicht nur in Deutschland. Relevante Stichworte sind etwa, wenn man von der schon viele Jahrzehnte währenden Diskussion über Unternehmensverfassung und Mitbestimmung einmal absieht: die (ur-)alte Formel von der „Gesellschaftlichen Verantwortung der Unternehmensführung" (Heald 1970; Steinmann 1973), die neuerdings im Rahmen der EU politisch wieder aktuell wird; verwiesen sei auf das gleichnamige Grünbuch der Kommission (Kommission der Europäischen Gemeinschaften 2001). Ferner erinnere ich an die jüngere Bewegung zur „Wirtschafts- und Unternehmensethik", in den siebziger- und achtziger Jahren aus den USA kommend; oder – ganz aktuell – „Corporate Citizenship", wie sie in der Initiative „Freiheit und Verantwortung" der deutschen Wirtschaft seit 2000 seinen Ausdruck findet (Habisch 2003).

(2) Alle drei Formeln verweisen auf eine gemeinsame Vorstellung von dem, was als *„politisches Element"* in der privaten Unternehmung gemeint ist; nämlich solche Handlungen, die sich *nicht* umstandslos in eine *Mittel-Zweck-Beziehung* zur ökonomischen Rationalität bringen lassen, also zu Kosten-Nutzen-Kalkulationen im Rahmen privat-wirtschaftlichen Gewinnstrebens. Man hat vielmehr eine Relation im Auge, die das *„Öffentliche Interesse"* oder *„Gemeinwohl"* eines Staates betrifft. Zu ihm sollen private Unternehmen einen *unmittelbaren* Beitrag leisten, der über den *mittelbaren* Beitrag zur effizienten Bedarfsdeckung hinausgeht, wie er im Rahmen von Markt und Wettbewerb erwartet wird. Dafür muss der hier gemeinte unmittelbare Beitrag natürlich genauer bestimmt werden. Für die Unternehmensethik, wie wir sie verstehen, ist das der *innere* und *äußere Frieden* als eine prozessuale Kategorie; darauf ist später zurückzukommen.

Gegen derartige Forderungen richten sich bekanntlich Auffassungen in der Ökonomie, die entweder ihren Sinn schlichtweg bestreiten (Milton Friedman 1970; kritisch analysierend Danley 1994) oder die das „politische Element" *ökonomisch* re-interpretieren, um es so (doch noch) unter das Regime privatwirtschaftlicher Kosten-Nutzen-Überlegungen zu bringen. Ein zentrales Stichwort ist hier *„Reputationsmanagement"*: Unternehmensethik dient der Reputation, die der Markt, so hofft man, (mehr oder weniger begründet) über kurz oder lang honoriert und die sich deshalb langfristig auszahlt. Unternehmensethik als *strategischer Wettbewerbsfaktor* – diese Position findet in der Betriebswirtschaftslehre noch am ehesten Unterstützung.

Ich kann hier zu der angedeuteten Kontroverse nicht ausführlich Stellung nehmen. Meine weiteren Ausführungen machen aber vielleicht doch meine eigene Position deutlich, dass es hier um *mehr* gehen muss als ein ökonomisches Kalkül zur Unternehmensstrategie, nämlich um einen *Beitrag* zur Konstitution, Sicherung und Weiterentwicklung einer *kooperativen* Ordnung als *Voraussetzung* und *Grundlage*, nicht als Folge von *Markt* und *Wettbewerb*. Markt und Wettbewerb können sich ja ihre eigenen normativen Geltungsvoraussetzungen nicht selber schaffen, gleichsam aus dem Nichts; dazu bedarf es *politischer* Anstrengungen. Private Unternehmen müssen sich – so unsere Auffassung – in Zukunft mehr als bisher an derartigen politischen Anstrengungen beteiligen, damit sinnvolle Lösungen entstehen. Das gilt, wie zu zeigen ist, insbesondere für die *Globalisierung* und die Rolle der Unternehmensethik dabei.

(3) Mit diesen ersten Hinweisen habe ich schon angedeutet, dass es bei meinem Thema nicht um Machtpolitik geht, sondern um eine ethisch-politische Orientierung der privaten Unternehmung.

„Politik" setzt man in der Betriebswirtschaftslehre eher gleich mit „Machtpolitik", etwa bei der „Mikro-Politik" als Thema der betriebswirtschaftlichen Organisationstheorie (dazu neuerdings Löhr 2002). Hier hat man Machtspiele im Auge, Mechanismen der Gewinnung, Erhaltung, der Nutzung und des Verlustes von Macht in der Unternehmung.

Die drei Stichworte „Gesellschaftliche Verantwortung", „Unternehmensethik" und „Corporate Citizenship" machen dagegen auf die *normative* Dimension aufmerksam, also auf Fragen der *Legitimation* von Macht. Damit wird die *sozialtechnische* Dimension der Machtproblematik transzendiert; es geht um eine *kritische Reflektion* der moralischen Grundlagen der Unternehmensführung. Für eine solche kritische Reflektion von (faktischen) Moralen verwendet man in der Philosophie bekanntlich das Wort „Ethik". Um diese Problemebene zu kennzeichnen, spreche ich deshalb von der *ethisch-politischen* Dimension der Unternehmensführung.

Meine These ist, dass einiges dafür spricht, dass die Bedeutung der Unternehmensethik im Zuge der Globalisierung steigen wird (dazu auch Scherer 2000, Scherer 2002). Ich will nachstehend versuchen, sie als *ein* wichtiges Mittel zur Behebung von Steuerungsdefiziten im Rahmen neuer Ansätze der „global governance" zu deuten.

2. Initiativen der politischen Praxis: Globale Politiknetzwerke

(1) Die zukünftige Bedeutung neuer institutioneller Lösungen im Rahmen von „global governance" ist ein aktuelles und wichtiges Thema. Der Generalsekretär der UN, Kofi Annan, hat 1999 auf dem Weltwirtschaftsforum in Davos dieses Problem ausdrücklich angesprochen, als er den „Global Compact" (dazu Kell/ Levin 2002; kritisch Hamm 2002) initiierte:

„The United Nations once dealt with governments. By now we know that peace and prosperity cannot be achieved without partnerships involving governments, international organizations, the business community, and civil society." (Annan 1999, nach Reinicke/Deng 2000, S. XVIII)

Annan begründet diese These unter Hinweis auf Steuerungsdefizite traditioneller *formaler politischer Institutionen* und weist auf *alternative Lösungen* schon selbst hin:

„Formal institutional arrangements may often lack the scope, speed and informational capacity to keep up with the rapidly changing global agenda. Mobilizing the skills and other resources of diverse global actors, therefore, may increasingly involve forming loose and temporary global policy networks that cut across national, institutional and disciplinary lines. The United Nations is well situated to nurture such informal „coalitions for change" across our various areas of responsibility." (nach Reinicke/Deng 2000, S. XVIII f.)

(2) Solche globalen Politiknetzwerke, wie sie Annan im Auge hat, sind eher jüngeren Datums, stammen aus den letzten fünf bis zehn Jahren. Sie bringen in der Regel Akteure aus dem öffentlichen Sektor, der Zivilgesellschaft und der Wirtschaft in einem bestimmten Problemfeld zusammen (tripartite networks). Benner et al. (2002a, S. 23 ff.) unterscheiden dabei Verhandlungs-, Koordinations- und Implementationsnetzwerke.

Bei *„Verhandlungsnetzwerken"* werden alle relevanten Akteure in Politikprozesse eingebunden, um gemeinsame Standards und Normen zu entwickeln, etwa im Bereich der Geldwäsche oder der Regulierung der weltweiten Finanzmärkte. Ein eindruckvolles Beispiel ist die „World Commission on Dams" (www.dams.org).

„Koordinationsnetzwerke" richten sich auf das Sammeln und Verbreiten von Wissen durch Einsatz neuer Informationstechnologien, um gemeinsame Handlungspotenziale zu erschließen sowie eine bessere Koordination von Handlungsstrategien zu erreichen. Ein Beispiel ist die 1998 von der WHO initiierte „Roll Back Malaria Initiative", die den weltweiten Kampf gegen Malaria koordinieren und damit effizienter und effektiver gestalten soll (www.who.int/rbm/about.html).

Schließlich sind die „*Implementationsnetzwerke*" zu nennen, die als innovative Mechanismen zur Umsetzung bestehender zwischenstaatlicher Verträge dienen, etwa des Kyoto Protokolls zum Schutz des globalen Klimas. Als Beispiel sei verwiesen auf „The Global Environment Facility" (www.gefweb.org).

Drei Merkmale zeichnen diese globalen Politiknetzwerke aus: (Reinicke 2002, S. 6)

1. Komplementarität der Ressourcen, *insbesondere Wissen, als Folge der unterschiedlichen Bereiche, aus denen die Partner stammen: Politik, Wirtschaft, Zivilgesellschaft;*

2. Interdependenz der Partner *im Sinne einer wechselseitigen Verschränkung von Interessen und Handlungen zur gemeinsamen Lösung der je spezifischen Probleme;*

3. Flexibilität von Struktur und Prozessen *sowie Lernfähigkeit als Konsequenz der (bewusst weiter bestehenden) Diversität (statt Uniformität) der Partner.*

Aus der Sicht der UN widmen sich solche Politiknetzwerke der Herstellung von *öffentlichen Gütern,* und dies unter einem moralischen Auftrag, nämlich zu Frieden und Wohlstand beizutragen. Im Auftrag der UN wurden 20 solcher Netzwerke untersucht, die politischen Prozessabläufe von der Initiierung über den Interessenabgleich bis zur Durchführung und Kontrolle rekonstruiert. Der Gesamtbericht der Fallstudien ist im Internet dokumentiert (www.globalpublicpolicy.net). Derartige Fallstudien können Ausgangspunkt und Grundlage bilden, um die Erfolgsbedingungen globaler Politiknetzwerke zu erforschen.

Wie viel solcher Netzwerke überhaupt existieren, ist schwer abschätzbar. Gleichwohl ist das Potenzial möglicher Netzwerkpartner beachtlich, wenn man bedenkt, dass über 40.000 NGO's inzwischen grenzüberschreitend tätig sind und nach Angaben der UNCTAD 60.000 Unternehmen sich transnational organisiert haben. (Benner et al. 2002b)

Ich muss es hier bei diesen wenigen Anmerkungen zur Verbreitung globaler Politiknetzwerke belassen, mache aber aufmerksam auf das umfassende Werk von Braithwaite und Drahos (2000), die auf 700 Seiten eine beeindruckende empirische Bestandsaufnahme und Analyse bestehender globaler Netzwerke vorgelegt haben.

Wichtig erscheint mir allerdings noch der Hinweis, dass auch die *deutsche Außenpolitik* auf die Initiativen der UN sehr positiv reagiert hat. (Ischinger 2002)

(3) Damit tun sich neue wissenschaftliche Herausforderungen auf: für die Politische Wissenschaft (Schneider/Ronit 2001;Ronit/Schneider 2000), für die Theorie der Internationalen Beziehungen (Risse 2002, Wolf 2002), für die Philosophie (zu-

sammenfassend Scherer 2000, S. 318 ff.), für das Staatsrecht (Schachtschneider 1999, insbes. S. 424 ff.), die Ökonomie (Siebert 1995) oder die Soziologie (Albert 2002), um nur einige zu nennen.

Für die Lehre von der Multinationalen Unternehmung ist im Rahmen meines Themas natürlich wichtig, dass Unternehmen der Privatwirtschaft und andere nicht-staatliche Organisationen *als Partner* in derartige globale Politiknetzwerke verantwortlich eingebunden werden sollen, und dies mit einer direkten ethisch-politischen Zielsetzung, nämlich Frieden und Prosperität zu fördern. Hier wird das rein privatistische Verständnis unternehmerischer Verantwortung deutlich transzendiert, ein politischer Auftrag für das Management multinationaler oder besser: transnationaler Unternehmungen seitens der Politik ganz selbstverständlich reklamiert.

Die Konsequenzen für die *Managementlehre* sind weitreichend. Die private multinationale Unternehmung für ethisch-politische Anforderungen offen zu halten, die Gesamtorganisation dafür zu sensibilisieren, das erfordert neu Managementmodelle, Modelle, die die *ökonomische* Dimension der Gewinnmaximierung mit der *ethisch-politischen* Dimension strukturell verknüpfen, und dies auf der Ebene aller fünf (klassischen) Managementfunktionen, von Planung und Kontrolle, über Organisation und Personal bis hin zur Führung. Geeignete Vorschläge dafür liegen vor (vgl. dazu genauer Steinmann/Olbrich 1998, Kreikebaum 1998).

Darauf will ich hier aber nicht näher eingehen. Mir liegt vielmehr der Brückenschlag zur Politologie am Herzen, die Suche.nach *Anschlussstellen* zwischen *unternehmensethischen* und *politologischen Begrifflichkeiten,* die es erlauben, das politische Element in der privaten Unternehmung in den größeren Sinnzusammenhang nationaler und globaler Steuerung zu stellen.

Ich tue das in *vier Schritten*: Zunächst skizziere ich mein Verständnis von Unternehmensethik und zeige dann am liberalen Modell von Staat und Gesellschaft, unter welchen Voraussetzungen dieses politische Element in der privaten Unternehmung *keinen Platz* hat. Danach versuche ich eine Sinnstiftung für die Unternehmensethik am Beispiel des Nationalstaates, um dann im vierten Schritt auf die globale Ebene überzugehen.

3. Unternehmensethik in der BWL – eine Skizze

(1) Zunächst also zum Begriff der „Unternehmensethik". Ich beziehe mich dazu auf meine eigene Auffassung (Steinmann/Löhr 1994), ohne hier auch auf andere, dazu kontroverse Positionen, etwa die von Peter Ulrich (Bern 2001) oder Karl Homann (Homann/Blome-Drees 1992) eingehen zu können.

Unternehmensethik soll, so unser Vorschlag, einen Beitrag dazu leisten, Konflikte *friedlich* zu lösen, die im Umfeld der *Unternehmensstrategie* entstehen oder entstehen können. Diese systematische Rückbindung an die Unternehmensstrategie unterscheidet die Unternehmensethik von dem Konzept der *„Corporate Citizenship"* (Steinmann 2003) oder den noch sehr allgemein gehaltenen, fast leerformelhaften Vorstellungen der *CSR-Europe-Bewegung* (www.cseurope.org).

Unternehmensethik soll auf diese Weise das *Recht unterstützen*, das als originärer Hüter des Friedens gelten kann, jedenfalls in demokratischen Rechtsstaaten. Dies soll durch eine *freiwillige Selbstbindung* geschehen, und zwar in dreierlei Hinsicht:

- *durch Anwendung der bestehenden Gesetze nach Geist und Buchstabe* (Durchsetzungsfunktion),
- *durch Ergänzung des Rechts dort, wo noch keine Gesetze zur Regelung von Konflikten bestehen* (Ergänzungsfunktion), *und*
- *durch kritisch-loyale Bemühungen zur Fortentwicklung bestehender Gesetze dort, wo dies zur Schaffung wettbewerbsneutraler Spielregeln unternehmensethischer und ökonomischer Natur erforderlich erscheint* (Fortentwicklungsfunktion).

Für alle drei Funktionen ließen sich natürlich eine ganze Reihe praktischer Beispiele nennen: das *Legalitätsprinzip* im Führungskonzept der *Firma Bosch* etwa als oft zitiertes Beispiel für die Durchsetzungsfunktion; die Bemühungen von *Otto Versand Hamburg*, die im Jahre 2000 mit dem „Preis für Unternehmensethik" des Deutschen Netzwerks Wirtschaftsethik honoriert wurden, zur Etablierung von Sozial- und Umweltstandards bei Lieferanten aus Entwicklungsländern gemäß dem SA-8000-Standard, als Beispiel für die Ergänzungsfunktion (Lohrie/Merck 2000); und schließlich das bekannte Engagement privater Unternehmen in *Südafrika* während des Arpatheid-Regimes als Beispiel für die Fortentwicklungsfunktion (neuerdings dazu Sethi/Williams 2001). So verstanden, als freiwillige Selbstbindung, ist die Unternehmensethik letztlich Teil der aktuellen Diskussion zur *„Selbst-Regulierung"* im Verhältnis von Staat und Gesellschaft (dazu neuerdings aus juristischer Sicht Parker 2002).

Diese kurze Charakterisierung ergänze ich durch zwei Hinweise, die für das weitere Verständnis wichtig sind:

1. *Erstens der Hinweis, dass Unternehmensethik das Gewinnprinzip nicht ersetzen soll, sondern dazu auffordert, betriebliche Entscheidungs- und Führungsprozesse immer offen zu halten für die Frage, mit welchen Mitteln Gewinne gemacht werden, ob diese sozialverträglich sind. Immer wieder werden in den Medien dazu Negativ-Beispiele genannt, von der Geldwäsche, über Korruption und Finanzskandale bis hin zur Verletzung von Umwelt- und Sozialstandards. Dieser erste Punkt macht insbesondere darauf aufmerksam, dass Unternehmensethik nicht die Systemfrage stellt; das heißt, die Umstellung der Handlungskoordination von den Handlungsintentionen auf die Handlungsfolgen bleibt im Prinzip unberührt. Diese Umstellung war es ja, die – historisch gesehen – mit der Ablösung der Feudalwirtschaft durch die Marktwirtschaft die immensen Fortschritte an Produktivität und Wohlstand gebracht hat. Die Unternehmung ist deshalb (nach wie vor) primär ökonomischer Akteur im Rahmen der marktwirtschaftlichen Wettbewerbsordnung.*

2. *Der zweite Hinweis betrifft den Begriff des Friedens. Wir haben im Anschluss an die Überlegungen des Philosophen Paul Lorenzen vorgeschlagen, Frieden als „allgemeinen freien Konsens" zu verstehen, ein Konsens, wie er aus argumentativen Bemühungen um gute Gründe für die Orientierung des Handelns hervorgehen soll (Lorenzen 1987, S. 238 f.). „Argumentation" als symbolisches Handeln (dazu Lueken 1992, S. 218) zu unterscheiden von der Anwendung von Macht, und damit ethisch-politische von macht-politischen Bemühungen, das scheint mir notwendig und auch begründbar, ohne dass ich darauf hier genauer eingehen kann (dazu genauer Lueken 1992; Giddens 1992). Mit diesem zweiten Punkt wird auf den dialogischen (diskursiven) Charakter der Unternehmensethik hingewiesen, auf den Dialog mit Stakeholdern, wie er inzwischen auch explizit von der „Global Reporting Initiative", neuerdings als UN-Institution anerkannt, gefordert wird (www.globalreporting.org). Insoweit ist Unternehmensethik inklusiv. Sie soll damit gewissermaßen die Exklusion der kapitalistischen Unternehmensverfassung, wo situativ nötig, im öffentlichen Interesse der Friedenssicherung kompensieren. Frieden zielt, um eine Unterscheidung von Kersting zu gebrauchen (2000, S. 96 ff.), auf „moralverträgliche Kooperation" als Ergebnis transsubjektiver Beratungen, im Unterschied zu „rationaler Kooperation" zwischen klug handelnden Egoisten.*

Unternehmensethik, so verstanden, ist mit dem Begriff des „Friedens" als allgemeinstem Ausdruck des „öffentlichen Interesses" anschlussfähig an politologische Überlegungen; Unternehmensethik ist gewissermaßen schon angelegt auf die Einbindung der privaten Unternehmung in politische Steuerungsprozesse friedlicher Konflitktlösung. Wie das genauer begründet werden kann, dazu soll weiter unten ein Vorschlag unterbreitet werden.

Die Betriebswirtschaftslehre hat sich bisher auf Universitätsebene, das sei nicht verschwiegen, dieser Herausforderung kaum gestellt. Es sind nur wenige Kollegen, die sich auf Fragen der Wirtschafts- und Unternehmensethik eingelassen haben; zu ihnen gehört u.a. Martin K. Welge mit den Untersuchungen seines Dortmunder Teams zu Fragen des Public-Affairs-Management in Multinationalen Unternehmungen (u.a. Holtbrügge/Berg 2001, Berg/Holtbrügge 2001). Diese überwiegende Abstinenz hängt, so denke ich, nicht zuletzt mit der klassischen liberalen Lehre zusammen, dass Wirtschaft *Privatsache* ist.

Ich rekonstruiere deshalb in aller Kürze diese Lehre, gleichsam als Kontrastfolie, an der man die *Voraussetzungen* ablesen kann, unter denen es sinnvoll ist, unternehmerische Verantwortung als Privatsache zu begreifen. Damit bereite ich zugleich die Begründung der These vor, Unternehmensethik aus *politologischer Sicht* zu verstehen als einen *Beitrag* zur Sicherung der *internen* Souveränität des Nationalstaates.

4. Die private Unternehmung im liberalen Modell von Staat und Gesellschaft: Präsuppositionen

(1) Im liberalen Modell erfolgt die Handlungskoordination, wie angedeutet, über die Handlungsfolgen: das Preissystem koordiniert unter Wettbewerbsbedingungen die *privaten* Handlungspläne der ökonomischen Akteure. Gesellschaft und Wirtschaft werden in diesem Modell als macht- und herrschaftsfreie Arenen der privaten Betätigung der Wirtschaftsbürger gedacht. Die Trennung der Gesellschaft (als Bereich des privaten Lebens und Wirtschaftens) vom Staat (als Bereich hoheitlicher Betätigung) ist für diese Konzeption zentral (kritisch dazu Schachtschneider 1994, S. 159 ff.).

Dieser Zweiteilung entspricht die Trennung von „Privatrecht" und „Öffentlichem Recht". Das Privatrecht regelt die Beziehungen der Wirtschaftsbürger (bourgois) als Eigentümer unter dem Gesichtspunkt der Gleichordnung, wie sie aus dem machtfreien Vollzug ökonomischer Produktions- und Tauschvorgänge resultiert. Mit dieser Voraussetzung verknüpft ist dann die sog. „Richtigkeitsvermutung" für abgeschlossene Verträge: der Vertrag spiegelt einen fairen Interessenausgleich wider; andernfalls wäre er unter Gleichgeordneten nicht zustande gekommen (zu dieser Interpretation schon früh Schmidt-Rimpler 1941).

Das Öffentliche Recht steht dagegen unter dem hoheitlichen Macht- und Herrschaftsanspruch des Staates gegenüber der Gesellschaft und dem Staatsbürger, geht also von einem Über- und Unterordnungsverhältnis aus (so BGHZ 82, 375 (381 ff.). Durch demokratische Wahlen und den öffentlichen Diskurs der zum „Publikum versammelten Privatleute" (Habermas) wird die Staatsgewalt durch die Staatsbürger (citoyen) legitimiert. Gesetze regeln die Voraussetzungen und Bedingungen für die Gründung und Konstitution sowie die Betätigung von Unternehmen im Markt, für die „licence to operate". Die Initiative, diese Lizenz in Anspruch zu nehmen, also ein Unternehmen zu gründen und zu betreiben, liegt dann bei den privaten Bürgern.

Markt und geregelter Wettbewerb disziplinieren und entmachten die Unternehmen und alle anderen Marktteilnehmer so, dass Partikularinteressen nicht durchgesetzt werden können. Das Ergebnis des ökonomischen Prozesses spiegelt deshalb den Ausgleich der Interessen aller Wirtschaftsbürger wider. Die Gesellschaft ist wesentlich machtfreie Gesellschaft.

(2) Unternehmerische Verantwortung heißt in diesem Modell, das Überleben der Unternehmung im Wettbewerb durch ausreichende Gewinnerzielung sicher zu stellen. Die Interessen der Kapitaleigner (shareholder) sind der letzte Maßstab für erfolgreiches und legitimes ökonomisches Handeln der Privatunternehmen. Die Interessen aller anderen Personen und Gruppen, der stakeholder, werden hinreichend und perfekt durch Markt und Gesetz geschützt. In diesem Gedankengebäude ist also für eine erweiterte unternehmerische Verantwortung, für ein politisches Element in der privaten Unternehmung, kein Platz. Es besteht einerseits keine Notwendigkeit dafür. Andererseits wäre sie auch dysfunktional, weil die Unternehmensführung mit einer Verantwortung belastet würde, für deren Wahrnehmung gar keine Spielräume bestehen, und die letztlich zu einer Missallokation der Ressourcen führen würde. Unternehmensethik ist weder möglich noch nötig.

Aus politologischer Sicht weist dieses liberale Modell zwei wichtige Voraussetzungen auf, die für die spätere Argumentation relevant sind:

- Es setzt *erstens* voraus, dass die Gesetze unproblematisch durchgesetzt werden können, also keine Steuerungsdefizite von Politik und Recht existieren. Anders formuliert: Politik und Recht sind *notwendig und hinreichend*, um das gewünschte Verhalten der Unternehmen bzw. Unternehmer zu induzieren. Steuerungsdefizite im *globalen* Kontext geben Reinicke (1998; Reinicke/Deng 2000, S. 9 ff.) Veranlassung, in diesem Zusammenhang von einem „operational gap" zu sprechen.

- Zweitens ist im liberalen Modell die demokratische Legitimation intakt: *Demokratische Prozesse und öffentlicher gesellschaftlicher Diskurs* sichern im Verständnis der bürgerlichen Gesellschaft die gewaltlose Ermittlung des zugleich Richtigen und Rechten, wie Habermas in „Strukturwandel der Öffentlichkeit" (1965, S. 94) formuliert hat. Das bedeutet: vollständige *Inklusion* der Betroffenen im politischen Prozess, dies im Unterschied zu Markt und privater Unternehmungsverfassung, die auf *Exklusion* angelegt sind und die durch geeignete Spezifikation der Verfügungsrechte Effizienz garantieren sollen. Die politische Nicht-Inklusion vieler Betroffener im globalen Wirtschaftskontext veranlasst Reinicke, von einem „*participation gap*" (Reinicke/Deng 2000, S. 9 ff.) zu sprechen.

5. Unternehmensethik im Nationalstaat

5.1 Nationalstaat und Souveränität: begriffliche Unterscheidungen

(1) Es sind diese beiden Modell-Voraussetzungen, so möchte ich argumentieren, also Steuerungseffizienz und Partizipationseffizienz, die nun nicht erst auf globaler Ebene, sondern schon auf der Ebene des Nationalstaates problematisch geworden sind, wenn sie denn jemals der Wirklichkeit entsprachen (vgl. dazu genauer Steinmann/Löhr 2002, S. 118 ff.). Meine These ist, dass die Unternehmensethik als ein geeignetes Mittel verstanden werden kann, einen Beitrag zur Schließung der genannten beiden Lücken zu leisten.

Zur Erläuterung dieser These rekonstruiere ich einige zentrale Argumentationsstücke aus der Politologie, und zwar in Anlehnung an die Arbeiten von Reinicke. Es geht um drei Unterscheidungen, nämlich (1) die Unterscheidung zwischen externer und interner Souveränität; (2) die Unterscheidung zwischen formaler (legaler) und materialer (operationaler) Souveränität und (3) die Unterscheidung von vertikaler und horizontaler Subsidiarität (Reinicke 1998, S. 52-101):

- Die *externe* Souveränität eines Staates betrifft die *Relation zu anderen Staaten.* Sie meint genauer die *Unabhängigkeit* von anderen Staaten bei der Durchsetzung nationaler Interessen. Im Bereich der *internationalen Wirtschaftsbeziehungen* manifestiert sich externe Souveränität durch die nationale Gesetzgebung z. B. über Zölle, Tarife, nichttarifäre Handelshemmnisse. Die *interne* Souveränität betrifft dagegen die *Relation zwischen öffentlichem* und *gesellschaftlichem Bereich innerhalb* des staatlichen Territoriums; das im Sinne der Oberhoheit des Staates über die anderen nationalen gesellschaftlichen Autoritäten („Gewaltmonopol" im staatsrechtlichen Sinne). Mit Reinicke (1998, S. 6) und in Anlehnung an Max Weber formuliert: „a government is internally sovereign if it enjoys a monopoly of the legitimate power over a defined territory and its population". Stichworte sind: Steuern, öffentliche Ausgaben, Regulierung des privaten Sektors wie Gesellschaftsrecht oder Kapitalmarktrecht.

- Die *zweite* Unterscheidung betrifft die *interne* Souveränität selber. Sie findet Ausdruck in dem *formalen* Akt der Rechtsetzung einerseits, das ist die *legale Souveränität*, und der *faktischen* Durchsetzung des Rechts gegenüber allen gesellschaftlichen Akteuren durch geeignete Steuerungsmechanismen andererseits, das ist die *operationale Souveränität.* Legale Souveränität kann bestehen, die operationale aber Not leiden. Dann leidet die innere Souveränität, weil der Staat den Geltungsanspruch des Rechts nicht (oder nicht mehr vollständig) durchsetzen kann. Dann leidet aber auch als Folge davon die *Legitimation*: die Partizipation der Betroffenen läuft leer, die faktischen Verhältnisse entkoppeln sich von den demokratischen Prozessen im Rechtsstaat.

- Die *dritte* Unterscheidung schließlich nimmt in Anspruch, dass Souveränität *teilbar* ist, wie es das Prinzip der *Subsidiarität* impliziert. Dieses Prinzip geht bekanntlich von der originären Zuständigkeit der unteren politischen Ebenen aus, und zwar solange, wie keine guten Gründe die Zuständigkeit übergeordneter Ebenen fordern. *Vertikale Subsidiarität* bezieht sich dann nach dem Vorschlag von Reinicke (1998, S. 88 ff.) auf die Zuständigkeit nachgeordneter Instanzen im *staatlichen System, horizontale Subsidiarität* dagegen auf die Zuständigkeit nicht-staatlicher Akteure. An dieser Stelle scheint mir allerdings ein kritischer Punkt der Rekonstruktion zu liegen, nämlich die Frage, wie denn die Zuständigkeit *nicht-staatlicher* Akteure im Kontext staatlicher Steuerungsaufgaben entstehen und begründet werden kann. Wenn hier die *Faktizität* transzendiert und *Legitimität* gestiftet werden soll, dann ist ein Brückenschlag notwendig, zum *Recht* oder jedenfalls zu *Partizipationsprozessen.* Anders formuliert: horizontale Subsidiarität ist auf *Inklusion, direkt oder indirekt*, angewiesen; das wird wichtig, wenn ich die Unternehmensethik als Manifestation horizontaler Subsidiarität interpretiere.

(2) Auf der Grundlage dieser Unterscheidungen wird sofort einsichtig, dass das liberale Modell implizit die Souveränität der Regierung in externer und interner Hinsicht voraussetzt. Insbesondere wird die interne Souveränität in ihrer *operationalen Dimension* als intakt angenommen. Soweit das der Fall ist, entstehen dann auch keine Legitimationsdefizite als Folge von operationalen Steuerungsdefiziten.

Die Kritik am liberalen Modell hat denn auch konsequenterweise auf die Klärung der *Tatbestandsfrage* viel Wert gelegt: Wie und in welchem Umfang bedrohen Steuerungsprobleme von Politik und Recht die operationale Souveränität? Auf diese Frage kann ich hier leider aus Zeitgründen nicht näher eingehen; dazu ist aber auch genügend publiziert worden. Ich nenne deshalb nur drei Stichworte: *Zeitdefizite* und *Vollzugsdefizite* des Rechts sowie die *Abhängigkeit* des staatlichen Gesetzgebers von gesellschaftlichen Interessengruppen, etwa um Informationsdefizite auszugleichen (dazu schon früh Stone 1975). Auch die *Ursachen* der Steuerungsdefizite sind bekannt: ähnlich wie die Führung privater Unternehmen sieht sich auch der Staat einer steigenden Komplexität der Probleme und einem schnellen Wandel in der Umwelt gegenüber mit der Folge, dass die Wirkungen politischen Handelns immer schwerer prognostiziert werden können (dazu für die Umweltproblematik Klöpfer 1998, insbes. S. 216). Das kam ja schon in dem Eingangszitat von Kofi Annan zum Ausdruck.

5.2 Unternehmensethik als Beitrag zur Sicherung der internen Souveränität

(1) Unternehmensethik kann nun, so unsere These, zur Wiederherstellung der operationalen und damit der internen Souveränität des Nationalstaates beitragen, wenn man sie, wie angedeutet, aus der Sicht der Politologie als Manifestation horizontaler Subsidiarität interpretieren darf. Das vermag ich natürlich hier nicht abschließend zu beurteilen; ich möchte aber jedenfalls auf die *potenzielle* begriffliche Anschlussfähigkeit verweisen.

Dazu rufe ich in Erinnerung, was ich über den Begriff der Unternehmensethik ausgeführt habe, ihre Zwecksetzung und ihre drei Funktionen im Verhältnis zum Recht. Indem Unternehmensethik das Management dazu auffordert, Konflikte um die eigene Unternehmensstrategie friedlich beizulegen, durch Anwendung geltenden Rechts, durch Ergänzung oder durch Bemühungen zur kritisch-loyalen Fortentwicklung des Rechts, kann sie den Staat entlasten und damit die Komplexität der staatlichen Steuerungsaufgabe reduzieren. Die Chance steigt, die operationale Lücke zu schließen. Das jedenfalls dann, wenn man voraussetzen könnte, dass die Unternehmensethik in unserer Republik zum selbstverständlichen Bestandteil unternehmerischer Verantwortung geworden ist und breitflächig zur Anwendung kommt: die Unternehmung als „good corporate citizen", diese alte Formel aus der Theorie der Multinationalen Unternehmung erhielte dann Substanz, einen neuen Inhalt.

Aber Skepsis ist hier natürlich am Platze: zu viele Skandale legen den Verdacht nahe, dass man dann vielleicht den „Bock zum Gärtner" macht.

Hinzu kommt, dass das Legitimationsproblem mit zu bedenken ist: Unternehmensethik ist ja zunächst nur eine *faktische* Manifestation horizontaler Subsidiarität im Sinne unternehmerischer Verantwortung für das Gemeinwohl. Damit ist die Partizipationslücke noch nicht geschlossen: Woher kommt die Legitimation für ein solches unternehmerisches Handeln?

Diese Frage wird, wie wir wissen, im Rahmen der *Globalisierung* besonders oft gestellt. Auf *nationaler* Ebene kann man hier möglicherweise Abhilfe schaffen, wenn man die *faktisch* wahrgenommene unternehmerische Verantwortung für das Gemeinwohl *im Recht* verankert. Das kann z. B. durch eine Generalklausel im Gesellschaftsrecht geschehen, etwa im Aktienrecht im Abschnitt über die Vorstandsverantwortung, wie das schon im Aktienrecht von 1937 der Fall war, dort allerdings im Sinne der nationalsozialistischen Ideologie, oder wie das im § 396 AktG. geregelt ist. Das kann auch zu *nationalen Kooperationsmodellen* zwischen Staat und Wirtschaft führen, wie sie z. B. im Professorenentwurf zum deutschen Umweltrecht anvisiert werden (Klöpfer 1998).

(2) Ein eindrucksvolles Beispiel für ein solches Kooperationsmodell findet man auf nationaler Ebene in den USA. Gemeint sind die bekannten *US-Sentencing-*

Guidelines zur Bekämpfung der Wirtschaftskriminalität (Swenson 1998; Steinherr/Steinmann/Olbrich 1998). Diese strafrechtlichen Regelungen eröffnen dem Strafrichter die Möglichkeit, privaten Unternehmen *als Anreiz* einen beachtlichen Strafrabatt zu gewähren, wenn diese geeignete Vorkehrungen getroffen haben zur Bekämpfung von Wirtschaftskriminalität in ihrem Einzugsbereich. Sieben Anforderungen stellt das Strafrecht an die interne Organisationsgestaltung der Unternehmung. Wichtige Stichworte sind: Ethics Officer, Code of Ethics, Training der Mitarbeiter, Kontroll- und Bestrafungssysteme. Der Gesetzgeber erhofft sich von dieser Konstruktion eine effektivere Bekämpfung der Wirtschaftskriminalität. Er will also interne *staatliche Steuerungsprobleme* durch Einbindung privater Akteure besser lösen.

Die strikte Trennung von „Privat" und „Öffentlich", wie im liberalen Modell, ist damit schon auf nationaler Ebene suspendiert; jedenfalls von der Konstruktionslogik der Sentencing-Guidelines her und ganz unabhängig von ihrer praktischen Bewährung. Es ist dies, wie in der einschlägigen Literatur betont, überhaupt der erste Fall in der US-amerikanischen Rechtsgeschichte, wo öffentliche und private Akteure „in einem Boot sitzen" und kooperieren, um eine öffentliche Aufgabe, die Bekämpfung der Wirtschaftskriminalität, präventiv anzugehen. Bemühungen, in Deutschland, eine ähnliche Regelung einzuführen, scheitern bisher an der Dogmatik des Strafrechts (dazu Hettinger 2002); danach ist der Tatbestand des *„Organisationsverschuldens"* kollektiver Akteure (Wieland 2001), also auch das Verschulden von Unternehmungen, mit dem Grundsatz nicht zu vereinbaren, dass nur der einzelne Mensch schuldfähig sein kann. Aber dies steht auf einem anderen Blatt.

Ich möchte jetzt im nächsten Schritt meine bisherigen Überlegungen und Unterscheidungen in den Problemkontext der Globalisierung einordnen. Meine *These* lautet hier, dass – mehr noch als auf nationaler Ebene – die *Globalisierung* die interne Souveränität der Nationalstaaten bedroht, und zwar in ihrer operationalen Dimension, und dass aus diesem Grunde Kooperationsmodelle, wie sie Kofi Annan angesprochen hat, auch hier an Bedeutung gewinnen sollten. Und da kommt dann, jetzt aber auf internationaler Ebene, die Unternehmensethik wieder ins Spiel.

6. Unternehmensethik und Globalisierung

6.1 Globalisierung als Bedrohung von interner Souveränität und Demokratie

(1) Die gängige Rede von der Beeinträchtigung der Souveränität des Nationalstaates durch die Globalisierung ist ungenau; manchmal wird der Eindruck erweckt, dass durch die Globalisierung die externe Souveränität eines Staates Not leidet, die interne Souveränität aber unberührt bleibt.

Besinnt man sich jedoch auf das, was Globalisierung der Wirtschaft heißt, so wird schnell klar, dass es sich genau umgekehrt verhält. Reinicke (1998, S. 7) formuliert dezidiert: „The concept of external sovereignty loses much of its significance in an examination of the public policy implications of globalization." Ich zitiere seine Begründung etwas ausführlicher, weil der Hinweis auf den *unternehmenspolitischen Ursprung* der Globalisierung den Kern der Sache trifft (1998, S. 7):

„Globalization is for the most part a corporate-level phenomenon. It entails the application of new forms of industrial organization such as flexible manufacturing coupled with the cross-border movement of increasingly intangible capital (including finance, technology, information, and the ownership or control of assets). This spatial reorganization of corporate activity leads to the emergence of a single, integrated economic geography defined by the reach of corporate industrial networks and their financial relationships. These networks and relationships cut across multiple political geographies, challenging the operational dimension of *internal* sovereignty, as governments no longer have a monopoly of the legitimate power over the territory within which these private sector actors organize themselves. Globalization both integrates economically *and* fragments politically."

Ich denke, diese Diagnose ist richtig. Globalisierungsprozesse haben ihren Ursprung auf der *mikroökonomischen* Ebene, und zwar in (1) der *Aufspaltung der Wertkette* der Unternehmung, von Forschung und Entwicklung über Einkauf und Produktion bis hin zum Marketing, und (2) ihrer *territorialen Neupositionierung* (Welge/Holtbrügge 2001, S. 39). Dies alles im Unterschied zum klassischen internationalen Handel, der auf *makroökonomischer* Ebene durch zwischenstaatliche Vereinbarungen geregelt wird und die *externe* Souveränität betrifft. Ich verweise nur auf GATT und WTO (dazu Siebold 2002).

(2) Es sind damit also die Entscheidungen *privater Unternehmen*, die zum *Auseinanderfallen von ökonomischer und politischer Geographie* als Folge der Globalisierung führen. Das ist der entscheidende Gesichtspunkt. Er hat zwei Effekte:

- Zunächst beeinträchtigt das Auseinanderklaffen von ökonomischer und politischer Geographie die *operationale Souveränität im Inneren*: Maßnahmen des Staates zur Durchsetzung politischer Ziele stoßen hier auf das Potenzial *geo-*

graphischer Ausweichstrategien privater Unternehmen. Dieses Machtpotenzial privater Akteure bedroht die innere Souveränität, gleichgültig, wie es im Einzelfall genutzt wird. Die Beispiele sind zahlreich: Interne Verrechnungspreise als Mittel zur Gewinnverschiebung und Steuerminderung, Kapitalflucht zur Rentabilitätssteigerung, Produktionsverlagerung zur Kostensenkung.

- Damit einher geht zweitens, wie wir schon am Beispiel des Nationalstaates gesehen haben, eine Bedrohung *der Demokratie*: die formale Ausübung des demokratischen Stimmrechts verliert im Nationalstaat in dem Maße *faktisch* an Bedeutung, wie die operationale interne Souveränität im Gefolge der Globalisierung schwindet. Das ist die *Legitimationslücke* (dazu auch Schachtschneider 2002, S. 308 ff.). Und diese kann man wegen des Fehlens eines Weltgesetzgebers, und damit im Unterschied zum Nationalstaat, nicht durch Einbau einer Generalklausel zur unternehmensethischen Verantwortung in das nationale Recht schließen.

Welche Wege stehen also bereit, um angesichts dieser Situation Abhilfe zu schaffen? Globale Politiknetzwerke scheinen hier – wie eingangs erwähnt – zu einem wichtigen Instrument globalen Regierens zu avancieren.

6.2 Global Governance durch globale Politiknetzwerke

(1) Mit dem Verweis auf globale Politiknetzwerke wird vorausgesetzt, dass bis auf weiteres eine zentrale Autorität für eine „Weltinnenpolitik" nicht verfügbar ist: auf eine Weltregierung und ein Weltrecht zu setzen (vgl. dazu Schachtschneider 2002), das scheint für die überschaubare Zukunft keine brauchbare praktische Alternative zu sein. Die Nationalstaaten werden nach wie vor wichtige Akteure bei der Herstellung und Sicherung einer globalen Ordnung bleiben und bleiben müssen (Taplin 2002), als Akteure in globalen Politiknetzwerken dann allerdings mit verändertem Rollenverständnis.

(2) Drei Wege stehen dem Nationalstaat in dieser Situation zur Verfügung, um die operationale Souveränität zu sichern (Reinicke 1998, S. 75-101): Defensive Intervention, Offensive Intervention und eben „global public policy".

Defensive und offensive Intervention wollen die Deckungsgleichheit von ökonomischer und politischer Geographie durch territoriale Bindung der privaten Akteure erreichen, jede auf ihre Weise: Protektionistische Maßnahmen, wie der Aufbau nicht-tarifärer Handelshemmnisse oder die Einführung von Kapitalkontrollen auf der einen Seite, Anreizsysteme in Form von Investitionshilfen oder Deregulierungen auf der anderen Seite. Dass beides keine langfristig tragbaren politischen Strategien sind, liegt auf der Hand. Defensive Intervention ist z.B. ökonomisch nicht sinnvoll, weil die internationale Arbeitsteilung als Quelle von Wohlstand beeinträchtigt wird; offensive Intervention ist z.B. politisch letztlich nicht sinnvoll, weil es zu permanenten und gravierenden Verteilungskonflikten führt und so den inneren Frieden laufend gefährdet: die oft beschworene Abwärtsspirale (genauer dazu Steinmann/Scherer 2000; Scherer/Smid 2000).

Demgegenüber setzt *„global public policy"* auf den umgekehrten Anpassungspfad. Nicht Zurückholen der korporativen Netzwerke in das politische Territorium des Nationalstaates, sondern umgekehrt: Anpassung von Reichweite und Ausübung der internen Souveränität von Staaten, jedenfalls in ihrer *operationalen* Dimension, an die ökonomischen Netzwerke der privaten Akteure. Das soll – im Unterschied zu den klassischen zwischenstaatlichen Vereinbarungen – über *globale Politiknetzwerke* möglich werden, wie sie Kofi Annan angesprochen hat. Diese setzen, wie angedeutet, auf die Kooperation von Staaten, Unternehmen, Verbänden und NGOs als zivilgesellschaftlichen Organisationen und treten im globalen Kontext gleichsam an die Stelle des Staates im nationalen Kontext.

(3) Dieser Lösungsvorschlag setzt zunächst konzeptionell die Einsicht voraus, dass es nötig ist, den Begriff *„government"* als *Institution* vom Begriff *„governance" als Funktion* zu trennen, ein konzeptioneller Schritt, der in der Managementlehre seit langem vollzogen wurde (Steinmann/Schreyögg 2000, S. 5 ff.). „Government" assoziiert man dabei zugleich eher mit Hierarchie, „governance" eher mit Verhandlung und Kooperation. Durch diese Unterscheidung wird erst der Freiraum geschaffen für neue institutionelle Arrangements. Reinicke (1998, S, 87 f., Hervorh. nicht im Original) betont zu Recht, dass dieser konzeptionelle Schritt „provides the cornerstone for a more promising strategy for global public policy, namely the *delinking* of some elements of the operational aspects of internal sovereignty (governance) from its territorial foundation (the nation-state) and its institutional and legal environment (the government), and their *reapplication* on a sectoral – that is, functional – basis. Such a strategy would cut across national boundaries in order to match up the political geography of an industry with its economic counterpart..."

Es geht also bei dieser „Strategie" konstruktionslogisch darum, einige Elemente des operationalen Teils der internen Souveränität, soweit für das jeweils anstehende Steuerungsproblem notwendig, aus dem nationalstaatlichen Verbund herauszulösen.

Der *zweite* konzeptionelle Schritt ist dann, ähnlich wie im Fall des Nationalstaates, die Anwendung des Prinzips der *„horizontalen Subsidiarität"*, d.h. des „Outsourcing" des anstehenden Steuerungsproblems von der staatlichen hin auf die globale Ebene, eben an (schon vorhandene oder erst noch zu schaffende) globale Politiknetzwerke. Wenn diese *funktionstüchtig* sind, können sie dazu beitragen, das *Operationsdefizit* des Nationalstaates und insoweit auch seine interne Souveränität zu heilen.

Mit dieser Übertragung von Aufgaben, Kompetenzen und Verantwortung an globale Politiknetzwerke ist dann allerdings noch nicht zugleich auch das *Legitimationsdefizit* behoben. Das Prinzip der horizontalen Subsidiarität *faktisch* in Anspruch zu nehmen, ist ja, wie gezeigt, die eine Sache; diese Faktizität in den Status der *Legitimität* zu überführen die andere (zu Möglichkeiten und Grenzen der Demokratisierung von Netzwerken in der Politik vgl. Schneider 1999). Und wie wir aus vielen Protesten von Globalisierungsgegnern wissen, ist dieses Problem ja von zentraler Bedeutung für die politische Bewältigung der Globalisierung.

Der vielfach gemachte Vorschlag, zur Behebung des Legitimationsdefizits globale Politiknetzwerke so weit wie möglich *inklusiv und diskursiv* anzulegen, geht sicherlich in die richtige Richtung. Legitimität lässt sich dann durch argumentative Auseinandersetzung und Konsens zwischen den gerade Betroffenen stiften. Interessant ist in diesem Zusammenhang, dass Braithwaite/Drahos (2000, S. 557 ff.) auf Grund ihrer Analysen zu dem Schluss kommen, dass Netzwerke, die auf Anreize (Zwang und Belohnung) setzen, in der Praxis weniger wichtig sind als Netzwerke, die auf eine dialogische Verständigung abstellen; das gelte allerdings weniger für die USA, die eher auf den Mechanismus des Zwanges setzten.

Ferner ist für die Legitimationsfrage natürlich von großer Bedeutung, dass die Nationalstaaten selbst Partner solcher Politiknetzwerke sind; allerdings können sie dort nicht versuchen, und das ist ein wichtiger Unterschied zur traditionellen Theorie zwischenstaatlicher Verhandlungen (Reinicke/Witte 2000, S. 87), fix und fertig formulierte nationale Interessen als exogen gegebene Faktoren in Bargainingprozessen nach Maßgabe der gerade gegebenen Machtverteilung durchzusetzen, sondern müssen sich der argumentativen Auseinandersetzung im Diskurs öffnen. Damit mag dann auch ein Legitimationseffekt verbunden sein. Und schließlich kommt der nationale Gesetzgeber auch dort noch zum Zuge, wo es darum geht, die Implementation und Einhaltung der gefundenen Lösungen auf dem nationalen Territorium und durch zwischenstaatliche Vereinbarungen rechtlich verbindlich zu machen. Insoweit ist Benner et. al. (2002 a, S. 45 f.) recht zu geben, wenn sie feststellen:

> „Globale Politiknetzwerke sind zwar kein Wundermittel für die Legitimationsdefizite des Regierens im Zeitalter der Globalisierung, sie leisten jedoch einen wichtigen Beitrag zur Entwicklung innovativer Partizipationsformen jenseits der Altherren-Diplomatie in den Hinterzimmerclubs der G8 und einigen *internationalen Organisationen.*"

Darüber hinaus muss aber gleichwohl, so denke ich, im Hinblick auf das Legitimitätsproblem geklärt werden, welche *rechtlichen Implikationen* und Konsequenzen es hat, wenn Regierungen bestimmte Aufgaben an globale Politiknetzwerke „delegieren", sich aktiv an ihrer Arbeit beteiligen und daraus Regulierungen hervorgehen, die zunächst einmal rechtlich gar nicht bindend sind. Hier geht es um das *„soft international law"* (dazu die Beiträge in Shelton 2000), dessen rechtstheoretischer Status noch keineswegs geklärt ist (Günther 2001). Kann man sich wirklich damit zufrieden geben, dass „global public policy will be structured around so-called nonbinding international instruments", wie Reinicke lapidar formuliert (Reinicke 1998, S. 88)?

Diese Frage muss ich hier offen lassen. Ich wende mich jetzt abschließend dem letzten Punkt zu, nämlich der Frage, welche Rolle der Unternehmensethik zukommt, wenn Unternehmen als Partner in globalen Politiknetzwerken agieren.

6.3 Unternehmensethik in globalen Politiknetzwerken

(1) Dazu zunächst ein konzeptionell-begrifflicher Hinweis. Gerade im Kontext der Globalisierung wird Unternehmensethik begrifflich dann anschlussfähig an die praktische und theoretische Problemlage, wenn man daran festhält, dass die Unternehmensebene selbst ein systematischer „Ort der Moral" (Homann) ist. Das ist bei unserem Begriff von Unternehmensethik der Fall.

Gegen Homann (Homann-Blome-Drees 1992) haben wir immer darauf bestanden, dass es nicht sinnvoll ist, ausschließlich auf die Wirtschaftsordnungsebene abzustellen als dem „systematischem Ort der Moral", als dem Ort also, wo die moralischen Spielregeln rechtlich formuliert werden, auf die hin die Unternehmen dann ihre Spielzüge ausrichten, sei es, dass sie einen Rechtsbefehl befolgen, oder sei es, dass sie zu dem gewünschten moralischen Verhalten angereizt werden. In Homanns Konzept hat die Unternehmensethik, so gesehen, nur einen beiläufigen, keinen systematischen Stellenwert.

Gegenüber dieser „top-down" orientierten Steuerungsphilosophie erscheint uns eine Konzeption sinnvoll, die von vornherein von einer Interaktion zwischen politischer und unternehmerischer Ebene ausgeht, eine Konzeption, die Entstehung, Anwendung und Änderung der normativen Grundlagen des Wirtschaftens als einen Prozess der rekursiven Konstitution im Sinne der Giddensschen Theorie der Strukturierung (Giddens 1988) begreift: Normen sind zugleich Voraussetzung und Folge der unternehmerischen Tätigkeit.

Diese Konzeption eröffnet jetzt auf globaler Ebene sofort die Möglichkeit, Unternehmen als Partner von Politiknetzwerken zu begreifen. Unternehmensethik fordert ja nach unserem Verständnis eine Doppelrolle, nämlich dass sich Unternehmen direkt und indirekt am Prozess der Friedensstiftung beteiligen: indirekt, indem sie die eigene Unternehmensstrategie friedensdienlich (sozialverträglich) auslegen; direkt, indem sie sich in ihrem Kompetenzbereich an politischen Prozessen globaler Regulierung der Geschäftstätigkeit beteiligen (ähnlich für Multinationale Unternehmen Welge/Holtbrügge 2001, S. 283 ff., und die Beiträge in Kumar/Steinmann 1998). Genau diese zwei Aufgaben hat Kofi Annan ja 1999 auf dem Weltwirtschaftsgipfel in Davos auch den Unternehmen zugewiesen, die Mitglied des Global Compact werden wollen.

(2) Ich komme nun zu der Rolle, die der Unternehmensethik in den angesprochenen globalen Politiknetzwerken zukommt bzw. zukommen sollte. Meine These ist hier, dass die von Kofi Annan angesprochenen Ziele Frieden und Wohlstand

durch Politiknetzwerke nur dann erreicht werden können, wenn Unternehmen ihre Teilnahme an solchen Netzwerken nicht bloß ökonomisch-strategisch motivieren, sondern sich auf der moralischen Ebene auf das Programm der Unternehmensethik wirklich einlassen und danach leben.

Diese Aussage gewinnt an Gewicht, wenn man den Ratschlag von Michael Porter aus seinem Buch „The Competitive Advantage of Nations" (1990) dagegen hält, nämlich dass Unternehmen gerade solche Standorte wählen sollten, die ein hohes Ausmaß an normativen Standards aufweisen: „Tough regulatory standards are not a hindrance but an opportunity to move early to upgrade products and processes" (zit. nach Braithwaite/Drahos 2001, S. 616). Porter verweist hier auf empirische Untersuchungen in verschiedenen Ländern, die den „first-mover-advantage" auch auf diesem normativen Sektor der Unternehmensführung belegen sollen. Wäre diese Theorie richtig, müssten sich natürlich über kurz oder lang die höheren normativen Standards von selbst durchsetzen, gleichsam aus dem ökonomischen Wettbewerbsprozess „emergieren".

Dazu wäre manches kritisch zu sagen (vgl. u. a. Donaldson 2001). Die gemeinten „First-Mover-Vorteile" sind natürlich unsicher, sie mögen im Einzelfall eintreten oder auch nicht. Und wie lange das dauert, ist schwer abzuschätzen. Und weiter und noch wichtiger: derartig strategisch motivierte Handlungsweisen sind instabil! Wenn sich die ökonomischen Randbedingungen ändern, ändern sich möglicherweise die ökonomischen Strategien. Auf einem derartigen flüchtigen Fundament kann aber keine weltweite Friedensordnung aufbauen. Hierzu bedarf es einer moralischen Motivation, die den Frieden und eine entsprechende Kooperationsordnung nicht als Folge (individueller Vorteilskalkulationen), sondern als moralische Voraussetzung erfolgreichen unternehmerischen Handelns begreift. Unternehmen müssen insoweit nicht nur als „global player", sondern auch als „responsible player" operieren.

(3) Als „responsible player" müssen die Unternehmen dann nach außen und nach innen ein normatives Handlungsprogramm zusätzlich zur ökonomischen Rationalität ausbilden, ein Programm, das mit den Prinzipien, Aufgaben und Funktionsbedingungen der globalen Politiknetzwerke korrespondiert. Und das kann nicht das Programm der ökonomischen Rationalität allein sein. Denn Politiknetzwerke sind im Sinne der oben angesprochenen Unterscheidung von Kersting Instrumente der „moralverträglichen Kooperation", nicht des Wettbewerbs, der sich im Rahmen einer Kooperationsordnung abspielen muss. Sie sollen als Verhandlungs-, Koordinations- und Implementationsnetzwerke dazu beitragen, Konflikte auf die Tagesordnung zu bringen, sie diskursiv zu klären und gefundene Lösungen in der Umsetzungsphase bis zur Kontrolle hin wert- und zielkonform zu begleiten. Dazu müssen Politiknetzwerke Vertrauen schaffen und im Interesse des Friedens eine moralische Verantwortung übernehmen. Kurz: es geht hier um ethisch-politisches Handeln, nicht um strategische Kalküle. Und alles dies ist in der Begrifflichkeit der Unternehmensethik und ihren drei Funktionen schon angelegt.

Ich glaube also, ohne das hier noch näher ausführen zu können, dass Unternehmensethik anschlussfähig ist an das politische Programm der „Global Public Policy Networks"; und das nicht nur auf der Ebene des Friedenszieles, sondern auch auf der Ebene der Führungsmaßnahmen, mit deren Hilfe der Führungsprozess für die ethisch-politischen Anforderungen der Unternehmensethik geöffnet werden soll. Aber das ist dann schon wieder ein neues weites Feld.

* Vortrag gehalten im Rahmen der Veranstaltungsreihe „Politik und Management" an der Universität Konstanz am 11. 12. 2002. Der Vortragsstil wurde beibehalten. Ich danke Roland Sturm, Inhaber des Lehrstuhls für Politikwissenschaft I der Universität Erlangen-Nürnberg, für eine kritische Durchsicht einer ersten Fassung des Manuskripts und für eine Reihe von Verbesserungsvorschlägen. Karl Albrecht Schachtschneider, Inhaber des Lehrstuhls für Öffentliches Recht an der Wirtschafts- und Sozialwissenschaftlichen Fakultät der Universität Erlangen-Nürnberg, habe ich für Hinweise auf das juristische Schrifttum zu danken, vor allem aber für eine intensive Diskussion der Schlussfassung des Beitrages.

Literaturverzeichnis

Albert, M. (2002): Zur Politik der Weltgesellschaft, Identität und Recht im Kontext internationaler Vergesellschaftung, Weilerswist 2002.

Annan, K. (1999): „A Compact for the New Century", Rede vor dem World Economic Forum in Davos, 31. Januar 1999, http://www.un.org/partners/business/davos.htm.

Benner, T., Reinicke, W.H., Witte, J.M. (2002a): Wandel gestalten im Zeitalter der Globalisierung: Die Rolle globaler Politiknetzwerke, in: Bertelsmann Stiftung (Hrsg.): Transparenz – Grundlage für Verantwortung und Mitwirkung, Gütersloh 2002a, S. 23-51.

Benner, T., Reinicke, W.H., Witte, J.M. (2002b): Global Public Policy Networks and Social Standards, in: Scherer, A.G. et al. (Hrsg.): Globalisierung und Sozialstandards, dnwe-Schriftenreihe Folge 9, München/Mering 2002b, S. 97-115.

Berg, N., Holtbrügge, D. (2001): Public Afffairs Management, Activities of German Multinational Corporations in India, in: Journal of Business Ethics 30 (2001), S. 105-119.

Braithwaite, J., Drahos, P. (2000): Global Business Regulation, Cambridge 2000.

Danley, J.R (1994).: The Role of the Modern Corporation in a Free Society, Notre Dame/London 1994.

Donaldson, T. (2001): The Ethical Wealth of Nations, in: Journal of Business Ethics 31(2001), S. 25-36.

Friedman, M. (1970): „The Social Responsibility of Business Is to Increase Profit", New York Times Magazine, September 13, 1970, S. 32-33, 122-126.

Giddens, A. (1988): Die Konstitution der Gesellschaft, Grundzüge einer Theorie der Strukturierung, Frankfurt a.M. 1988.

Giddens, A. (1992): Kritische Theorie der Spätmoderne, Wien 1992.

Günther, K. (2001): Rechtspluralismus und universaler Code der Legalität: Globalisierung als rechtstheoretisches Problem, in: Wingert, L./Günther, K. (Hrsg.): Die Öffentlichkeit der Vernunft und die Vernunft der Öffentlichkeit, Festschrift für Jürgen Habermas, Frankfurt a.M. 2001.

Habermas, J. (1965): Strukturwandel der Öffentlichkeit, 2. Auflage, Neuwied 1965.

Habisch, A. (2003): Corporate Citizenship, Gesellschaftliches Engagement von Unternehmen in Deutschland, Heidelberg et al. 2003.

Hamm, B. (2002): Die „neue Partnerschaft" zwischen UN und Wirtschaft, in: Entwicklungspolitik, Heft 4, 2002, S. 32-35.

Heald, M. (1970): The Social Responsibilities of Business: Company and Community, 1900 – 1960, Cleveland 1970.

Hettinger, M. (Hrsg.) (2002): Reform des Sanktionenrechts, Band 3, Verbandsstrafe, Bericht der Arbeitsgruppe „Strafbarkeit juristischer Personen" an die Kommission nebst Gutachten sowie Auszug aus dem Abschlussbericht der Kommission zur Reform des strafrechtlichen Sanktionenrechts, Baden-Baden 2002.

Holtbrügge, D., Berg, N. (2001): Public Affairs-Management in Multinationalen Unternehmungen. Ergebnisse einer empirischen Untersuchung deutscher Unternehmungen in Rußland, in: JEEMS 6 (2001), S. 376-399.

Homann, K., Blome-Drees, F. (1992): Wirtschafts- und Unternehmensethik, Göttingen 1992.

Ischinger, W. (2002): Rede vom 25. 6. 2002 im Rahmen des „Forum Globale Fragen" des Auswärtigen Amtes: www.sef-bonn.org/sef/veranst/2002/global/Ischinger.html.

Kell, G., Levin, D. (2002): The Evolution of the Global Compact Network: An Historic Experiment in Learning and Action, Paper presented at The Academy of Management Annual Conference „Building Effective Networks", Denver, August 11-14, 2002 (Manuskript)

Kersting, W. (2000): Analyse, Konstruktion und Verstehen. Rationalitätskonzepte in der politischen Philosophie, in: Kersting, W.: Politik und Recht, Weilerswist 2000, S. 60-112.

Klöpfer, M. (1998): Staat und Unternehmung in ihrer Umweltverantwortung aus der Sicht des Rechts, in: Steinmann, H., Wagner, G.-R. (Hrsg.): Umwelt und Wirtschaftsethik, Stuttgart 1998, S. 214-232.

Kommission der Europäischen Gemeinschaften: Grünbuch, Europäische Rahmenbedingungen für die soziale Verantwortung der Unternehmen, Brüssel 2001.

Kreikebaum, H. (1998): Unternehmensethik und Globalisierungsstrategien, in: Handlbauer, G. et. al. (Hrsg.): Perspektiven im Strategischen Management, Berlin/New York 1998, S. 167-181.

Kumar, N. B./Steinmann, H. (Hrsg.) (1998): Ethics in International Management, Berlin/New York 1998.

Löhr, A. (2002): Macht in der betriebswirtschaftlichen Organisationstheorie, Rekonstruktion und Neuorientierung, Habilitationsschrift Nürnberg 2002.

Lohrie, A./Merck, J. (2000): Social Accountability 8000 – Praktische Erfahrungen beim Otto Versand, in: Bausch, T./Kleinfeld, A./Steinmann, H. (Hrsg.): Unternehmensethik in der Wirtschaftspraxis, dnwe-Schriftenreihe Folge 7, München/Mering 2000, S. 43-54.

Lorenzen, P. (1987): Lehrbuch der konstruktiven Wissenschaftstheorie, Mannheim 1987.

Lueken, G.-L. (1992): Inkommensurabilität als Problem rationalen Argumentierens, Stuttgart-Bad Cannstatt 1992.

Parker, C. (2002): The Open Corporation, Effective Self-Regulation and Democracy, Cambridge 2002.

Porter, M. (1990): The Competitive Advantage of Nations, New York 1990.

Reinicke, W.H. (1998): Global Public Policy, Governing without Governments?, Washington D.C. 1998.

Reinicke, W.H. (2002): Rede auf dem Symposium anlässlich der Verleihung des Carl Bertelsmann Preises 2002 (Manuskript).

Reinicke, W.H., Deng, F. (2000): Critical Choices, The United Nations, Networks, and the Future of Global Governance, Ottawa et al. 2000.

Reinicke, W.H., Witte, J.M. (2000): Interdependence, Globalization, and Sovereignty: The Role of Non-binding International Legal Accords, in: Shelton, D.(ed.): Commitment and Compliance, The Role of Non-Binding Norms in the International Legal System, Oxford 2000, S. 75-100.

Risse, T. (2002): Transnational Actors and World Politics, in: Carlsnaes, W./Risse, T./Simmons, B.A. (eds.): Handbook of International Relations, London 2002, S. 255-274.

Ronit, K., Schneider, V. (2000): Private organizations and their contribution to problem-solving in the global arena, in: Ronit, K./Schneider, V. (eds.): Private Organizations in Global Politics, London 2000, S. 1-33.

Schachtschneider, K.A. (1994): Res publica res populi, Grundlagen einer Allgemeinen Republiklehre, Berlin 1994.

Schachtschneider, K.A. (1999): Eigentümer globaler Unternehmen, in: Kumar, B. N./Osterloh, M./ Schreyögg, G. (Hrsg.): Unternehmensethik und die Transformation des Wetthbewerbs, Festschrift für Prof. Dr. Dr. h. c. Horst Steinmann, Stuttgart 1999, S. 409-440.

Schachtschneider, K.A. (2002): Grenzen der Kapitalverkehrsfreiheit, in: ders. (Hrsg.): Rechtsfragen der Weltwirtschaft, Rechtsfragen der Globalisierung, Band 1, Berlin 2002, S. 253-327.

Schachtschneider, K.A. (Hrsg.) (2002): Rechtsfragen der Weltwirtschaft, Rechtsfragen der Globalisierung, Bd. 1, Berlin 2002.

Scherer, A.G. (2000): Die Rolle der Multinationalen Unternehmung im Prozeß der Globalisierung, Habilitationsschrift Nürnberg 2000.

Scherer, A.G. (2002): Die Multinationale Unternehmung als Mittler zwischen privater Freiheit und öffentlichem Interesse, Verantwortungsvolles unternehmerisches Handeln im Prozeß der Globalisierung, in: Schachtschneider, K.A. (Hrsg.): Rechtsfragen der Weltwirtschaft, Rechtsfragen der Globalisierung, Band 1, Berlin 2002, S. 329-357.

Scherer, A.G., Smid, M. (2000): The Downwards Spiral and the U.S. Model Principles. Why MNEs Should Take for the Improvement of World-wiede Social and Environmental Conditions, in: Management International Review 40 (2000), S. 351-371.

Schmidt-Rimpler, W. (1941): Grundfragen einer Erneuerung des Vertragsrechts, in: Archiv für civilistische Praxis 147 (1941) S. 130 ff.

Schneider, V. (1999) Möglichkeiten und Grenzen der Demokratisierung von Netzwerken in der Politik, in: Sydow, J., Windeler, A. (Hrsg.): Steuerung von Netzwerken, Opladen 1999, S. 327-346.

Schneider, V., Ronit, K. (2001): Internationale Unternehmensorganisationen und die Produktion globaler öffentlicher Güter, Übersehener Beitrag, in: Ökologisches Wirtschaften, Informationsdienst Ausgabe 3-4, 2001, S. 18-20.

Sethi, S.P., Williams, O.F. (2001): Economic Imperatives and Ethical Values in Global Business, The South African Experience and International Codes Today, Notre Dame 2001.

Shelton, D. (ed.) (2000): Commitment and Compliance, The Role of Non-Binding Norms in the International Legal System, Oxford 2000.

Siebert, H. (1995): Ein Regelwerk für eine zusammenwachsende Welt, Kieler Diskussionsbeiträge 251, Kiel 1995.

Siebold, D.I. (2002): Die Ordnung des internationalen Handels GATT – WTO – GATS, in: Schachtschneider, K.A. (Hrsg.): Rechtsfragen der Weltwirtschaft, Rechtsfragen der Globalisierung, Band 1, Berlin 2002, S. 47-122.

Steinherr, C., Steinmann, H., Olbrich, T. (1998): Die U.S.-Sentencing Commission Guidelines. Eine Dokumentation, in: Alwart, H. (Hrsg.): Verantwortung und Steuerung von Unternehmen in der Marktwirtschaft, dnwe-Schriftenreihe, Folge 3, München/Mehring 1998, S. 153-204.

Steinmann, H. (1973): Zur Lehre von der „Gesellschaftlichen Verantwortung der Unternehmensführung" – Zugleich eine Kritik des Davoser Manifests, in: WiSt - Wirtschaftswissenschaftliches Studium 2 (1973), S. 467-473.

Steinmann, H. (2003): Corporate Ethics in Germany, in: Lu, X., Enderle, G.(eds.): Developing Business Ethics in China, Notre Dame 2003 (im Erscheinen).

Steinmann, H., Löhr, A. (1994): Grundlagen der Unternehmensethik, 2. Aufl., Stuttgart 1994.

Steinmann, H./Löhr, A. (2002): Unternehmensethik in der republikanischen Gesellschaft, in: Aßländer, M.S., Joerden, J.C.: Markt ohne Moral, Studien zur Ethik in Ostmitteleuropa, Band 5, Frankfurt a.M. et al. 2002, S. 95-125.

Steinmann, H., Olbrich, T. (1998): Ethik-Management: Integrierte Steuerung ethischer und ökonomischer Prozesse, in: Blickle, G. (Hrsg.): Ethik in Organisationen, Göttingen 1998.

Steinmann, H., Scherer, A.G. (2000): Freiheit und Verantwortung in einer globalisierten Wirtschaft – Anmerkungen zur Rolle der Unternehmensethik, in: Hungenberg, H., Schwetzler, B. (Hrsg.): Unternehmung, Gesellschaft und Ethik. Erfahrungen und Perspektiven, Wiesbaden 2000, S. 93-115.

Steinmann, H., Schreyögg, G. (2000): Management, Grundlagen der Unternehmensführung, 5. Aufl., Wiesbaden 2000.

Stone, Ch.D. (1975): Where the Law Ends, New York 1975.

Swenson, W. M. (1998): „Carrot and Stick" – über die Grundgedanken und die Funktionsweise der Organizational Sentencing Guidelines, in: Alwart, H. (Hrsg.): Verantwortung und Steuerung von Unternehmen in der Marktwirtschaft, dnwe-Schriftenreihe, Folge 3, München/Mering 1998, S. 36-45.

Taplin, I.M. (2002): The Effects of Globalization on State-Business Relationships: A Conceptual Framework, in: Geppert, M., Matten, D., Williams, K.: Challenges for European Management in a Global Context, New York 2002, S. 239-259.

Ulrich, P. (2001): Integrative Wirtschaftsethik, Grundlagen einer lebensdienlichen Ökonomie, 3. Auflage, Bern 2001.

Welge, M.K., Holtbrügge, D. (2001): Internationales Management, 2. Auflage, Landsberg/Lech 2001.

Wieland, J. (Hrsg.) (2001): Die moralische Verantwortung kollektiver Akteure, Heidelberg 2001.

Wolf, K.D. (2002): Internationale Organisationen und grenzüberschreitendes Regieren (Manuskript) 2002.

Islamisches Wirtschaften aus rechtlicher Sicht

Mathias Rohe

1. Einführung

1.1 Verbindung von Recht und Religion

Gibt es ein „christliches Wirtschaften", das aus rechtlicher Sicht beleuchtet werden könnte? Historische Beispiele finden sich unschwer; man denke nur an religiös begründete Zinsnahmeverbote im europäischen Mittelalter. In einer säkularen Rechtsordnung unserer Tage mag schon die Frage befremdlich erscheinen. Dennoch: Auch das deutsche Recht kennt Vorschriften, die sich zumindest auch religiös begründen lassen: Die Verbote sittenwidriger Schädigung anderer (§ 826 BGB) und sittenwidriger Rechtsgeschäfte (§ 138 BGB) oder die Bindung an Treu und Glauben (§ 242 BGB) mögen als Beispiel genügen.[1] Darüber hinaus eröffnet sich ein weiter Bereich, der zwar von religiösen Vorstellungen erfasst, aber nicht von rechtsförmigen Sanktionen durchdrungen wird. Zum Spenden kann niemand gezwungen werden, auch wenn die Spende gewiss eine auch religiös erwünschte Tat ist. Nicht unähnlich verhält es sich mit der rechtlichen Positionierung islamischen Wirtschaftens. Auch der Islam unterscheidet Religion und Recht, wenngleich sich an einigen Stellen Verbindungen ergeben.

Die partielle Verflechtung rechtlicher und religiöser Vorschriften wird bei einigen Aspekten des islamischen Vertragsrechts deutlich. Auch zivilrechtlich relevantes Handeln unterliegt der in der Šcharia[2] – der Gesamtheit der religiösen und rechtlichen Normen und Auslegungsgrundsätzen des Islam – entwickelten fünfteiligen Beurteilungsskala wāǧib (notwendig, unabdingbar) – mandūb/mustahabb (erwünscht, lobenswert) – ǧā'iz (erlaubt) – makrūh (missbilligt, verpönt) – harām/bātil (verboten/nichtig). Insbesondere die Kategorien mandūb/mustahabb und makrūh betreffen Verstöße gegen eher transzendente Vorschriften: rechtliches Handeln bleibt auch dann wirksam, wenn es missbilligt wird; die Kategorie des Erwünschten hat ohnedies keine bürgerlich-rechtlichen Folgen. Je stärker dem transzendenten Element Bedeutung beigemessen wird, desto eher kann aber auch ein Umschlagen in wāǧib bzw. harām/bātil die Folge von Verstößen sein. Dies soll am Beispiel von Verträgen illustriert werden, die in der Moschee abgeschlossen

[1] Exemplarisch zu letzterem *Behrens*, Treu und Glauben. Zu den christlichen Grundlagen der Willenstheorie im heutigen Vertragsrecht, in: Dilcher/ Staff (Hrsg.), Christentum und modernes Recht, 1984, 255ff.

[2] Vgl. zum Begriff der Scharia *Rohe*, Der Islam – Alltagskonflikte und Lösungen. Rechtliche Perspektiven, 2. Auflage 2001, 22 und ff.

werden. Bezeichnenderweise wird diese Frage in dem hier verwendeten Werk nicht im Kapitel über Verträge, sondern im Kapitel über das Gebet behandelt.

Die Hanafīya, eine der vier bedeutendsten Schulen des sunnitischen Islam, qualifiziert den Abschluss von Austauschverträgen wie Kauf- oder Mietverträgen als missbilligt. Schenkungen sind dagegen nicht missbilligt, also erlaubt. Eheschließungsverträge sind sogar erwünscht. Die übrigen Verträge sind erlaubt, soweit sie keinen kommerziellen Charakter haben. Die Mālikīya, eine weitere dieser Schulen, hält Austauschverträge für missbilligt, wenn dabei eine Warenbeschau vorgenommen wird; ansonsten sind sie erlaubt. Dies gilt jedoch nicht für durch Handelsmakler (simsār) vermittelte Verträge; sie sind nichtig. Schenkungen sind erlaubt, Eheschließungsverträge erwünscht. Dies bezieht sich aber nur auf die für den Vertragsschluss notwendigen Erklärungen, nicht aber auf Bedingungen, die keine Wirksamkeitsvoraussetzungen darstellen. Überdies soll nicht viel geredet werden. Die Hanābila qualifiziert den Abschluss von Austauschverträgen wie Kauf- oder Mietverträgen als nichtig. Eheschließungsverträge sind erwünscht. Die Šāfi'īya schließlich erklärt Austauschverträge wie Kaufverträge für verboten und nichtig, wenn durch ihren Abschluss die Moschee entweiht oder ein Betender gestört wird; im übrigen sind sie nur missbilligt. Eheschließungsverträge sind erlaubt.[3]

Insbesondere die hanafitische Schule nimmt häufig einen pragmatischen, diesseitsgerichteten Standpunkt ein. So soll etwa die Sicherheitsleistung für eine Forderung aus Weinverkauf wirksam sein, auch wenn das gesicherte Grundgeschäft (wegen des Alkoholverbots) unwirksam sein mag.[4] Ein anderes Beispiel ist der Abschluss eines Kaufvertrags am Freitag zur Gebetszeit entgegen dem Gebot aus Koran Sure 62, 9. Dies wird nach allgemeiner Meinung missbilligt (makrūh), der Vertrag selbst bleibt aber nach Meinung vieler wirksam. Die malikitische Rechtsschule allerdings bezeichnet solche Verträge als unwirksam, soweit sie zwischen Beteiligten abgeschlossen werden, die sämtlich zum Gebet verpflichtet sind. Nur anfechtbar (muntaqid) sind sie jedoch, wenn ein Beteiligter der Gebetspflicht nicht unterworfen ist.[5]

Insgesamt werden hier Überlegungen deutlich, die auch im deutschen Recht bei der Behandlung von solchen Verträgen angestellt werden, die entgegen einem gesetzlichen Verbot abgeschlossen wurden (vgl. § 134 BGB). Nicht jeder Gesetzes-

---

[3] Zusammenfassung der Quellen bei *'Abd al-Rahmān al-Gazīrī*, kitāb al-fiqh 'alā al-maḏāhib al-arba', Bd. 1, 1. Aufl. Kairo 1987, 287.

[4] Vgl. *al-Sarakhsi*, kitāb al-mabsūt, Bd. 20, Beirut 1986, 85.

[5] Vgl. *Salqīnī*, Usūl al-fiqh al-islāmī, Damaskus 1981, 208; ausführlich hierzu unter dem Stichwort "bay' manhī 'anhu" in wizārat al-awqāf wa al-šu'ūn al-islāmīya (Hrsg.), al-mawsū'at al-fiqhīya Bd. 9, 2. Aufl. Kuweit 1987, 223ff. Bei Ibn al-'Arabī (ahkām al-Qur'ān, Ed. ʿAlī Muhammad al-Biǧawī, Bd. 4, Beirut o.J., 1805) findet sich der Gegenschluss, die Freitags"predigt" (khutba) sei Pflicht (wāǧib), weil das Freitagsgebet (zu dieser Zeit geschlossene) Kaufverträge unwirksam mache.

verstoß führt zur Nichtigkeit gemäß § 134 BGB: Verstöße gegen bloße Ordnungsvorschriften wie das Ladenschlussgesetz berühren die Wirksamkeit des Vertrages nicht. Die pragmatische hanafitische Schule würde sich hierin wohl wiederfinden.

1.2 Ordnungsaufgaben im Bürgerlichen Wirtschaftsrecht

Bürgerliches Wirtschaftsrecht ist zu erheblichen Teilen Vertragsrecht. Vertragsrecht ist nach dem Deliktsrecht eine der ältesten Erscheinungen menschlicher Rechtskultur. Anders als das Deliktsrecht setzt es nicht nur eine geregelte Form des rechtsförmigen Interessenausgleichs voraus, sondern auch eine stabile Güterzuordnung. Ordnungsaufgabe jeden Vertragsrechts ist damit vor allem die Regelung von Bedarfsdeckungsvorgängen (Austausch eines vorhandenen, vergleichsweise eher entbehrlichen Gegenstandes gegen einen nicht vorhandenen, demgegenüber bevorzugten Gegenstandes) einschließlich der Interessenkoordination in gemeinsamen wirtschaftlichen Unternehmungen. In beiden Bereichen sind Gewinnchancen und Verlustrisiken adäquat zuzuordnen. Darüber hinaus sind einseitige bzw. unvollkommen zweiseitige Gütertransfers zu regeln, wobei der „Austauschcharakter" zwingend nur aus einer materialistischen Sicht entfällt; auch das Wohlgefühl des Schenkers hat ja einen Gehalt. Jedoch sind solche Transaktionen besonders anfällig für Missverständnisse, übereiltes und undurchdachtes Handeln oder Übervorteilung. Deshalb werden sie in den meisten Rechtsordnungen in gesonderter Weise einer Seriositätsprüfung unterzogen, beispielsweise durch besondere Formvorschriften.

All dies sind rechtsvergleichend gewonnene Erkenntnisse, welche weitgehend die herkömmlich gezogenen „Kulturkreisgrenzen" überschreiten. Vertragliche Bindung scheint demnach zur conditio humana in sesshaften, arbeitsteilig wirtschaftenden Gesellschaften zu gehören. Auch das Islamische Recht trifft entsprechende Regelungen.

2. Rechtliche Rahmenbedingungen islamischen Wirtschaftens

2.1 Die inner-islamische Perspektive

2.1.1 Einleitung

Wichtig ist festzuhalten, dass das klassische islamische Vertrags- und Wirtschaftsrecht im größten Teil der islamisch geprägten Welt so nicht mehr gilt.[6] Einzelne Staaten haben es, wie die Türkei oder Albanien, in Gänze durch westlich orientierte Kodizes ersetzt. In den meisten anderen Staaten hat man Mischformen zwischen klassischen Vorschriften und Neuregelungen gefunden. Für die arabisch-islamische Welt beispielgebend wurde das ägyptische Zivilgesetzbuch, eine großartige Leistung des Ägypters *Sanhouri*.[7] In der Begründung lässt sich nachvollziehen, dass Sanhouri bemüht war, die Entwicklungsmöglichkeiten der Šcharia zu nutzen und sich hierbei auch von Inhalten westlicher Gesetzeswerke inspirieren zu lassen. Letzteres verstößt ja nicht zwingend gegen die Grundlagen des islamischen Rechts, welches Entwicklungsmöglichkeiten überall dort offenlässt, wo nicht definitive Regelungen in Koran oder Sunna (Prophetentradition) Neuinterpretationen ausschließen. Insgesamt bietet die islamische Welt heute auch im Vertragsrecht ein buntes Bild. Der moderne Rechtsanwender wird also generell zunächst die jeweiligen nationalen Gesetze, so vorhanden, befragen müssen. Dennoch lassen sich bei vielerlei Unterschieden im Detail einige wesentliche Gemeinsamkeiten feststellen, die auf der klassischen Entwicklung des islamischen Vertragsrechts beruhen. Zudem besteht ein in gewissem Umfang einigendes Band darin, dass in den Verfassungen der meisten islamischen Staaten der Šcharia eine zumindest lückenfüllende Funktion oder die einer Interpretationshilfe zugemessen wird.[8] Wo sie zur Grundlage der Gesetzgebung erhoben wurde, können ihr widerstreitende einfache Gesetze als unwirksam abgelehnt werden. Das Urteil des pakistanischen obersten Scharia-Gerichts zum Zinsnahmeverbot aus dem Jahr 2000 (dazu noch sogleich unter 2.1.2 (1)) mag hier als Beispiel genügen.

---

[6] Vgl. nur *Bälz*, Islamische Bankgeschäfte vor europäischen Gerichten, ZVglRWiss 101 (2002), 379ff.

[7] Vgl. *Bälz*, Europäisches Privatrecht jenseits von Europa? Zum fünfzigjährigen Jubiläum des ägyptischen Zivilgesetzbuches (1948), ZEuP 2000, 51, 53ff.

[8] Vgl. nur die Nachweise bei, z.B. Art. 2 der ägyptischen Verfassung.

2.1.2 Rechtliche Grundpfeiler

Die zentrale Grundlage islamischen Wirtschaftens findet sich in Koran Sure 4, 29: „Ihr Gläubigen! Bringt euch nicht untereinander auf unrechtmäßige Weise[9] um euer Vermögen! Anders ist es, wenn es sich um ein Geschäft handelt, das ihr nach gegenseitigem Übereinkommen (tiğārat ‘an tarādin minkum) abschließt." Tätigwerden und wirtschaftlicher Erfolg werden nicht nur hingenommen, sondern auch gutgeheißen. Die Geschäftigkeit in orientalischen Städten belegt, dass die Menschen sich durchaus auch danach ausrichten, wenn man sie nur lässt.

All das darf aber, so der Koran, nicht auf unrechtmäßige Weise geschehen. Damit wird die inhaltliche Kontrolle wirtschaftlicher Transaktionen notwendig. Wo die Kontrolle sich allzu streng entwickelt, werden – auch in der islamischen Welt – Wege gesucht, ihrer Enge nach Möglichkeit zu entgehen. In aller Regel unverfänglich ist die rechtsförmige Interessenkoordination in Gesellschaften. Schon das klassische islamische Recht hat – für Europa vorbildhaft – mehrere Formen gesellschaftsrechtlicher Kooperation entwickelt („Kommanditgesellschaft"[10], mudāraba; offene Handelsgesellschaft, mufāwada; landwirtschaftliche Gesellschaft, muzāra‘a[11]). Leitgedanke ist die Parallelisierung von Gewinnchancen und Verlustrisiken: mit der Einlage kann Gewinn erzielt werden, sie kann aber auch verloren gehen. Demgegenüber werden z.B. Kreditgeschäfte misstrauischer behandelt, weil das wirtschaftliche Verlustrisiko zumindest im Falle gesicherter Rückzahlung der Kreditsumme alleine beim Kreditnehmer verbleibt.

(1) Verbot des ribā und Rechtskniffe (hiyal) als Methode zur Erzielung angemessener Ergebnisse

Das islamische Recht verbietet den „ribā"[12], gemeinhin mit „Wucher" („usury") übersetzt. Im Koran[13] wird ein Gegensatz zwischen erlaubtem Handeltreiben und Verbot des „ribā" gebildet. Was „ribā" genau ist, wird nicht definiert und ist deshalb der Auslegung zugänglich.[14] Während eine zunehmende Zahl von Rechtsge-

---

[9] Der Terminus "bi-l-bātil" wird von *Paret* (Der Koran, 3. Aufl. 1983) zu eng mit "in betrügerischer Weise" übersetzt. Der Verfasser schließt sich *Wichards* (Zwischen Markt und Moschee, 1995, 89 Fn. 1) Kritik an; "bātil" ist das Nichtige, das dem Recht Widersprechende und hat auch in der Rechtsterminologie seinen entsprechenden Platz gefunden.

[10] Die Qualifikation als Kommanditgesellschaft hat sich eingebürgert; zu Recht weist jedoch *Bälz* (Das internationale Vertragsrecht der islamischen Banken, WM 1999, 2443, 2444) darauf hin, dass es sich eher um eine stille Gesellschaft im Sinne von § 230 HGB handelt.

[11] Es handelt sich um eine Kooperationsform, in der ein Gesellschafter die Ackerfläche einbringt und der andere die Bearbeitung übernimmt.

[12] Vgl. Suren 2, 275f., 278 -280; 3, 130; 4, 160f.; 30, 39; hierzu ausführlich *Wichard* (Fn. 9)182 und ff.

[13] Sure 2, 275; vgl. auch Suren 2, 278-280; 3, 130; 30, 39.

[14] Vgl. *Muslehuddin*, Islamic Jurisprudence and the Rule of Necessity and Need, New Delhi 1982, 40 f. mwN.

lehrten darunter nur das Verbot von Wucherzinsen versteht, ist wohl noch die Mehrheit der Überzeugung, es werde damit jegliche Zinsnahme untersagt.[15] So gibt es etwa in Ägypten eine anhaltende Debatte darüber, ob die Zinsvorschriften in ZGB und HGB wegen Verstoßes gegen islam-rechtliche Prinzipien nichtig seien.[16]

Historisch dürfte jedenfalls der sog. „ribā al-ğāhilīya" erfasst gewesen sein („Draufgabe" eines Betrags, oft das Doppelte oder Dreifache, zur Stundung bei Fälligkeit[17]; damit wurden insbesondere Arme in Notlagen gebracht bzw. ausgenutzt). Aber auch der "ribā al-fadl" (fadlun khālin 'an al-'iwad), die Mehrleistung ohne Gegenleistung innerhalb desselben Wirtschaftsguts, wurde erfasst, ebenso der "ribā al-nasī'at" also der verzinsliche Kredit.

Diese im Mittelalter herausgebildete Auffassung entspricht der damaligen Auffassung anderer religiös geprägter oder doch inspirierter Rechtordnungen. Sowohl das christlich-abendländische[18] (Lukas 6, 35: "Mutuum date nihil inde sperantes", tut wohl und leihet, dass ihr nichts dafür hoffet, so wird euer Lohn groß sein, und ihr werdet Kinder des Allerhöchsten sein) als auch das jüdische Recht kennen ein solches Verbot im Hinblick auf Glaubensgenossen. Es zeigt sich hier eine Auswirkung des religiös-ethischen Appells an Anständigkeit und Spendenbereitschaft gegenüber finanziell Schwächeren. Dass die zinslose Kreditgewährung zu den schwereren Aufgaben des Menschen zählt, zeigt nicht zuletzt der biblische Kontext in der erwähnten Lukas-Stelle, wo das Gebot zur unentgeltlichen Leihe gleich im Anschluss an das ebenfalls sperrige Gebot der Feindesliebe formuliert wird. Dass solche in Rechtsform gegossene Appelle in der Rechtsrealität deshalb meist fruchtlos bleiben, zeigen allenthalben entwickelte Umgehungskonstruktionen. Auch finden sich Nachweise für vertragliche Zinsklauseln schon aus der Frühzeit des Islam.[19]

Solche Umgehungskonstruktionen sind dem Juristen vertraut. Das Recht sucht sich die passenden Lösungen gegen unpassende Konstruktionen. Hier lässt sich

---

[15] Vgl. zum riba-Verbot *Wichard* (Fn. 9) 180 ff ; *Amereller*, Hintergründe des "Islamic Banking", 1995, 133 ff; *Lohlker*, Das islamische Recht im Wandel. Ribā, Zins und Wucher in Vergangenheit und Gegenwart, 1999; *Saleh*, Unlawful Gain and Legitimate Profit in Islamic Law, 2. Aufl. London u.a. 1992, 39 ff.

[16] Hierzu statt vieler *Jung*, Ägyptisches internationales Vertragsrecht, in: Kronke u.a. (Hrsg.), Islamisches und arabisches Recht als Problem der Rechtsanwendung, Symposion zu Ehren von Prof. Dr. Omaia Elwan, Frankfurt a.M. 2001, 37, 58 f.

[17] Vgl. *Wichard* (Fn.9) 184 mwN.

[18] Vgl. den kurzen Überblick bei *Schwintowski*, Legitimation und Überwindung des kanonischen Zinsverbots, in: Brieskorn/Mikat/Müller/Willoweit (Hrsg.), Vom mittelalterlichen Recht zur neuzeitlichen Rechtswissenschaft, Paderborn u.a. 1994, 261 ff.

[19] Vgl. *Thung*, Written Obligations From the $2^{nd}/8^{th}$ to the $4^{th}/10^{th}$ Century, Islamic Law and Society 3 (1996), 1, 7 zu Verzugszinsen in einer ägyptischen Urkunde aus dem Jahre 290/903.

die *Esser*'sche, für moderne Rechtsvergleichung mittlerweile wohl zum Gemeingut gewordene These von der Vergleichbarkeit der rechtlichen Lösungen in wirtschaftlich und sozial vergleichbaren Gesellschaften[20] weiterentwickeln: Statt einer Makro-Betrachtung ist zu einer Mikro-Betrachtung auf die einzelne anstehende Ordnungsaufgabe umzuschwenken. Gewisse Ordnungsaufgaben stellen sich einheitlich in den unterschiedlichsten Kulturkreisen. Dies betrifft nicht nur anthropologisch evidente Fälle wie die gesonderte Behandlung Minderjähriger und Geisteskranker, sondern auch die anthropologische Konstante des Strebens nach Eigennutz (auch bei beschränkter Bereitschaft zum Altruismus). Fast niemand setzt – außerhalb enger familiärer oder freundschaftlicher Verbundenheit – sein Kapital ein, ohne es zu verzinsen. Belege außerhalb des Herrschaftsbereichs der islamischen Welt finden sich, wie erwähnt, im mittelalterlichen Europa. So wurde der durch Kreuzzugsbeute und Pilgerverkehr reich gewordene Templerorden (The Temple in London und Le temple in Paris erinnern an die Schatzkammern) als Finanzier des abendländischen Adels tätig, wobei das kirchliche Zinsnahmeverbot durch das Einfordern von Teilrückzahlungen umgangen wurde, deren Summe den kreditierten Betrag weit überstieg.[21] Die beschriebenen Einengungen der islamrechtlichen Gestaltungsmöglichkeiten widersprachen also zu nicht geringen Teilen den wirtschaftlichen Bedürfnissen: Die islamrechtskonforme Variante der gesellschaftsrechtlichen Beteiligung konnte offenbar nicht den gesamten Bedarf an Transaktionsformen decken.

Von den einmal gewonnenen Rechtsvorschriften aber wollte man weitgehend nicht abweichen. Die nötige Flexibilität konnte jedoch durch die besonders in der hanafitischen Schule anerkannten Rechtskniffe (hiyal von Sing. hīla) erzielt werden. Besonders aufschlussreich ist die Literatur, die sich mit praktischen Rechtsanleitungen befasst. So finden sich schon in klassischer Zeit Formularbücher (šurūt) wie auch Anleitungen, wie man durch geschickte Rechtsgestaltung praktische Bedürfnisse mit bestimmten starren und hinderlichen Regeln vereinbaren kann (hiyal). So lässt sich z.B. das Näherrecht (šufʿa; Vorkaufsrecht des Nachbarn) umgehen, indem der Verkäufer dem dritten Erwerber zunächst den Grenzstreifen zum Nachbargrundstück schenkt. Damit geht das Näherrecht unter.

Standardwerk ist das "Buch der Rechtskniffe und Auswege" (kitāb al-hiyal wa al-makhāriğ) des *al-Khassāf* aus dem 3./9. Jahrhundert.[22] Die Existenz gerade solcher Literatur ist ein deutlicher Hinweis darauf, dass zumindest im Bereich des Vertragsrechts das Islamische Recht nicht nur "toter Buchstabe" war, sondern auch die Rechtspraxis maßgeblich geprägt hat.[23]

[20] *Esser*, Grundsatz und Norm in der richterlichen Fortbildung des Privatrechts, Tübingen 1956, 346 ff., 349; vgl. auch *Rothoeft*, System der Irrtumslehre als Methodenfrage der Rechtsvergleichung, Tübingen 1968, 1, 3, 306.

[21] Vgl. *Gidal*, Die Juden in Deutschland von der Römerzeit bis zur Weimarer Republik, Köln 1997, 40.

[22] Vgl. *Wichard* (Fn.9) 81 ff.

[23] Vgl. *Wichard* (Fn.9) 17 mwN.

Ein Standardbeispiel für die Verbindung von Darlehen und Sicherheitengestellung ist die Konstruktion des doppelten Kaufs (bay'atān fi al-bay'a[24]). Hierbei wird vereinbart, dass der Käufer einen Gegenstand erwirbt, den er nach einer festgelegten Frist zu einem höheren Preis wieder an den Erstverkäufer zurückverkaufen wird. Darin findet sich ein verzinsliches Darlehen; der Zinssatz ergibt sich aus der Differenz zwischen zweitem und erstem Kaufpreis, bezogen auf die Zeit zwischen erstem und zweitem Vertragsschluss. Gleichzeitig erhält der Erstkäufer als funktionaler Darlehensgeber den "Kaufgegenstand" als Sicherheit für die Erfüllung des verzinsten Rückzahlungsanspruchs nach Art der Sicherungsübereignung.

In der Gegenwart weit verbreitet sind Verträge mit Finanzierungscharakter, die auf dem klassischen Modell des Weiterverkaufs mit offen gelegter Gewinnspanne (murābaha)[25] aufbauen. Die finanzierende Bank tritt dabei als Zwischenerwerber des Guts auf, womit ihre Gewinnspanne formal aus einem – erlaubten – Verkaufsgeschäfts resultiert und nicht aus einem – verbotenen – verzinslichen Darlehen. Durch geschickte Vertragsgestaltung lassen sich dabei die Risiken aus der von der Bank grundsätzlich unerwünschten Erwerber- bzw. Veräußererposition so minimieren, dass faktisch ein nur finanziertes Geschäft entsteht, z.B. im Hinblick auf die Abwälzung des Risikos der Nichtlieferung durch den Erstverkäufer auf den Enderwerber.[26] Auch andere islam-rechtlich unstreitige Finanzierungsformen in gesellschaftsrechtlichen Zusammenschlüssen wie der mudāraba (vergleichbar der stillen Gesellschaft) finden sich häufig.[27]

Die Verwendung von Rechtskniffen mochte jenseitige Missbilligung nach sich ziehen; in der diesseitigen Rechtsanwendung zählte dagegen alleine das formal rechtskonforme Erscheinungsbild. Die Hanafiten selbst sehen solche hiyal selbstverständlich nicht als Umgehung, sondern als rechtskonformes Instrument zur Erzielung der von Recht gebilligten, wenn nicht geforderten Ergebnisse. Die Gegner apostrophiert der prominente Hanafit *al-Sarakhsi*[28] schlicht als Leute, die wegen ihrer Unwissenheit und mangelnder Reflexion über Qur'an und sunna zu willkürlichen Ergebnissen kommen. So sei etwa auch die doch gewiss zulässige Eingehung

---

[24] Ausführlich hierzu unter diesem Stichwort wizārat al-awqāf wa al-šu'ūn al-islāmīya (Fn. 5) 264 ff.

[25] Hierzu ausführlich *Wichard* (Fn. 9) 110, 260 ff.; *Warde*, Islamic Finance in the Global Economy, Edinburgh 2000, 133; *Yousef*, The *Murabaha* Syndrome in Islamic Finance, in: Henry/Wilson (Eds.), The Politics of Islamic Finance, Edinburgh 2004, 63 ff.

[26] Vgl. zu einem vom englischen High Court am 13.02.2002 entschiedenen einschlägigen Fall (unter Anwendung des von den Beteiligten gewählten englischen Rechts) *Bälz* (Fn. 6).

[27] Vgl. *Klarmann*, Islamic Project Finance. A legal study with particular reference to the laws of Switzerland and the United Arab Emirates, Zürich u.a. 2003; *Munawar Iqbal* (Ed.), Islamic Banking and Finance: Current Developments in Theory and Practice, Leicester 2001; *Henry/Wilson* (Eds.), The Politics of Islamic Finance, Edinburgh 2004.

[28] *Al-Sarakhsi*, kitāb al-mabsūt, Bd. 30, Beirut o.J. (1986), 209: "ba'd al-muta'assifīn li-ǧahlihim wa qillat ta'ammulihim fī al-qur'ān wa al-sunna".

der Ehe eine "hīla", um an die ersehnte Frau zu gelangen, die Scheidung sei diejenige "hīla", sie bei Bedarf wieder loszuwerden, und der Scheidungswiderruf schließlich sei die passende "hīla" für den Fall der Reue.[29] Gegner der hiyal verweisen darauf, dass eine Zulassung der Regel des sadd al-ḏarā'i' (was zu Verbotenem führt, ist selbst verboten) widerspreche.[30] Insgesamt wird man die hiyal aber doch eher als Ausdruck gelebten religiösen Rechts als seiner Verneinung interpretieren dürfen: Wer sich um Rechtskniffe zur Vereinbarung von Regel und Bedürfnis bemüht, erweist damit jedenfalls dem Geltungsanspruch der Regel seinen Respekt.[31]

Neuzeitliche Juristen interpretieren das ribā-Verbot nach seinem erkennbaren Sinn (ähnlich dem Wucherverbot des § 138 BGB) und berücksichtigen den Zeitwert von Kapital. So sollen z.B. Zinsanteile, die nur den Wertverlust des Kapitals durch Inflation oder Verwaltungskosten abdecken, nicht als verbotener ribā gelten.[32] Zinsen für verspätete Leistung (Verzugszinsen) werden als legitimer Schadensersatz anerkannt.[33] Auch die Kreditkartennutzung in nicht-islamischen Ländern ohne islamische Banken erklärt der Europäische Rat für Rechtsgutachten als (religiös) erlaubt.[34] Der vormalige Mufti von Ägypten *Tantawi* hat 1989 ein Rechtsgutachten abgegeben, nach dem verzinsliche Staatsschatzbriefe nicht gegen das ribā-Verbot verstoßen. Allerdings gibt es auch Gegenbewegungen, so vehementen Protest gegen *Tantawis* Gutachten.[35] Nach einer Pressemeldung aus dem Jahre 1994 hat eine islamistische ägyptische Terrororganisation alle Bankkunden aufgefordert, ihre der Verzinsung unterliegenden Konten aufzulösen, weil der Islam Zinsen verbiete.[36] In Pakistan sollen vorhandene gesetzliche Zinsbestimmungen ab Sommer 2002 weitgehend unwirksam sein.[37] Die Haltung der Muslime zu Zinsgeschäften ist also immer noch höchst unterschiedlich.

---

[29] *Al-Sarakhsī* (Fn.27) 210.

[30] Vgl. *Ibn Qayyim al-Ğawzīya*, I'lām al-muwaqqa'īn 'an rabb al-'ālamīn, Ed. Muhammad 'Abdalsallām Ibrāhīm, Bd. 3 Beirut 1996, 126 ff.

[31] Vergleichbar *Chehata*, Études de droit musulman, Paris 1971, 43; *Wichard* (Fn. 9) 87.

[32] *Balić*, Ruf vom Minarett, 3. A. Hamburg 1984, 67

[33] Kassationsgerichtshof Dubai Urt. No. 321/99 v. 19.12.1999, wiedergegeben in Al Sharif Advocates & Legal Consultants Legal Bulletin No. 17 (4/2000), 3.

[34] Al-mağlis al-urubī li-l-iftā' wa al-buhūṯ, fatāwā Bd. 1, Kairo o.J. (1999), 40 ff.

[35] Vgl. *Skovgaard-Petersen*, Defining Islam for the Egyptian State, Leiden u.a. 1997, 295 ff.

[36] Vgl. "Neue Drohung ägyptischer Fundamentalisten", FAZ v. 22.2.1994, 6. Die agierende "Ğamā'a Islāmīya" hat zur Unterstreichung ihrer Aufforderungen Bomben vor Banken gelegt.

[37] Vgl. *Otto*, Islamisierung des Rechtswesens in Pakistan und Bangladesh, in: Kronke u.a. (Fn. 16) 21, 28 f.; das einschlägige Urteil ist wiedergegeben bei *Muhammad Taqi Usmani*, The Historic Judgment on Interest, Karachi 2000, 159 ff; seine Wirkung wurde mit Urteil v. 14.06.2001 für ein Jahr (bis 30.06.2002) suspendiert, vgl. *F. Ahmad*, Interest-free banking in Pakistan from July 2002?, International Business Lawyer 9/2001, 374. Da mittlerweile der Richter *Usmani*, der maßgeblich an dem Urteil mitgewirkt hat, in den Ruhestand gedrängt wurde, ist die gegenwärtige Lage unklar.

Ein weiterer Aspekt des ribā ist das Verhältnis zwischen Ware und Geld. Das klassische islamische Recht abstrahiert das Geld nicht von seinem Metallwert.[38] Im Grunde ist dann auch der Kauf nichts anderes als ein Tausch. Gestützt wird diese Sicht von einem vielzitierten hadīṯ (Prophetenüberlieferung) "al-ḏahab bi al-ḏahab wa al-fidda bi-al-fidda wa al-qamh bi-al-qamh wa al-ša'īr bi-al-ša'īr wa al-tamr bi-al-tamr wa al-milh bi-al-milh, miṯlan bi-miṯlin, yadan bi-yadin, wa al-fadlu ribā".[39]

Eine Fortsetzung dieser Überlegungen bis in die Gegenwart findet sich in dem etwas esoterisch anmutenden Projekt eines Golddinars, den Muslime in Deutschland etablieren möchten. Eine Gruppierung von Muslimen in Deutschland um die "Islamische Zeitung" und das "Weimar Institut" propagiert seit einiger Zeit die Einführung eines "islamischen Dinar"[40]. Die bestehenden "islamischen" Banken werden als Form "islamischen Whiskeys"[41] diskreditiert. Durchaus dem technischen Fortschritt zugetan wird bereits der goldgedeckte, EDV-mäßig handelbare "e-dinar" einer malaysischen Firma ins Gespräch gebracht.[42] Darin scheint eine zum Teil auch aus christlich-fundamentalistischen bzw. anti-kapitalistischen Richtungen formulierte Kritik an der nicht edelmetallgedeckten Währung durch, wie sie die Weltgeschichte immer wieder erlebt hat.[43] Der Ministerpräsident von Malaysia *Mahathir* soll das Projekt gelobt haben; ob dies als ein besonderer Bonitätsausweis zu bewerten ist, steht hier nicht zur Erörterung an.

Aus zivil- und wirtschaftsrechtlicher Sicht sind hierbei zwei Aspekte zu beachten. Rechtlich unproblematisch ist ein solches Projekt dann, wenn es sich auf eine Form des Tauschs bzw. des Handels mit Inhabermarken im Sinne von § 807 BGB – ähnlich den Jetons einer Spielbank – beschränkt. Auch soweit damit der "zakāt", die Almosensteuer (eine der "fünf Säulen" des Islam), auf freiwilliger Basis eingesammelt werden soll[44], ist dagegen aus rechtlicher Sicht nichts zu erinnern. Prob-

---

[38] Zu Unterschieden hinsichtlich der Frage, ob Geld eine Ware ist oder nur einen Platzhalter ("wasilat) für Waren darstellt, vgl. *Wichard* (Fn. 9) 94 ff., insbes. 98 f.

[39] "Gold für Gold, Silber für Silber, Weizen für Weizen, Gerste für Gerste, Datteln für Datteln, Salz für Salz, gleiche Menge für gleiche Menge, Hand(voll) für Hand(voll), und jede Hinzufügung/jeder Aufschlag ist ribā". Erwähnt in mehreren Varianten bei *Abu Yusuf* und *al-Šaybānī*, Belege bei *Wichard* (Fn. 9) 185 Fn. 20.

[40] Vgl. "Islamischer Dinar - Eine neue Weltwährung?", Islamische Zeitung 8/2001, 22. Der Dinar war die klassische Goldwährungseinheit in der islamischen Welt mit einem Gewicht von 4,97 g.

[41] So *'Abdalqadir al-Sufi* in "Einheit als Lebenswerk", Islamische Zeitung 8/2001, 24.

[42] Vgl. "Präsentation des e-dinar", Islamische Zeitung 6/2001, 13; erreichbar unter www.e-dinar.com.

[43] Für Muslime, die dieser Richtung folgen, mag sich dann die interessante Frage stellen, ob sie die religiös vorgeschriebene Almosensteuer (zakāt) nur aus dem Papierwert des vorhandenen Geldvermögens entrichten müssen, was denn doch mit der Papierwährung versöhnen könnte.

[44] Vgl. die entsprechende Forderung in "Deklaration von muslimischen Gelehrten und Imamen" vom 30. Juni 2001, Islamische Zeitung 8/2001, 23 unter 2.

lematisch wird es dann, wenn damit tatsächlich ein währungsähnlicher Verkehr eröffnet werden soll. Dies verbietet das Gesetz über die Bundesbank i.V.m. der Regel des Art. 88 GG. Nach § 14 BBankG ist bislang nur die Deutsche Bundesbank berechtigt, Banknoten im Geltungsbereich des Gesetzes auszugeben. Nach §§ 35, 36 BBankG ist es strafbar, unbefugt Geldzeichen[45] in den Verkehr zu bringen, die geeignet sind, im Zahlungsverkehr anstelle der gesetzlich zugelassenen Münzen/Banknoten verwendet zu werden (sog. "Notenmonopol" und "Münzregal"[46]). Unbedenklich wäre es aus solcher Sicht, wenn z.B. die mehrwertsteuerfrei angebotenen Goldmünzen zu internen Zahlungszwecken verwendet werden. Die Ausgabe einer eigenen "Dinar-Währung" verstieße hingegen gegen das BBankG.

(2) Verbot des „gharar"

Weiterhin kann das klassische islam-rechtliche Verbot von Spekulationsgeschäften[47] (sog. "gharar") zum Problem werden. Es verhindert eine Vielzahl von Bankgeschäften (Geschäfte über Futures u.a.) sowie den Abschluss komplexer Verträge mit noch nicht im Einzelnen feststehenden Vertragsleistungen, wie sie im internationalen Wirtschaftsverkehr üblich sind (Konzessionsverträge, Verträge über Großbauprojekte u.ä.). Auch der mehrgliedrige Absatz von Waren und Dienstleistungen kann eingeschränkt werden, weil die Veräußerung eines Gegenstandes (einschließlich der Forderungsabtretung) vor Besitzerlangung i.d.R. als unzulässig angesehen wird. Zudem werden bei strenger Anwendung Versicherungsverträge in Zweifel gezogen.[48]

Auch hier finden sich vielfach moderne Interpretationen, die zwischen sinnvollen und unterstützenswerten Geschäften, z.B. zur Streuung von für einzelne ruinösen Risiken einerseits und abzulehnenden Geschäften wie Glücksspiel und ähnlichem andererseits, unterscheiden. Beispielsweise ist nach neuem kuweitischem Recht der Handel mit Futures zulässig.[49] Auch der Versicherungsvertrag wird zunehmend akzeptiert. Er wird nun vermehrt auch in orientalischen Gesellschaften nötig, in denen sich lange Zeit informelle Auffangmechanismen innerhalb von Großfamilien oder Dorfgemeinschaften gehalten haben. Der ägyptische Wissenschaftler *Nasr Hamid Abu Zaid* etwa beschreibt in seiner Autobiographie, wie die Dorfgemeinschaft früher – nicht mehr heute – einem Bauern zu helfen pflegte, wenn eines seiner Tiere verletzt wurde; dann kauften alle dem Betroffenen Fleisch

---

[45] Vgl. zur Terminologie Staudinger-*K. Schmidt*, BGB, 13. A. Vorbem. zu §§ 244 ff Rn. A 12 ff, insbes. A 24.

[46] Vgl. *Fögen*, Geld- und Währungsrecht, 1969, 31 ff.

[47] Belege werden in Qur'an Suren 2, 219; 5, 90 f.; 4, 29 gefunden.

[48] Vgl. hierzu *Bälz*, Versicherungsvertragsrecht in den Arabischen Ländern, 1997, insbes. 9 ff., 20 ff.

[49] Vgl. "Kuwait Introduces Futures Trading", Al Sharif Advocates & Legal Consultants, Legal Bulletin 3/1998 (Dubai), 8.

vom notgeschlachteten Tier ab.[50] Wo solche Mechanismen griffen, konnte in der Tat auf eine vertragliche Risikoabsicherung verzichtet werden.

Ein "spekulatives" Element des Versicherungsvertrags ist ja nur in einer verengten Betrachtung des Einzelvertrags zwischen Versicherer und Versicherungsnehmer erkennbar – der versicherte Schadenseintritt ist nämlich höchst ungewiss. Hingegen ändert sich die Beurteilung, wenn die Gesamtheit der Versicherten mit berücksichtigt wird. Im Hinblick auf das Netzwerk aller Versicherungsverträge ist mit Wahrscheinlichkeit vom Eintritt irgendwelcher Schäden auszugehen. Damit entfällt das spekulative Element des Einzelvertrages; der Versicherungsschutz ist als echte Gegenleistung zu qualifizieren.[51] Rechtstechnisch gerät die Gemeinschaft der Versicherten somit in die Nähe der klassischen islam-rechtlich zulässigen Gesellschaftsform der mudāraba, die auch in den Formen des deutschen Gesellschaftsrechts Entsprechungen findet. Auch die Bezeichnung der Versicherung als "takāful" "wechselseitige Sicherheitengestellung" sucht dem Rechnung zu tragen.[52] Freilich finden sich auch hierbei nach wie vor Verfechter einer engeren Interpretation.

Diejenigen, die an der traditionalistischen Sicht festhalten wollen, können dies mit Hilfe der Wiederbelebung traditioneller islam-rechtlicher Geschäfts- und Gesellschaftsformen tun. Auch die genannte hiyal-Tradition ermöglicht ein Wirtschaften unter islam-rechtlicher "Flagge", ohne dass die Bedürfnisse des Wirtschaftsverkehrs vernachlässigt werden müssten. So mag man Versicherungsverträge eben mit "gegenseitigem Einstehen" umschreiben. Puristen gefällt solches Vorgehen freilich nicht; außerhalb der hanafitischen Rechtsschule war es zu allen Zeiten umstritten. So kann man statt einer Umgehung rigider Zinsvorschriften lieber gleich eine – unstreitig erlaubte – Kapitalbeteiligung an Unternehmen anstreben.

Im Übrigen können Vorschriften wie das gharar-Verbot im Einzelfall auch eine positive Steuerung bewirken, indem sie den Missbrauch privatautonomer Handlungsmacht eindämmen. Als Beispiel hierfür sei die Haltung zu Vertragsstrafen genannt:

Die Vereinbarung von Vertragsstrafen bezweckt die Abschreckung von Vertragsbruch und eine Erhöhung der Sicherheit der Vertragserfüllung ("Stellung von Geiseln"). Positiver Effekt ist der Anreiz zu vertragstreuem Verhalten und damit die optimale Wahrung des privatautonomen Austausches (Vermutung optimaler Ressourcenallokation), die Vermeidung von Störungen des mittelfristigen Markt-

---

[50] *Nasr Hamid Abu Zaid*, Ein Leben mit dem Islam, 2001, 10.

[51] So die Argumentation von *El-Fatih Hamid*, General Counsel & Director des Legal Department der Islamic Development Bank, Jeddah/Saudi Arabien, bei einer Tagung über Islamic Law and its Reception by the Courts in the West vom 22.-24.10.1998 in Osnabrück; vgl. auch *Muhammad N. Siddiqi*, Insurance in an Islamic Economy, Leicester 1985, insbes. 27 ff.

[52] Zu alledem ausführlich *Skovgaard-Petersen* (Fn. 34) 335 ff.

vertrauens (ordnungsgemäße Erfüllung von Anschlussverträgen), die Erhöhung der Sicherheit für die Durchsetzung von Ersatzansprüchen (Funktion des pauschalierten Schadensersatzes) und die Vermeidung von Mehrkosten (teure Deckungsgeschäfte im Hinblick auf Anschlussverträge). Andererseits stellt sich das Problem der Knebelung oder Erpressung: nach Kenntnis des Verfassers behaupten immer wieder Gläubiger wider besseren Wissens die Verwirkung einer Vertragsstrafe, um auf diese Weise ein zusätzliches Entgelt zu erlangen.

Nach einer im Internet zugänglichen Sammlung von Gutachten (fatāwā) der "Al Baraka Investment & Development Co. Islamic Banking & Finance"[53] dürfen Vertragsstrafen zur Abschreckung vor Nichterfüllung vertraglicher Pflichten vereinbart werden. Wirksamkeitsvoraussetzung ist jedoch, dass die Strafsumme gemeinnützigen Zwecken ("works of charity and general welfare") zugeführt wird. Dadurch wird ein optimales Anreizsystem geschaffen: Die Abschreckungswirkung besteht unabhängig von der Verwendung der zu zahlenden Vertragsstrafe. Bei fremdnütziger Verwendung der Vertragsstrafe wird aber der Begünstigte davon abgehalten, aus Eigennutz die Vertragsstrafe auch dann durchzusetzen, wenn sie tatsächlich nicht verfallen ist. Das fatwā hat also eine Lösung gefunden, mit deren Hilfe sich auch die Missstände im Hinblick auf die punitive damages des US-amerikanischen Rechts beseitigen ließen.[54]

Zu erwähnen ist noch die zweite genannte Bedingung für zulässige Vertragsstrafen: Sie dürfen nur zur Abschreckung Zahlungsfähiger benutzt werden. Allerdings dürfte das fatwā so zu verstehen sein, dass zwar eine Vertragsstrafe im beschriebenen Rahmen immer vereinbart, im Falle der Zahlungsunfähigkeit aber nicht durchgesetzt werden darf. Nach solcher Sicht wird insoweit auf materiellrechtlicher Ebene ein Schutz erzielt, den z.B. das deutsche Recht im Wege des Vollstreckungsschutzes gewährleistet (vgl. z.B. §§ 811, 850 ff. ZPO). Die funktionale Entsprechung reicht also sehr weit.

(3) Verbot des ihtikār

Das Horten von Waren bzw. die unlautere Ausnutzung von Monopolstellungen unterliegen dem Verbot des "ihtikār". Es war in Gesellschaften, in denen regelmäßig eher Warenknappheit herrschte, von besonderer Bedeutung. Die wichtigsten Sanktionen gegen solches Vorgehen lagen allerdings in der Marktaufsicht (hisba) oder in noch weiterreichenden strafrechtlichen Ordnungsmaßnahmen. Als neuzeitliche Facette sei auf die Sanktionen im Irak seit dem UN-Embargo verwiesen. Dort wurden – wohl zur Ruhigstellung des Publikums – Schwarzhändlern (die offenbar nicht mit der Regierung verbrüdert waren) die Ohren abgeschnitten.

---

[53] Abruf vom 11.6.1998 unter http://www.albaraka.com/Islamicinfo/FAQs/Fat12-4.html.

[54] In der Tat geht man in den USA vermehrt dazu über, die Zahlungen aus punitive damages den Staatskassen zuzuleiten, vgl. *Merkt*, Abwehr der Zustellung von "punitive damages"-Klagen, Heidelberg 1995, 83 ff.

In einer Anzahl von Regelungen scheint auch ein grundsätzliches Misstrauen gegenüber dem Zwischenhandel durch, soweit er typischerweise Verknappungssituationen schaffen oder unredlich ausnützen kann, ohne selbst Risiken zu tragen. So soll es keinen Verkauf von Waren vor eigener Besitzergreifung geben. Moniert wird auch – allerdings weitgehend ohne zivilrechtliche Sanktionen – das Abfangen von Karawanen zum Zweck der Warenhortung/-verknappung. Auch ist – wie in mittelalterlichen Rechtsordnungen Europas – der Verkauf von Getreide auf dem Halm oder von Früchten am Baum unzulässig.[55]

Anscheinend, nicht als allgemeines Problem gesehen, wurde die Kartellbildung, solange nicht außergewöhnliche Notlagen ausgenutzt wurden. Ein Ansatz findet sich im – sehr weit interpretierten – Verbot aleatorischer Verträge (vgl. oben (3)). In anderen Bereichen waren Kartelle dagegen regelrecht erwünscht. So war eine Vermischung von Groß- bzw. Fernhandel und Absatz an Endabnehmer regelmäßig verboten. Hierbei mögen Interessen der Machthabenden an der Erzielung möglichst hoher Abgaben mit bestimmend gewesen sein. Eine gewisse Parallele hierzu mag man im mittelalterlichen Zunftwesen des Abendlandes sehen; zunftähnliche Vereinigungen gab es über lange Perioden der islamischen Wirtschafts- und Sozialgeschichte.

Kartelle oder kartellähnlich abgestimmte Verhaltensweisen haben sich bis heute in zwei Bereichen erhalten. Zum einen finden sich solche Phänomene in der Landwirtschaft. So legten und legen palästinensische Dorfräte feste Termine für den Beginn der Olivenernte fest. Damit soll Wettbewerb durch vorgezogene Vermarktung verhindert werden.[56]

Zum anderen weist die Struktur des Marktes (im Ortssinne; arab. sūq; pers.-türk. bāzār) enge, wenig konkurrenzfreudige Kooperationsformen auf.[57] Dies gilt für alle außereuropäischen Länder, die über lange Zeit unter islamischer Herrschaft standen, und auch für die rechtlich säkularisierte Türkei. Bezeichnenderweise liegen die Geschäfte mit vergleichbarem Sortiment meist innerhalb einer Straße/Gasse nebeneinander; die Anordnung entspricht dem Sozialprestige des Handelsguts. Die Sortimente sind schmal gefasst, so dass die Anlage zu echter Konkurrenz bei großer räumlicher Nähe gegeben wäre.[58] Die Preisbildung wird maßgeblich vom individuellen Handelsgeschick des Abnehmers bestimmt; Waren

---

[55] Vgl. zu alledem *Wichard* (Fn. 9) 270 ff. mwN.

[56] Vgl. *Amiry/Tamari*, The Palestinian Village Home, London 1989, 35.

[57] Die folgenden Ausführungen beruhen auf ausgedehnter Einkaufstätigkeit des Verfassers während mehrjähriger Aufenthalte in verschiedenen Ländern des hier interessierenden Raumes (v.a. Syrien, Libanon, Jordanien, Palästina, Saudi-Arabien, Yemen, Oman, Ägypten, Tunesien, Marokko, Türkei).

[58] Solche Nähe erhöht grundsätzlich die Markttransparenz und kann damit zum Vorteil aller Beteiligten zumindest die Gesamtnachfrage steigern, wenngleich der Wettbewerbsdruck ohne Kartellbildung zunimmt; vgl. hierzu *Engel*, Bespr. v. Richter/Furubotn, Neue Institutionenökonomik, 1996, RabelsZ 62 (1998), 324, 326.

oder Dienstleistungen werden nicht zu ausgewiesenen Preisen in Konkurrenz mit anderen Anbietern feilgehalten, es scheint aber so zu sein, dass ein gewisses einheitliches Preismindestniveau nicht unterschritten wird. Eigene Leistungen werden zwar – oft sehr farbig – angepriesen, aber nicht in Bezug auf andere Anbieter. Abwerben von Kundschaft gilt als unfein. Im Gegenteil fühlt sich der Geschäftsnachbar aufgerufen, die Interessen seines abwesenden Nachbarn zu vertreten, wenn sich gerade Kundschaft für dessen Ware interessiert, anstatt diese zu sich zu locken. Umgekehrt bedient man sich problemlos beim "Konkurrenten", wenn dieser, nicht aber der Händler selbst, die vom Kunden gewünschte Ware vorrätig hält.

2.2 Internationaler Wirtschaftsverkehr

Islamisches bürgerliches Wirtschaftsrecht kann außerhalb der territorialen Grenzen der islamischen Welt gelten, soweit Vorschriften des IPR zu seiner Anwendbarkeit führen. In Deutschland und vielen anderen Staaten herrscht insoweit weitreichende Wahlfreiheit ("Parteiautonomie"). Im Handelsverkehr mit bestimmten islamischen Staaten wie Saudi-Arabien oder Iran wird sehr häufig ein islamisch inspiriertes Vertragsstatut gewählt. Umgekehrt kann islamisches Vertragskollisionsrecht der Rechtswahl Grenzen setzen. Der islamische ordre public stößt sich – in manchen Ländern – insbesondere an Zinsvereinbarungen oder -vorschriften.[59] Andererseits gibt es in anderen Ländern spezifische Außenwirtschaftsvorschriften, welche international übliche Gepflogenheiten wie Zinsnahme oder Geschäfte über unbestimmte Vertragsgegenstände zulassen. Die (nicht nur) islam-rechtliche Regelungen der "darūra" ("Not kennt kein Gebot") bzw. der maslaha ("der überwiegende Nutzen verdrängt den geringerwiegenden Schaden") dienen als rechtliche Begründung.[60]

Westliche Kontrahenten versuchen bei grenzüberschreitenden Verträgen häufig, die Anwendbarkeit islamischen Vertragsrechts auszuschließen oder jedenfalls die Konfliktlösung „neutralen" Instanzen wie Schiedsgerichten außerhalb der islamischen Welt zu übertragen. Mit der „Neutralität" solcher Instanzen haben muslimische Beteiligte allerdings nicht immer die besten Erfahrungen gemacht. Deshalb bestehen Staaten wie Saudi-Arabien regelmäßig darauf, dass der saudische Board of Grievances zur Streitschlichtung bestimmt wird. Er findet im Gegensatz zur sonstigen dortigen Gerichtsbarkeit eine vergleichsweise hohe Akzeptanz bei internationalen Geschäftspartnern.[61]

Die verbleibenden Unsicherheiten im zu erwartenden Ergebnis der inländischen Rechtsanwendung oder der Vollstreckung insbesondere ausländischer Entschei-

---

[59] Vgl. für das moderne Ägypten *Holger Jung*, Ägyptisches internationales Vertragsrecht, Tübingen 1999, 98 ff.

[60] Vgl. zu diesen Rechtskategorien *Rohe* (Fn. 2) 28 f.

[61] Vgl. hierzu *Krüger*, Vermögensrechtliches Privatrecht und Rechtsverfolgung in Saudi-Arabien, in: Schütze (Hrsg.), FS Geimer, 2002, 485, 499 ff.

dungen[62] führen letztlich dazu, dass häufig eine zuverlässige, aber auch kostspielige Sicherheitengestellung verlangt wird.

Soweit staatliche Gerichte angerufen werden, ist nach h.M. in Deutschland und vielen anderen Staaten nur die Wahl eines bestimmten nationalen Rechts möglich, nicht hingegen z.B. die Wahl "der Scharia" als solcher. Allerdings wird dann – in der internationalen Praxis kommen solche Fälle tatsächlich vor – bei der Auslegung des Vertrages zu berücksichtigen sein, ob die Beteiligten durch eine solche Wahl die Vertragsinhalte präzisieren wollten, z.B. durch Zinsverzichtsklauseln. Islamisch inspirierte Regelungen können also durch privatautonome Gestaltung im Anwendungsbereich anderer Rechtsordnungen getroffen werden. So ist niemand daran gehindert, zinslose Darlehen zu vereinbaren.[63] Auf weitere Gestaltungsmöglichkeiten wurde im Zusammenhang mit den Vorschriften über den ribā bereits hingewiesen.

2.3 Islamisches Wirtschaften in der Diaspora

2.3.1 Möglichkeiten der Rechtsgestaltung

Im Rahmen des sog. "dispositiven" Sachrechts besteht die Möglichkeit, Rechtsbeziehungen nach den eigenen Vorstellungen auszugestalten. So wird es weitgehend problemlos möglich sein, vertraglich einen Verzicht auf Zinszahlungen zu vereinbaren.

Der Wirtschaftsverkehr hat bereits auf die Bedürfnisse wirtschaftsrechtlich traditionell denkender Muslime reagiert. So vertreiben z.B. deutsche und Schweizer Banken "islamische" Aktienfondsanteile zur Geldanlage, bei denen eine Beteiligung an solchen Unternehmen ausgeschlossen wird, die das Geschäft mit Glücksspiel, Alkohol, Tabak, verzinslichem Kredit, Versicherungen oder religiös illegitimer Sexualität zum Gegenstand haben.[64] Erzielte Gewinne werden nicht ausgeschüttet, sondern sofort wieder investiert.[65] Schon werden die Börsenwerte im "Dow Jones Islamic Market Index" oder im „FTSE Global Islamic Index" gemessen und können der Konkurrenz offenbar durchaus standhalten.[66] Nur am Rande sei erwähnt, dass hierbei Rechtsfragen wie die nachvollziehbare Bestim-

---

[62] Vgl. *Krüger* (Fn. 60) 5499 ff., 506 ff.

[63] Vgl. hierzu *Rohe*, Islam und deutsches Zivilrecht, in: Ebert/Hanstein (Hrsg.), Beiträge zum Islamischen Recht II, Frankfurt a.M. 2002, 35, 51 ff.

[64] Vgl. "Islamischer Aktienfonds in Deutschland", Freitagsblatt 2/2 Februar 2000, 13, zu rechtlichen Problemen *K. Bälz*, Islamic Investment Funds in Germany, Akhbar – Newsletter of the Arab Regional Forum of the International Bar Association Section on Business Law Vol. 7 No. 2 Dezember 2000, 7; *ders.*, Islamische Aktienfonds in Deutschland?, BKR 2002, 447, 449 ff.

[65] Vgl. "Nicht nur für Fundis", prisma 14/2000, 14.

[66] Vgl. "Das Geschäft mit islamischen Fondsanlegern wächst kräftig", FAZ v. 20.12.1999, 35; *Bälz* (Fn. 63) 447 ff.

mung der Anlagegrundsätze (§ 15 Abs. 3 a KAGG), die rechtskonforme Kooperation mit islamischen Beratungsgremien oder Grenzen der Bewerbung mit Appellen an den „guten Muslim" zu klären sind. Vorteile der Marktteilnahme solcher im Inland agierenden und aufsichtsrechtlich kontrollierten Anbieter für Muslime sind unübersehbar, da nach Kenntnis des Verfassers zahlreiche Muslime in Europa erhebliche Summen bei dubiosen, im religiösen Gewand auftretenden Anbietern aus der islamischen Welt verloren haben.[67]

Im Vereinigten Königreich hat mittlerweile sogar der Gesetzgeber die praktische Umsetzbarkeit traditioneller islam-rechtlicher Erwerbsmodelle zur Zinsvermeidung erleichtert. Die dort übliche Finanzierung des Immobilienerwerbs durch verzinsliche Kredite wird offenbar von vielen Muslimen abgelehnt. Das "Umgehungsmodell" – der Zwischenerwerb der Immobilie durch das faktisch finanzierende Kreditinstitut und die folgende Veräußerung an den muslimischen Enderwerber zu einem höheren Preis – scheiterte wohl häufig an der für jeden der beiden Erwerbsakte fällig werdenden Besteuerung. Nunmehr ist vorgesehen, in solchen Fällen nur noch einmal die "stamp duty" zu erheben.[68] HSBC Amonah bietet bereits entsprechende "Islamic mortgages" an, andere Institute werden sicherlich folgen.

Das Land Sachsen-Anhalt plant, eine islamische Anleihe ("sukuk"[69], zunächst 100 Mio. €) über eine niederländische Stiftung zu platzieren. Eine aktuelle Schätzung beziffert das Volumen möglichen "islamischen" Investments auf jährlich 200 Mrd. US-Dollar.

2.3.2 Gutachtenwesen

Schriftorientierte fromme Muslime sorgen sich auch außerhalb der islamisch geprägten Welt darum, ihr Alltagsleben möglichst glaubenskonform zu gestalten. An die oben erörterten Vorschriften über das Verbot von ribā und gharar fühlen sie sich auch hier gebunden. Nun ist der Wirtschaftsverkehr in der islamischen Diaspora weitgehend nicht auf solche Bedürfnisse eingestellt. Deshalb entstehen für die Betroffenen Zweifelsfragen, für deren Beantwortung sie nach alter Tradition

---

[67] Nicht von ungefähr haben sich jüngst mehrere islamische Staaten auf die Einrichtung einer Regelungs- und Überwachungsbehörde für das islamische Finanzwesen geeinigt (Islamic Financial Services Board; erreichbar unter www.ifsb.org); vgl. "Regelungsbehörde für Islam-Banken", FAZ v. 05.11.2002, S. 27; vgl. auch jüngste Berichte über zweifelhafte Investments in der Türkei durch bestimmte Organisationen in "Neuer Markt auf Türkisch" (*M. Fröhlingsorf*), SPIEGEL ONLINE 29.01.2004 (abgerufen am 29.01.2004 unter http: //www.spiegel.de/0,1518,283591,00.html).

[68] Vgl. "Chancellor abolishes double stamp duty", Muslim News v. 25.04.2003, 4; *Iqbal Asaria*, Islamic home finance arrives on UK's high streets, Muslim News v. 25.07.2003, 6.

[69] Vgl. „Finanzmarkt: Islam-Anleihe aus Magdeburg", Die Bank 01.01.2004; „Sachsen-Anhalt bereitet erste islamische Anleihe vor", FAZ 06.11.2003, 31.

kompetenten Rat suchen. Hierfür stehen Einzelpersonen, neuerdings auch Institutionen zur Verfügung, wie etwa der seit 1997 bestehende Europäische Rat für Studien und Gutachten.[70] Im Hinblick auf Zinsgeschäfte zeigt sich generell eine "strenge" Haltung, die auf moderne kreditwirtschaftliche Überlegungen auch unter islamischen Gelehrten mit keinem Wort eingeht – offenbar wird jede Art von Zins (auch Verzugszins) für verboten gehalten. Im Gutachten zur Verwendung von Kreditkarten wird jedoch festgestellt, dass die Sünde allein auf Seiten des Zinsgläubigers liege, nicht aber auf Seiten dessen, der die Kreditkarte als dringend notwendiges Zahlungsmittel verwendet.[71] Hier wird die Tendenz zur Erleichterung der Lebensverhältnisse sichtbar. Die entgegengesetzte Rechtsregel des "sadd al-ḏara'i"" ("Versperren der Mittel" – was zu Verbotenem führt, ist selbst verboten) wird nicht einmal erwähnt.[72]

2.3.3 Rechtsanwendung

Im Bereich der Rechtsanwendung, insbesondere bei der Auslegung in Rahmen vertraglicher Beziehungen, können islamisch geprägte Vorverständnisse Bedeutung gewinnen. So ist es denkbar, dass beim Streit darüber, ob die Überlassung von Kapital für geschäftliche Zwecke als Darlehen oder aber als stille Beteiligung zu bewerten ist, ein solches Vorverständnis zum Tragen kommt. Dasselbe gilt für die Frage, ob die mangelnde Beurkundung wichtiger – formfreier – Transaktionen einen Schluss auf den fehlenden Willen zur rechtlichen Bindung zulässt, oder ob nicht die traditionelle islam-rechtliche Ausrichtung am Zeugenbeweis[73] die Aussagekraft mangelnder schriftlicher Fixierung schmälert. Auch eingespielte Rollenverständnisse können relevant werden. So kennt das Islamische Recht zwar seit alters her die Gütertrennung zwischen Ehegatten; die Ehefrau ist grundsätzlich über ihr Vermögen (allein) verfügungsberechtigt. Jedoch kommt es offenbar häufig vor, dass der Ehemann das Vermögen der Ehefrau mitverwaltet. Dies kann für die Beurteilung von Transaktionen zwischen den Ehegatten bedeutsam sein. So hatte ein Gericht in New Jersey darüber zu entscheiden, ob der Transfer von 400.000 $ von der iranischen Ehefrau an den Ehemann schenkweise erfolgt war, wie es das anwendbare US-Recht in scheinbar ähnlich gelagerten Fällen nahe legte. Das Gericht verneinte jedoch die Schenkung. Es stützte sich hierfür maßgeblich auf den Umstand, dass die Vermögensverwaltung durch den Ehemann üblich sei, ohne dass dadurch an der Gütertrennung gerührt werden solle.[74]

---

[70] Vgl. Al-mağlis al-urubī (Fn. 33) 19 f.

[71] Vgl. aaO, 40 ff.

[72] Ausführlich zum Rat und seinen Gutachten *Rohe*, The Formation of a European Shari'a, in: Malik (Ed.), Muslims in Europe. From the Margin to the Center, erscheint 2004.

[73] Vgl. *Wakin*, The Function of Documents in Islamic Law, Albany 1972, 4 und ff.

[74] Shayegan v. Baldwin, 566 A. 2d 1164, 1166 (N.J. Superior Ct., Appellate Division 1989); Nachweis bei *Rosen*, The Justice of Islam, Oxford 2000, 211 f.

2.3.4 Die "hawāla"-Organisationen

Nach Pressemeldungen aus jüngerer Zeit[75] hat sich in Deutschland ein System so genannter „hawāla-Banken"[76] etabliert, die nach Ansicht der Bundesanstalt für Finanzaufsicht (BaFin; vormals Bundesaufsichtsamts für das Kreditwesen) illegale Bankgeschäfte ausführen; gegen 485 einschlägige Organisationen werde ermittelt. Nun ist die hawāla ein altehrwürdiges Institut des Islamischen Rechts. Es bildet ein Grundmodell des bargeldlosen Zahlungsverkehrs[77] und stellte auch für das mittelalterliche und neuzeitliche Europa einen "Exportschlager" dar. Der Begriff des „Avalkredits" bzw. der „Avalbürgschaft" erinnert noch sprachlich an die Herkunft dieses Instituts. Es entspricht funktional im Wesentlichen der in §§ 783 ff. BGB geregelten Anweisung bzw. dem Wechsel im Sinne des Art. 1 WG. Die Nutzung solcher Transaktionsformen des bargeldlosen Zahlungsverkehrs ist grds. nicht zu beanstanden. Sie kann ein Mittel dazu sein, sich der Zinswirtschaft bei solchen Transaktionen zu entziehen.

Vergleichbar der Problematik des "islamischen Dinar" entstehen Rechtsprobleme jedoch dann, wenn solche Zahlungsformen in institutionalisierter Weise durch bankähnliche Organisationen ausgeführt werden. Dies scheint nach den genannten Berichten in der Tat der Fall zu sein. Wirtschaftlicher Hintergrund ist anscheinend zum einen das Bestreben, Geld schnell und kostengünstig – gegen nur ein geringes Ausführungsentgelt von ca. 1-2 % der Transaktionssumme[78] – ins Ausland zu transferieren. Dieses Bestreben wird angesichts der nach wie vor bei den Geschäftsbanken üblichen sehr hohen Entgelte durchaus verständlich. Zudem ist der Einsatz solcher Mechanismen für Transfers in Länder ohne funktionierendes Bankensystem fast unvermeidlich. So können bargeldlose Transaktionen in einige Staaten Asiens wohl überhaupt nur auf diesem Wege ausgeführt werden. Ferner lassen sich damit sehr restriktive devisenrechtliche Bestimmungen umgehen.[79] Dennoch ergeben sich hierbei bankrechtliche Implikationen. Wegen der mit solchen Geschäften verbundenen Gefahren hat der deutsche Gesetzgeber 1998 auch das Finanztransfergeschäft in § 1 Abs. 1 a S. 2 Nr. 6 KWG in den Katalog der erlaubnispflichtigen Finanzdienstleistungen aufgenommen; Sanktionen gegen Verstöße finden sich in §§ 54 Abs. 1 Nr. 2 KWG (Straftatbestand) sowie in §§ 37, 50 KWG (nötigenfalls zwangsweise Einstellung der Geschäftstätigkeit). Zudem stehen Verstöße gegen handels- und steuerrechtliche Buchführungspflichten und weitere Steuervorschriften im Raum.[80] Soweit solche "hawāla-Banken" auch dazu

---

[75] Vgl. "Hawala - das Wort eines Mannes gilt", FAZ vom 06.10.2001, S. 3; "Schattenbanken – ihr Geschäft ist die Geldwäsche", Erlanger Nachrichten vom 10.10.2001, S. 7.

[76] Vgl. zu Rechtstatsachen und rechtlicher Bewertung *Findeisen*, "Underground Banking" in Deutschland, WM 2000, 2125 ff.

[77] Vgl. hierzu *Duri*, Arabische Wirtschaftsgeschichte, 1979, 89 und Fn. 77, 179.

[78] Erträge werden wohl v.a. durch Währungskursdifferenzen erzielt, vgl. *Findeisen* (Fn. 74) 2127.

[79] Vgl. "Hawala-System verliert an Gewicht", FAZ vom 12.06.2002, 27.

[80] Vgl. *Findeisen* (Fn. 75) 2127.

dienen, Schwarzgeld zu waschen[81] oder die Infrastruktur von Terrororganisationen aufrechtzuerhalten, sind die Gefahren offensichtlich. Auch in der islamischen Welt hat man deshalb Initiativen zur besseren Aufsicht ergriffen, wie etwa in jüngerer Zeit in den VAE Meldepflichten an die Zentralbank.[82]

3. Schluss

Hier war nicht über die Problemfelder zu sprechen, welche das Wirtschaften in der islamisch geprägten Welt vor allem erschweren: exzessive Staatswirtschaft, mangelnde politische Stabilität mit unsicheren rechtlichen Rahmenbedingungen, fehlende demokratische Strukturen sowie weit verbreitete Korruption; auch in diesem Zusammenhang mögen allerdings unterschiedliche, aber durchaus kulturkreisübergreifende Vorverständnisse aufeinander stoßen. So wurde in der saudiarabischen Ratsversammlung (mağlis al-šūrā) unlängst über die Frage debattiert, ob Bestechungsgelder steuerlich absetzbar sein sollen. Der Generalsekretär der Handelskammer *Riyadh Usama al-Kurdi* hat sich nach einem Zeitungsbericht dafür ausgesprochen, während der als „religiöser Altvorderer" apostrophierte Gelehrte die Frage aufgeworfen hat, weshalb denn ein solches Steuerprivileg etabliert werden sollte, während man den Betreffenden doch eher ins Gefängnis stecken müsse.[83] Ich will nicht verhehlen, dass die Sympathien auch eines abendländischen Juristen in diesem Falle eher dem Altvorderen als dem Modernisten gelten, und dies aus durchaus „modernen" Gründen.

Auch islamisches Wirtschaftsrecht ist Wirtschaftsrecht. Es nimmt sich wie jedes Recht der eingangs erwähnten Ordnungsaufgaben an. Der "islamische" Charakter schlägt sich insbesondere dort nieder, wo „materielle Gerechtigkeit" hergestellt werden soll. Darin trifft es sich mit anderen religiös konstituierten Rechtssystemen wie dem jüdischen oder dem christlichen. Allerdings scheint die religiöse Begründung in erheblichem Umfang austauschbar, finden sich doch auch in explizit laizistischen Rechtssystemen weithin ähnliche Überlegungen auf anderer axiomatischer Grundlage.

Spezifisch ist die Wechselwirkung zwischen vergleichsweise weitgehender pauschaler Inhaltskontrolle – grundsätzliches Verbot „verdächtiger" Transaktionen und dem Auftauchen von Umgehungskonstruktionen, welche den schieren wirtschaftlichen Notwendigkeiten Rechnung tragen sollen. Damit wird auch das religiös begründete Postulat altruistischen Handelns mit dem Umstand in Einklang gebracht, dass sich Altruismus außerhalb staatlich begründeter und erzwungener Abgaben regelmäßig nicht zwangsweise herbeiführen lässt. Von besonderem Interesse sind deshalb neuzeitliche Entwicklungen im islamischen Recht. Sie bemühen

---

[81] Vgl. *Findeisen* (Fn. 75) 2129f.

[82] Vgl. "Hawala-System verliert an Gewicht", FAZ v. 12.06.2002, 27.

[83] Vgl. „Keine Befehlsempfänger", FAZ v. 03.05.2002, 7.

sich darum, statt unpassender Pauschalverurteilungen die wirtschaftlichen Gesetzmäßigkeiten von Austauschgeschäften zu reflektieren und die äußeren Grenzen der Durchsetzbarkeit von Verträgen *konkret* zu ziehen, um auf diese Weise die Erreichung allseitigen Nutzens durch generell förderliche, nur im Einzelfall missbrauchte Transaktionsformen zu unterstützen. So bewirkt ja in der Realität das Zinsnahmeverbot nur besonders hohe Zinssätze, gleichgültig in welchem Gewande sie daherkommen, weil ein Unsicherheitszuschlag mitverlangt wird. Auch der muslimische Jurist muss sich also die Frage nach den Ordnungsaufgaben des Rechts stellen. Wie so oft: Die Gemeinsamkeiten sind größer als die Unterschiede. Für die Rechtsvergleichung wird bestätigt, dass vergleichbare Ordnungsaufgaben auch vergleichbaren Lösungen zugeführt werden, selbst wenn die Gesellschaftsordnungen und Lebensverhältnisse so unterschiedlich sind, dass man verallgemeinernd von unterschiedlichen Kulturkreisen sprechen mag. Bei näherer Besicht sind die Unterschiede dann eben doch geringer, als es der erste Eindruck vermitteln mag.

Religiöse Aspekte sind auch nach islamischer Auffassung weitgehend nicht rechtsförmig durchsetzbar; guter oder böser Wille erfährt vor allem jenseitiges Lob bzw. jenseitigen Tadel. Auch hierin treffen sich die Kulturen durchaus. Als Pendant für die genannten islamischen Investmentfonds sei nur daran erinnert, dass in Deutschland und anderen Ländern religiös oder ethisch begründete Verhaltensweisen mit Wirkungen auf die Privatrechtsordnung kein unbekanntes Phänomen sind. Man denke nur an "Öko-Banking" oder den in den USA eingerichteten "Ave-Maria-Fonds", der schon deshalb zu loben ist, weil er sich u.a. der finanziellen Unterstützung juristischer Fakultäten verschrieben hat. Solch zukunftsweisende Gemeinsamkeiten verdienen unser aller Unterstützung.

Literaturverzeichnis

Abd al-Rahmān al-Gazīrī (1987): kitāb al-fiqh 'alā al-maḏāhib al-arba', Bd. 1, 1. Auflage, Kairo 1987.

Ahmad, F. (2001): Interest-free banking in Pakistan from July 2002? International Business Lawyer, Vol. 29, No. 8 September 2001, S. 374.

Al-Sarakhsi (1986): kitāb al-mabsūt, Bd. 20 und 30, Beirut 1986.

Al Sharif Advocates & Legal Consultants: Legal Bulletin 3/1998 und 4/2000, Dubai.

Amereller, F. (1995): Hintergründe des "Islamic Banking", Berlin 1995.

Amiry, S., Tamari, V. (1989): The Palestinian Village Home, London 1989.

Bälz, K. (2002): Islamische Bankgeschäfte vor europäischen Gerichten, ZVglRWiss 101 (2002), S. 379.

ders.(2000) : Europäisches Privatrecht jenseits von Europa? Zum fünfzigjährigen Jubiläum des ägyptischen Zivilgesetzbuches (1948), ZEuP 2000, S. 51.

ders.(1999) Das internationale Vertragsrecht der islamischen Banken, WM 1999, S. 2443.

ders. (2002): Islamic Investment Funds in Germany, Akhbar – Newsletter of the Arab Regional Forum of the International Bar Association Section on Business Law, Dezember 2000.

ders.(2002): Islamische Aktienfonds in Deutschland?, BKR 2002, S. 447.
ders. (1997): Versicherungsvertragsrecht in den Arabischen Staaten, Karlsruhe 1997.
Baumann, H., Ebert, M. (Hrsg.) (1995): Die Verfassungen der Mitgliedstaaten der Liga der Arabischen Staaten, Berlin 1995.
Balić, S. (1984): Ruf vom Minarett, 3. Auflage, Hamburg 1984.
Behrens (1994): Treu und Glauben. Zu den christlichen Grundlagen der Willenstheorie im heutigen Vertragsrecht, in: G. Dilcher/I. Staff (Hrsg.): Christentum und modernes Recht, Frankfurt 1984, S. 255.
Chehata, C. (1971) : Études de droit musulman, Paris 1971.
Duri, A.(1979): Arabische Wirtschaftsgeschichte, Zürich 1979.
Engel, Bespr. v. Richter/Furubotn (1996): Neue Institutionenökonomik, 1996, RabelsZS. 62 (1998).
Esser, J. (1956): Grundsatz und Norm in der richterlichen Fortbildung des Privatrechts,Tübingen, 1956.
Findeisen, M. (2000) : "Underground Banking" in Deutschland, WM 2000, S. 2125.
Fögen, H. (1969): Geld- und Währungsrecht, München 1969.
Gidal, N.T. (1997): Die Juden in Deutschland von der Römerzeit bis zur Weimarer Republik, Köln 1997.
Henry, Wilson (Eds.) (2004): The Politics of Islamic Finance, Edinburgh 2004.
Ibn al-ᶜArabī, ahkām al-Qur'ān (Ed.) ᶜAlī Muhammad al-Biǧawī, Bd. 4, Beirut 1805 (o. J.)
Ibn Qayyim al-Ǧawzīya (1996): I'lām al-muwaqqa'īn 'an rabb al-'ālamīn, Ed. Muhammad 'Abdalsallām Ibrāhīm, Bd. 3, Beirut 1996, S. 126.
Jung, H. (1999): Ägyptisches internationales Vertragsrecht, Tübingen 1999.
ders. (2001): Ägyptisches internationales Vertragsrecht, in: H. Kronke u.a. (Hrsg.): Islamisches und arabisches Recht als Problem der Rechtsanwendung, Symposion zu Ehren von Prof. Dr. Omaia Elwan, Frankfurt a.M. 2001, S. 37.
Klarmann (2003): Islamic Project Finance. A legal study with particular reference to the laws of Switzerland and the United Arab Emirates, Zürich u.a. 2003.
Krüger, H. (2002) Vermögensrechtliches Privatrecht und Rechtsverfolgung in Saudi-Arabien, in: Schütze (Hrsg.): Einheit und Vielfalt des Rechts, Festschrift für Reinhold Geimer zum 65. Geburtstag, München 2002, S. 485.
Lohlker, R. (1999): Das islamische Recht im Wandel. Ribā, Zins und Wucher in Vergangenheit und Gegenwart, Münster 1999.
Merkt, H. (2001): Abwehr der Zustellung von "punitive damages"-Klagen, Schriftenreihe Recht der Internationalen Wirtschaft, Bd. 49, Heidelberg 1995.
Munawar Iqbal (Ed.) (2001): Islamic Banking and Finance: Current Developments in Theory and Practice, Leicester 2001.
Muslehuddin, M. (1982): Islamic Jurisprudence and the Rule of Necessity and Need, New Delhi 1982.
Otto (2001): Islamisierung des Rechtswesens in Pakistan und Bangladesh, in: H. Kronke u.a. (Hrsg.): Islamisches und arabisches Recht als Problem der Rechtsanwendung, Symposion zu Ehren von Prof. Dr. Omaia Elwan, Frankfurt a.M. 2001, S. 28.
Owsia, P. (1994): Formation of Contract, A Comparative Study Under English, French,
Rohe, M. (2001): Der Islam - Alltagskonflikte und Lösungen. Rechtliche Perspektiven, 2. Auflage, Freiburg 2001.
ders. (2002): Islam und deutsches Zivilrecht, in: Ebert/Hanstein (Hrsg.): Beiträge zum Islamischen Recht II, Frankfurt a.M. 2002, S. 35.

ders. (2004): The Formation of a European Shari'a, in: Malik (Ed.), Muslims in Europe. From the Margin to the Center, Münster u. a., erscheint 2004.

Rosen, L. (2000): The Justice of Islam. Comparative Perspectives on Islamic Law and Society, Oxford 2000.

Rothoeft, D. (1968): System der Irrtumslehre als Methodenfrage der Rechtsvergleichung, Tübingen 1968.

Saeed, A.(1996): Islamic Banking and Interest. A study of the Prohibition of Riba and its Contemporary Interpretation, Leiden u. a. 1996.

Saleh, N.A. (1992): Unlawful Gain and Legitimate Profit in Islamic Law, 2. Auflage,London u. a. 1992.

Salqīnī (1981): Usūl al-fiqh al-islāmī, Damaskus 1981.

Schwintowski, H.-P. (1994): Legitimation und Überwindung des kanonischen Zinsverbots, in: Brieskorn/Mikat/Müller/Willoweit (Hrsg.): Vom mittelalterlichen Recht zur neuzeitlichen Rechtswissenschaft, Paderborn u. a. 1994, S. 261.

Siddiqi, M.N. (1985): Insurance in an Islamic Economy, Leicester 1985.

Skovgaard-Petersen, J. (1997): Defining Islam for the Egyptian State. Muftis and Fatwas of the Dar al-Ifta, Leiden u. a. 1997.

Staudinger-K. Schmidt (1997): BGB, 13. Auflage, Berlin, 1997, Vorbem. zu §§ 244 ff.

Thung, M.H. (1996): Written Obligations From the $2^{nd}/8^{th}$ to the $4^{th}/10^{th}$ Century, Islamic Law and Society 3, 1996.

Usmani, M.T. (2000): The Historic Judgment on Interest, Karachi 2000.

Vogel, Hayes (1998): Islamic Law and Finance. Religion, Risk and Return, The Hague u. a. 1998.

Wakin, J. (1972): The Function of Documents in Islamic Law, Albany 1972.

Warde (2000): Islamic Finance in the Global Economy, Edinburgh 2000, S. 133.

Wichard, J.C. (1995): Zwischen Markt und Moschee, Paderborn 1995.

wizārat al-awqāf wa al-šu'ūn al-islāmīya (Hrsg.) (1987): al-mawsū'at al-fiqhīya Bd. 9, 2. Auflage, Kuweit 1987.

Yousef (2004): The Murabaha Syndrome in Islamic Finance, in: Henry/Wilson (Eds.), The Politics of Islamic Finance, Edinburgh 2004, S. 63 ff.

Zaid, N.H.A. (2001): Ein Leben mit dem Islam, Freiburg 2001.

Die Soziale Marktwirtschaft aus Sicht des christlichen Menschenbildes

Werner Lachmann

Vom texanischen Geschäftsmann Howard Hughes soll das Wort stammen „Es versteht sich von selbst, dass man nicht zugleich hohe Prinzipien und hohe Profite haben kann". Dieses Zitat stärkt das Vorurteil vieler Theologen und Intellektueller, denen der Markt immer ein Ort für grobe Menschen und unedle Motive war. „Alle, die im Leben nichts erreicht haben, sind ins Hintertreffen geraten, weil sie moralisch gewesen sind", urteilt kritisch August Strindberg in „Der Sohn der Magd". Auch die Kirchenväter haben in großer Beredsamkeit die Wirtschaft wegen ihres unterstellten Gewinnstrebens verurteilt. So heißt es in den Dekreten des Gratian aus dem 12. Jahrhundert: „Nullus christianus debet esse mercator, aut si voluerit esse projiciatur de ecclesia Dei" (Decr. Grat. ID 88c11)[1]. Bei den Griechen und Römern galt übrigens der Patron der Kaufleute zugleich als der Patron der Diebe (Hermes bzw. Merkur). Sein Schutz und seine Gaben halfen sowohl den Kaufleuten als auch den Dieben! Auch jüdische Schriften sahen den Kaufmann kritisch. In den Apokryphen des Alten Testaments heißt es: „Schwerlich bleibt ein Kaufmann frei von Schuld, ein Händler wird sich nicht reinwaschen von Sünde" (Sirach 26,28).[2] Seit der Antike steht also die Wirtschaft unter einem ethischen Vorbehalt. Im frühen Mittelalter hatten übrigens die Kaufleute auf der gesellschaftlichen Stufenleiter einen niedrigen Rang. Die im Fernhandel tätigen wurden als homines duri (harte Männer) bezeichnet. Denn nur wagemutige und abgebrühte Kerle konnten es im unsicheren Europa des Frühmittelalters wagen, mit Waren herumzureisen.

Hat es nun die Soziale Marktwirtschaft geschafft, die teilweise berechtigte Kritik aus den Reihen der Intellektuellen, Moralisten und Theologen zu besänftigen? Dabei stellen sich uns einige Probleme. Was ist unter Sozialer Marktwirtschaft zu verstehen? Was ist ein christliches Menschenbild? Gibt die Bibel Anhaltspunkte für die anzustrebende Wirtschaftsordnung?

---

[1] dt.: Kein Christ darf Kaufmann sein, wenn er es jedoch sein möchte, muss er aus der Kirche ausgestoßen werden.

[2] In Sirach 27,1 heißt es zusätzlich: „Des Geldes wegen haben schon viele gesündigt. Wer es anzuhäufen sucht, schaut nicht genau hin. Zwischen zwei Steinen lässt sich ein Pflock stecken. So drängt sich zwischen Kauf und Verkauf die Sünde."

Begriffsklärungen

Zunächst ist festzustellen, dass die biblischen Schriften sich für keine bestimmte Wirtschaftsordnung aussprechen. Christen haben in Diktaturen und Demokratien gelebt. Die Einrichtung einer Planwirtschaft im alten Ägypten des Pharao durch Josef (ich verweise auf seinen Traum mit den sieben mageren Kühen bzw. Ähren und den sieben fetten Kühen oder Ähren, die Anlass gaben zur ökonomischen Vorsorge) und die Übernahme allen staatlichen Landes durch den Pharao wird dort nicht kritisiert.

Ein weiteres Problem ergibt sich durch das Wort christlich. Was ist damit gemeint? Was nicht rot ist, ist rötlich und was nicht grün ist, ist grünlich – gilt das auch für christlich? Es gibt mehrere große christliche Traditionen: Die Orthodoxie, der Katholizismus, die protestantischen Richtungen. Die einzelnen Grobrichtungen sind in sich oft auch uneins. Was soll nun als christlich bezeichnet werden? Ich werde mich weniger auf philosophischtheologische Konzeptionen einlassen (die ich am Rande erwähnen werde) und biblizistisch vorgehen.

Aber auch diese Vorgehensweise hilft nicht weiter. Vor einigen Jahren ist ein Buch von Robert Clouse erschienen mit dem Titel „Armut und Reichtum. Die Wirtschaftssysteme aus christlicher Sicht".[3] In diesem Band werden vier unterschiedliche Standpunkte aus christlicher Sicht dargestellt, wobei die einzelnen Autoren zum evangelikalen Lager des Protestantismus zu zählen sind. Theologisch gesehen ist diese eine Untergruppe des protestantischen Bereiches. Selbst hier kommt man zu diametral entgegengesetzten Vorstellungen.

Gary North unterstützt die freie Marktwirtschaft und belegt dies eloquent biblisch. William E. Diehl zeigt genauso klar nach, dass aus christlicher Sicht die staatlich gelenkte Marktwirtschaft angestrebt werden sollte. Art Gish spricht sich aus christlicher Überzeugung für eine dezentralisierte Wirtschaft aus, während John Gladwin sich in Richtung einer zentralistischen Planwirtschaft äußert. Alle begründen ihre unterschiedlichen Vorstellungen zu der Wirtschaftsordnung aus christlicher Perspektive. Was soll ich nun aus welcher Perspektive zur Sozialen Marktwirtschaft sagen?

Unter Insidern ist auch der Begriff der Sozialen Marktwirtschaft umstritten.[4] In der Öffentlichkeit wird die gegenwärtige Wirtschaftsordnung als Soziale Marktwirtschaft bezeichnet, obgleich kaum etwas von den ordoliberalen Vorstellungen in der Wirtschaftspolitik zu bemerken ist. Beliebt ist die Charakterisierung der So-

---

[3] Siehe Robert Clouse (Hrsg.): Armut und Reichtum. Die Wirtschaftssysteme aus christlicher Sicht, Marburg an der Lahn 1984 (Francke-Buchhandlung).

[4] z.B. Friedrun Quaas: Soziale Marktwirtschaft. Wirtschaftlichkeit und Verfremdung eines Konzeptes, Bern et al. 2000 (Haupt); Hans Willgerodt: Alfred Müller-Armack – der Schöpfer des Begriffs Soziale Marktwirtschaft, Zeitschrift für Wirtschaftspolitik 50:3 (2001), S. 253-277.

zialen Marktwirtschaft von Müller-Armack, dem langjährigen Staatssekretär von Ludwig Erhard, der die Soziale Marktwirtschaft als irenische Formel, als einen dritten Weg zwischen Sozialismus und Liberalismus bezeichnet, in welcher der Gedanke des Wettbewerbs sich mit dem des sozialen Ausgleichs zusammenfindet. Gerade das Adjektiv sozial hat diese marktwirtschaftliche Ordnung attraktiv gemacht. Gleichzeitig war das Adjektiv sozial auch die Achillesferse der Sozialen Marktwirtschaft, weil man unter sozial oft sozialistische Maßnahmen verstand und die Konzeption einer Wettbewerbsordnung aus ordoliberaler Sicht gewaltig verwässerte. Die Konsequenzen und Kosten werden wir, und unsere Enkel in einem viel höheren Maß, noch zu tragen haben.

Obgleich die Soziale Marktwirtschaft nach ihrer erfolgreichen Einführung durch Ludwig Erhard und den ersten Erfolgen auch von den Ordoliberalen unterstützt wurde, waren sie am Anfang gegenüber der Erhard'schen Konzeption misstrauisch. Ludwig Erhard hielt auch nicht sehr viel von den theoretischen und unpraktischen Gedanken eines Walter Eucken. Erst im gemeinsamen Kampf gegen sozialistische Umtriebe haben sie sich hinter Ludwig Erhard und seine Reformen gestellt, die nicht unbedingt mit den Vorschlägen der ordoliberalen Schule und den bekannten Prinzipien der Wirtschaftspolitik von Walter Eucken übereinstimmten.[5] Auch zwischen Alfred Müller-Armack und Ludwig Erhard hat es erhebliche Spannungen bei der Durchführung der Sozialen Marktwirtschaft gegeben.

In meinem Beitrag will ich nicht auf die Unterschiede der ordoliberalen Konzeption der Sozialen Marktwirtschaft, der Müller-Armack'schen bzw. der Erhard'schen eingehen, sondern möchte, da es sich hierbei um die Ringvorlesung in Erinnerung an Ludwig Erhard handelt von der Sozialen Marktwirtschaft im Sinne Ludwig Erhards ausgehen, die allerdings nicht theoretisch am Reißbrett konzipiert wurde.

Immerhin sollte zur Kenntnis genommen werden, dass Ludwig Erhard seine konzeptionellen Vorstellungen unabhängig von den Freiburger Ordoliberalen entwickelte und nicht zu den Freiburger Kreisen gehörte; dasselbe gilt für Müller-Armack, der allerdings den Wettbewerbsgedanken der Ordoliberalen in seiner Konzeption verarbeitete.[6]

Später haben sich die ordoliberalen Gedanken von Walter Eucken (der leider zu früh 1950 während einer Vortragsreise in London verstarb) zu einem Amalgam entwickelt, so dass selbst in der Wissenschaft Vorstellungen der Ordoliberalen als Soziale Marktwirtschaft von Ludwig Erhard dargestellt werden.

---

[5] Zu den Prinzipien Euckens wird verwiesen auf: Werner Lachmann: Volkswirtschaftslehre 2. Anwendungen, Berlin et. al 1995 (Springer), Kap. 2.1

[6] Siehe hierzu: Jürgen Lange – von Kulessa/ Andreas Renner: Die Soziale Marktwirtschaft Alfred-Müller-Armacks und der Ordoliberalismus der Freiburger Schule: Zur Unvereinbarkeit zweier Staatsauffassungen; ORDO 49 (1998), S. 79-104.

Eine kleine historische Bemerkung möchte ich noch anfügen. Die ordoliberale Schule ist wesentlich vom christlichen Menschenbild geprägt worden. Die Schrift „In der Stunde Null", die einst von Bonhoeffer erbetene Konzeption einer Nachkriegsordnung, die er auf der ersten ökumenischen Weltkonferenz in Amsterdam vorstellen wollte, ist von einer Gruppe von Theologen, Juristen und Ökonomen verfasst worden, die im Untergrund der Bekennenden Kirche nahe standen. Die bekannten protestantischen Theologen Helmut Thielecke und Dietrich Bonhoeffer sowie auch Walter Eucken, Konrad von Dietze und Franz Böhm, die übrigens aus der gleichen Kirchengemeinde stammten, zeichnet ein hohes christliches Engagement aus. Auch Müller-Armack hatte christliche Grundüberzeugungen. So können wir behaupten, dass die anfänglichen Unterstützer der Konzeption der Sozialen Marktwirtschaft aus christlicher Verantwortung eine Wirtschaftsordnung entwerfen wollten, die den christlichen Vorstellungen entspricht.

Als nächstes möchte ich zuerst einige Kriterien der Sozialen Marktwirtschaft nennen, dann will ich einige wichtige Aspekte, die meines Erachtens zum biblisch-christlichen Menschenbild gehören, aufzeigen und zum Abschluss dann überprüfen, ob die Soziale Marktwirtschaft aus Sicht des christlichen Menschenbildes akzeptiert werden kann.

Einige Grundprinzipien der Sozialen Marktwirtschaft

Der Begriff der Sozialen Marktwirtschaft – das wurde deutlich - ist eng mit Ludwig Erhard und Alfred Müller-Armack verknüpft. In Müller-Armack's Schrift „Wirtschaftslenkung und Marktwirtschaft" aus dem Jahre 1946 wird zum ersten Mal der Begriff „soziale Marktwirtschaft" in die öffentliche Diskussion gebracht. Die Durchsetzung wesentlicher Prinzipien der Sozialen Marktwirtschaft und die Entwicklung einer Gesamtkonzeption wird selbst von Müller-Armack Ludwig Erhard zugeschrieben. Müller-Armack bezeichnet die Soziale Marktwirtschaft als einen Wirtschaftsstil, als eine dynamische, offene, anpassungsfähige Ordnung. Demzufolge gibt es keine exakte Definition der Sozialen Marktwirtschaft. Es werden Forderungen des Ordoliberalismus nach einer funktionsfähigen Wettbewerbsordnung (Leistungswettbewerb) aufgegriffen, die jedoch durch wirtschaftspolitische Staatsaufgaben unter Betonung sozialpolitischer Ziele ergänzt werden. Mit dem Leitbild der Sozialen Marktwirtschaft werden sowohl Ziele als auch Lösungsvorschläge des Liberalismus, der christlichen Soziallehre und der sozialdemokratischen Programmatik verbunden.[7]

Als Beginn der Sozialen Marktwirtschaft kann man die Rede Ludwig Erhards vor der 14. Vollversammlung des Wirtschaftsrats des vereinigten Wirtschaftsge-

---

[7] Vergleiche hierzu: Otto Schlecht: Die Genesis des Konzepts der Sozialen Marktwirtschaft in: Ottmar Issing (Hrsg.): Zukunftsprobleme der Sozialen Marktwirtschaft, Berlin 1981 (Duncker & Humblot), S. 9-31.

bietes am 21. April 1948 in Frankfurt bezeichnen. In dieser Sitzung legte der am 2. März 1948 zum Direktor der Verwaltung für die Wirtschaft des vereinigten Wirtschaftsgebietes gewählte Ludwig Erhard sein wirtschaftliches Programm vor, ein geschlossenes Konzept, beruhend auf Freiheit und Verantwortung.

Bekannt ist die Definition von Müller-Armack: „Soziale Marktwirtschaft ist überall dort, wo man sich den Kräften des Marktes anvertraut und versucht, alle vom Staat, von den sozialen Gruppen anzustrebenden Ziele in den Doppelaspekt einer freien Ordnung und einer sozial gerechten und gesellschaftlich humanen Lebensordnung zu verwirklichen."[8]

Als Leitbild der Sozialen Marktwirtschaft dient also eine freie Gesellschaft mit freiem Wettbewerb, in welcher soziale Aspekte nicht vernachlässigt werden. Erhard sprach deshalb oft von „liberalem Sozialismus" und „sozialem Liberalismus". Wettbewerb ist nach Erhard selbst Leitbild seiner Gesellschaftsordnung, wobei die sozialen Probleme nicht durch den Wettbewerb verursacht werden. Ein aus sozialen Gründen beschränkter Wettbewerb würde aus seiner Sicht das soziale Problem noch verschärfen.

Der Erhard'schen Betrachtungsweise liegt ein komplexes Leitbild zugrunde. Er weiß, dass die Praxis nicht so funktioniert wie im theoretischen Modell vorgegeben. Zum Funktionieren seiner Sozialen Marktwirtschaft gehört „Wohlstand für alle", eine Voraussetzung für das Funktionieren einer Wirtschaft mit gesellschaftlicher Arbeitsteilung und freiwilligem Tausch. Vollbeschäftigung ist ein wesentliches Ziel seiner Konzeption.

„Die Erhard'sche Konzeption zeichnet sich als Leitbild somit durch gleichberechtigt miteinander verbundene Elemente aus – durch die marktwirtschaftliche Ordnung, durch ‚Wohlstand für alle', durch Vollbeschäftigung."[9] Das Ergebnis der Sozialen Marktwirtschaft lässt sich durch Eingriffe des Staates nicht verbessern. Jedoch kann der Wettbewerb einschlafen sowie durch Außenseiter und Dumping gefährdet werden. Daher muss der Staat den Wettbewerb laufend überwachen.

Nach Ludwig Erhard ist das Ziel des Wirtschaftens die Befriedigung der Nachfrage, was sein Postulat der Verbraucherautonomie beinhaltet. Daher sieht die Soziale Marktwirtschaft weder eine Nachfragepolitik noch eine Angebotspolitik vor. Eine Nachfragepolitik würde die Produktion in nicht genuine Nachfrage steuern, eine Angebotspolitik könnte zu einer unerwünschten Verbraucherlenkung führen.

---

[8] Alfred Müller-Armack: Genealogie der Sozialen Marktwirtschaft, Bern und Stuttgart 1981, S. 12.

[9] Horst Friedrich Wünsche: Ludwig Erhards Gesellschafts- und Wirtschaftskonzeption. Soziale Marktwirtschaft als politische Ökonomie, Bonn 1986, S. 145.

Kurz zusammenfassend können wir konstatieren:

Die Soziale Marktwirtschaft unterstellt einen Leistungswettbewerb der Anbieter und unterstreicht dabei Konsumentensouveränität, Freiheit und Selbstverantwortung des einzelnen Bürgers.

Die Soziale Marktwirtschaft weist dem Staat eine soziale Verantwortung für den Einzelnen zu (Sozialstaatsprinzip). Menschen, die durch ihre eigene Leistung in der Wettbewerbsgesellschaft nicht in der Lage sind, ein zufriedenstellendes Einkommen zu erzielen, werden von der Gemeinschaft unterstützt (Sozialhilfe). Soziale Gerechtigkeit ist ein wichtiges Gestaltungskriterium für sozialpolitische Maßnahmen innerhalb der Konzeption der Sozialen Marktwirtschaft.

Die Soziale Marktwirtschaft benötigt, philosophisch gesehen, eine bestimmte Minimalmoral, ohne die gemeinsames gesellschaftliches Handeln kaum langfristig Bestand haben kann. Bekanntlich sind für eine Volksgemeinschaft gemeinsame Werte staatsbildend. Viele Aspekte lassen sich auf christliche Traditionen und auf Vorstellungen des Humanismus zurückführen.

Gedanken zum christlichen Menschenbild

In theologisch-philosophischen Erörterungen zur Gestaltung der Wirtschafts- und Sozialpolitik werden die Prinzipien der Personalität, der Solidarität und der Subsidiarität erwähnt. Der Mensch wird als Individuum ernst genommen, er handelt für andere solidarisch und trägt eine gewisse Mitverantwortung für den Nächsten (Nächstenliebe). Aus Sicht der katholischen Soziallehre wird die Zuordnung zwischen Eigenverantwortung und Solidarität nach dem Prinzip der Subsidiarität getroffen, d. h. zuerst soll der Einzelne für sich selbst verantwortlich handeln. Ist er dazu nicht in der Lage, dann muss die nächst höhere Sozialeinheit Verantwortung übernehmen, so dass sich eine hierarchische Struktur der Verantwortlichkeit ergibt. Das Prinzip der Subsidiarität gilt sowohl für die Sozialpolitik als auch für die staatliche Verantwortung bestimmter Aufgaben als Zuordnungsprinzip bei gesetzlicher Konkurrenz der Zuständigkeit. Seine klassische Formulierung erhielt es in der Sozialenzyklika „Quadragesimo anno“ aus dem Jahre 1931.[10]

[10] In Nummer 79 von Quadragesimo anno heißt es: „Wie dasjenige, was der Einzelmensch aus eigener Initiative und mit seinen eigenen Kräften leisten kann, ihm nicht entzogen und der Gesellschaftstätigkeit zugewiesen darf, so verstößt es gegen die Gerechtigkeit, dass, was die kleineren und untergeordneten Gemeinwesen leisten und zum guten Ende führen können, für die weitere und übergeordnete Gemeinschaft in Anspruch zu nehmen; zugleich ist es überaus nachhaltig und verwirrt die ganze Gesellschaftsordnung. Jedwede Gesellschaftstätigkeit ist je ihrem Wesen und Begriff nach subsidiär, sie soll die Glieder des Sozialkörpers unterstützen, darf sie aber niemals zerschlagen oder aussaugen.“ Diese Formulierung geht auf G. Gundlach zurück und knüpft an das lateinische Wort *subsidium* (Hilfestellung, Unterstützung, Förderung) an.

Ich möchte ein wenig biblizistischer vorgehen und die folgenden Kriterien für das Menschenbild in den Vordergrund stellen.

1. Der selbstverantwortliche Mensch: Der Mensch ist als Ebenbild Gottes geschaffen (imago dei), was auf den ersten Seiten des Alten Testaments berichtet wird und beispielsweise aus dem Schöpfungsbericht (Gen. 1) hergeleitet werden kann. Dort heißt es: „Und Gott sprach: Lasset uns Menschen machen, ein Bild, das uns gleich sei, die da herrschen über die Fische im Meer und über die Vögel unter dem Himmel und über das Vieh und über alle Tiere des Feldes und über alles Gewürm, das auf Erden kriecht. Und Gott schuf den Menschen zu seinem Bilde, zum Bilde Gottes schuf er ihn; und schuf ihn als Mann und Weib“ (Gen.1:26-27). Ein Kapitel weiter heißt es „und Gott der Herr nahm den Menschen und setzte ihn in den Garten Eden, dass er ihn bebaute und bewahrte“ (Gen. 2:15).

   Aus der Ebenbildlichkeit Gottes und durch den Gestaltungsauftrag wird der Mensch Mitschöpfer, Teilhaber an der Weiterschöpfung Gottes auf dieser Erde. Der Mensch ist schöpferisch freiheitlich tätig und muss dafür auch Verantwortung übernehmen. Der Mensch wird nicht als Automat oder Marionette Gottes dargestellt, sondern als ein Partner Gottes wurde er erschaffen. Daraus lässt sich unzweifelhaft ableiten, dass der Mensch zur Freiheit berufen ist. Er handelt eigenverantwortlich. Das in der Wettbewerbsgesellschaft unterstellte Prinzip der Freiheit und Eigenverantwortlichkeit des Menschen findet eine biblische Entsprechung.

   Der Mensch hat sich aber gegenüber seinen Schöpfer aufgelehnt und neben seiner Ebenbildlichkeit zu Gott ist er dadurch auch Sünder in einer gefallenen Welt. In der biblischen Anthropologie wird in Gen. 3 der Sündenfall dargestellt, was die ursprüngliche Schöpfungsordnung zerstört. Dadurch kommt der Mensch in „Widerspruch zu sich selbst sowohl als Person wie als Gesellschaft“.[11] Aus diesem Sündenfall (defectio prima) rührt die „corruptio“, die Deformation seines Wesens, was sich in Leid, Krankheit, Sterblichkeit und – aus ökonomischer Sicht – in Güterknappheit auswirkt.[12] Hierdurch bekommt die Arbeit eine negative Komponente. Sie ist nicht nur Freude sondern wird von Gottes Fluch getroffen. Arbeit wird von nun an auch Mühsal. Der Mensch muss sich in einer Welt mit Güterknappheiten und Widrigkeiten zurechtfinden.[13] Die

[11] Arthur Rich: Wirtschaftsethik, Band 1, Grundlagen in theologischer Perspektive, Gütersloh 1991 (Mohn) 2. Auflage, S. 111.

[12] Siehe auch Steffen Fleßa: Gesundheitsreformen in Entwicklungsländern. Eine kritische Analyse aus Sicht der kirchlichen Entwicklungshilfe, Frankfurt am Main 2002 (Otto Lembeck), S. 21 ff; auch: Silke Bremer: Der wirtschaftsethische Ansatz in der theologischen Ethik von Helmut Thielicke, Münster 1996 (Lit).

[13] Vergleiche hierzu auch die Überlegungen in Werner Lachmann: Vom Wert und Sinn der Arbeit, in: Werner Lachmann (Hrsg.): Die Arbeitsgesellschaft in der Krise. Konsequenzen für den Einzelnen und die Volkswirtschaft, Münster 1995 (Lit), S. 13-31.

Tätigkeit des Menschen bleibt im Raum der Freiheit, wobei seine Sündhaftigkeit ihn verletzbar macht und die Früchte seiner Arbeit unter einem Fluch liegen, so dass menschliches Handeln ambivalent wird.

2. Der gefährdete Mensch: Aus dem Sündenfall folgt seine Gefährdung. Die Gefährdung geschieht anfänglich durch den eigenen Bruder (Kains Brudermord). Der Mensch handelt fehlerhaft, wird schuldig, und ist nicht immer in der Lage, sich durch seine Arbeit seinen Lebensunterhalt zu verdienen. Die Barmherzigkeit Gottes zeigt sich aber schon im Schöpfungsbericht. Dem Menschen nach der defectio prima werden von Gott aus Fellen Kleider erstellt. Eine Anmerkung theologischer Art: Zur Kleidung des Menschen mussten Tiere sterben; das Alte Testament kennt den tierischen Versöhnungskult, der durch den Tod Christi am Kreuz sein Ende und seine Letztbestimmung erhalten hat, wodurch dem Menschen ein Versöhnungsangebot Gottes unterbreitet wird. Aber nicht nur Gott ist barmherzig. Der Volksgenosse soll seinem Nächsten gegenüber (auch dem im Lande wohnenden Fremden!) barmherzig sein. Das Alte Testament ist voll mit Maßnahmen zum Schutz der Armen.

Die Bibel ist realistisch genug und weiß von der Unterjochung der Armen und den sozialen Ungerechtigkeiten. Die Propheten klagen die Eliten wegen ihrer katastrophalen Wirtschaftspolitik an. Gott muss gebieten, dass dem Tagelöhner spätestens abends sein Lohn ausbezahlt wird, weil er davon lebt. Und der Pfandleiher muss für die Nacht dem Armen den Mantel wieder zur Verfügung stellen, den er dann am nächsten Morgen wiederum dem Pfandleiher zurückgeben muss.

Die Sozialpolitik Gottes wird insbesondere am Erlassjahr und Halljahr bzw. Jobeljahr deutlich. Alle selbstschuldnerischen Bürgschaften erlöschen jedes siebte Jahr. Nimmt ein Volksgenosse einen Kredit auf, muss er im Erlassjahr erlassen werden. Gott will nicht, dass arme Menschen in eine Armutsfalle geraten. Aus dem Teufelskreis der Verschuldung muss er befreit werden können.

Die Bibel geht noch einen Schritt weiter. Alle sieben Erlassjahre, d. h. nach jedem fünfzigsten Jahr sollte die ursprüngliche Vermögensverteilung im alten Israel wiederhergestellt werden. Land blieb immer im Stammes- bzw. Familienbesitz. Hat, aus welchen Gründen auch immer, jemand sein Land verkaufen müssen, verkauft er nur eine Anzahl Ernten bis zum Halljahr. Außerdem gab es bestimmte Verpflichtungen des sogenannten „Lösers", dass verkauftes Land wieder von ihm erlöst werden konnte.[14] Daraus können wir schlussfolgern, dass Gott nicht will, dass der Mensch sozial abhängig ist. Er soll Eigentum haben, um mit Hilfe dieser Produktionsmittel, seinen Lebensunterhalt finanzieren zu können. Der Mensch soll nicht als Bettler oder Almosenempfänger und damit als Schmarotzer leben müssen!

---

[14] Vergleiche hierzu die schöne Liebesgeschichte von Boas und Ruth im Buch Ruth des Alten Testaments.

Die Armenfürsorge war zur Zeit des Alten Testaments schon stark verbreitet, wobei die Familiensolidarität (hebr.: Häsed) das Entstehen der Armut reduzierte. Die Armen hatten beispielsweise ein Recht auf Nachlese bei der Ernte (Ex. 23,10f.; Ruth 2; Dtn. 24,19-22; Lev. 19,9f., etc.). Auch das Zinsverbot gegenüber den Volksgenossen (Ex. 22,24; Dtn. 23,20f.; Lev. 25,36f) kann unter dem Aspekt der Armenfürsorge verstanden werden. Auch im Neuen Testament ist Fürsorge für Arme vorgesehen. Christen waren verpflichtet, die Armen zu unterstützen (Mt. 5,42; Lk. 6,30-34f; Joh. 13,29; Apg. 11,29; Jak. 1,27 etc.). Allerdings wurde keine Ursachenanalyse der Armut durchgeführt!

Biblische Bewertungskriterien[15]

Sündhaftigkeit des Menschen: Schon in Gen. 8,21b heißt es: „Das Dichten und Trachten des menschlichen Herzens ist böse von Jugend auf." Eine funktionsfähige Wirtschaftsordnung muss diesem Grundtatbestand des Menschen Rechnung tragen. Kollektivistische Wirtschaftsordnungen sind an dieser Nichtbeachtung gescheitert, da sie den guten Menschen voraussetzten, quasi für Engel konzipiert waren und keine Schutzmechanismen gegenüber menschlichem Fehlverhalten enthielten.[16] Auch in der Sozialgesetzgebung wird meistens von guten Menschen ausgegangen. Bei der Ausgestaltung gesetzlicher Regeln wird zu wenig darauf geachtet, dass Menschen diese entgegen der Zielsetzung ausnützen können. Die deutsche Sozialgesetzgebung hat Tür und Tor zur Ausbeutung der Gesellschaft geöffnet und Eigenverantwortlichkeit und Selbständigkeit damit abgesenkt.

Die Soziale Marktwirtschaft betont die Wichtigkeit eines funktionierenden Wettbewerbs als Disziplinierungs- und Entmachtungsinstrument. Wer sich auf dem Markt behaupten will, muss Leistungen erbringen, sich mit Konkurrenten messen und mit Marktpartnern kooperieren. Der Wettbewerbsmechanismus der Sozialen Marktwirtschaft berücksichtigt damit die Sündhaftigkeit des Menschen. Bürger, deren Ziel persönlicher Reichtum ist (ein Aspekt der individualethisch hinterfragt werden kann), kann seine Wünsche in einer Marktwirtschaft nur durchsetzen, wenn er besonders gute Leistungen für seine Mitbürger erbringt, wodurch er zur Wohlstandsförderung der Allgemeinheit beiträgt. Sein individualethisch zu kritisierendes Motiv trägt aus sozialethischer Sicht zur Wohlstandsförderung bei!

Barmherzigkeit, Nächstenliebe und soziale Gerechtigkeit: Gott stellt sich als barmherziger Gott dar. Zurückgreifend auf die geschichtlichen Erfahrungen Isra-

---

[15] Vergleiche hierzu auch: Werner Lachmann: Protestantische Wurzeln der Sozialen Marktwirtschaft und ihre biblische Bewertung, in: Ingo Resch: Mehr als man glaubt. Christliche Fundamente in Recht, Wirtschaft und Gesellschaft, Gräfelfing 2000 (Resch-Verlag), S. 187-217.

[16] Vergleiche hierzu ausführlich: Werner Lachmann: Ausweg aus der Krise. Fragen eines Christen an Marktwirtschaft und Sozialstaat, Wuppertal 1984 (Brockhaus).

els wird der Arme dem Schutz der Gemeinschaft anbefohlen. Die theologische Begründung dafür lautet, dass die Israeliten durch Gottes Eingreifen aus der ägyptischen Sklaverei befreit wurden und ihnen das Land Kanaan von Gott zum Lehen gegeben wurde. Gott bleibt Eigentümer! Von daher erklärt sich die Regelung des von mir schon genannten Halljahrs.

Diese Gedanken der Barmherzigkeit, Nächstenliebe und sozialen Verantwortung werden in der Sozialen Marktwirtschaft aufgegriffen. Neben dem Pfeiler des Wettbewerbs gibt es den der sozialen Sicherung und sozialen Gerechtigkeit. Sozialhilfen sind in westlichen Gesellschaften Transfers, die nicht zurückgezahlt werden müssen, so dass im Grunde genommen die theologischen Vorstellungen des Erlassjahres eingearbeitet wurden.

Menschenwürde und Eigenverantwortung: Als Ebenbild Gottes hat der Mensch einen hohen Adel. Ich hatte schon darauf hingewiesen, dass der Mensch Mitarbeiter Gottes an der Weiterschöpfung der Welt wird (Gen. 2,15). Für Ludwig Erhard war die Vollbeschäftigungspolitik ein entscheidender Faktor der Sozialpolitik. Der Mensch hat nicht nur eine Pflicht, sondern auch ein Recht auf Arbeit, d. h. staatliche Instanzen sollen keine Hindernisse einbauen, wie es heutzutage durch die Bürokratisierung der Arbeitsmärkte der Fall ist. Einzel- und Gruppeninteressen erhalten heute leider gegenüber dem Gemeinwohl den Vorzug.

Die Berufung auf die Menschenwürde dient der Abwehr staatlicher und gesellschaftlicher Übergriffe auf den Einzelnen und betont damit das Individuelle. Während sich die Würde des Menschen in römischkatholischer Deutung mittels der menschlichen Vernunft und des Gewissens manifestiert, lehnt die lutherische Deutung die Autonomie der Vernunft und des sittlichen Gewissens ab. Der Mensch bedarf der göttlichen Gnade, da alle Bereiche des Menschen von der Sünde durchdrungen sind. Die Menschenwürde wird von Karl Barth christologisch als Folge der Versöhnung Gottes durch Jesus Christus mit der Welt begründet. Diese Würde des Menschen wird nicht nur als Herrschaft über die Schöpfung verstanden, sondern zeigt sich auch in verantwortlichem Handeln.

Auch die Konzeption der Sozialen Marktwirtschaft bestätigt die Eigenverantwortung und Würde des Menschen, der als sittliches Wesen voll verantwortlich am wirtschaftlichen Leben Teil hat. Unter den gegebenen Rahmenbedingungen kann er mit seinen Ressourcen schalten und walten wie er will, er muss aber auch das Risiko für seine Handlungen übernehmen (höhere Gewinne oder Verluste). Vermögen schafft dem Menschen Unabhängigkeit gegenüber staatlichen Instanzen und sichert damit auch seine Freiheit.

In den zehn Geboten heißt es: Du sollst nicht stehlen! Auch die Soziale Marktwirtschaft betont den Schutz des Eigentums. Dieser Schutz des Eigentums sowie das Prinzip, für eigene Entscheidungen die Verantwortung zu übernehmen, unterstützen die Eigenverantwortung und Würde des Menschen. Theologisch wird vom Prinzip der „Haushalterschaft" gesprochen. Wer unüberlegt Ressourcen einsetzt, wird mit ihrem Verlust bestraft. Die Konzeption der Sozialen Marktwirtschaft honoriert ökonomisches Verhalten und entspricht damit dem Prinzip guter Haushalterschaft.

Segen und Wohlstand: Das Ziel Gottes ist menschlicher Wohlstand. In Deut. 15,4 heißt es: „Es soll überhaupt kein Armer unter euch sein; denn der Herr wird dich segnen in dem Lande das dir der Herr, dein Gott zum Erbe geben wird, wenn du nur der Stimme des Herrn, deines Gottes gehorchst und all diese Gebote hältst, die ich dir heute gebiete, dass du danach tust." Gott scheint einen Mittelstand für alle anzustreben, ähnlich dem Slogan von Ludwig Erhard „Wohlstand für alle". In Micha 4,4 heißt es: „Ein jeder wird unter seinem Weinstock und Feigenbaum wohnen..." (auch 1. Kön. 1,5). Die Bibel betont die Bedeutung des Segens. Die geschichtliche Erfahrung zeigt, dass auch die Konzeption der Sozialen Marktwirtschaft zur Grundbedürfnisbefriedigung armer Mitbürger in einem hohen Maße beitrug. Kein Deutscher muss hungern, das soziale Netz ist weit und relativ sicher gespannt. Somit ließe sich von einem Segen sprechen, der auf dieser Wirtschaftsordnung liegt.

Allerdings ist dieser verheißene alttestamentliche Segen an den Bundesgehorsam Israels geknüpft. Außerdem darf Reichtum nicht Gottes Stelle im Leben der Menschen übernehmen (1. Gebot!). Der reiche Jüngling folgte Jesus nicht nach, da er viele Güter hatte, an denen er hing (Mt. 19,16-22). Daraufhin erklärte Jesus: „Ein Reicher wird schwer ins Himmelreich kommen" (Mt. 19,23). Paulus spricht von einem „Haben als hätte man nicht" (1. Kor. 7,29). Dennoch möchte auch Jesus, dass wir das Leben und volle Genüge haben (Joh. 10,11). Dabei soll der Mensch über die Gabe nicht den Geber vergessen und dem Reichtum dienen!

Der Mensch ist nach biblischer Sicht kein Einzelgänger, er benötigt den Mitmenschen. Das Prinzip der Arbeitsteilung der Sozialen Marktwirtschaft erfüllt durch ihren wettbewerblichen Teil dieses biblische Prinzip. Paulus bestätigt, dass die Kirche einem Körper vergleichbar ist, bei dem viele Organe eigene Funktionen haben und für den Erhalt des Ganzen notwendig sind (Röm. 12,4-6; 1. Kor. 12,12-26). So sind auch in einer Gesellschaft durch die Arbeitsteilung viele Funktionen auf einzelne Mitglieder verteilt. So wie der Körper leidet, wenn ein Organ nicht funktionstüchtig ist, so leidet die Gesellschaft, wenn ein gesellschaftlicher Bereich seine Aufgaben nicht mehr in rechter Weise erfüllt.

Ethische Kritik an der Sozialen Marktwirtschaft

Das Vorhandensein von Privateigentum und Gewinnstreben wird an der Marktwirtschaft kritisiert, wobei oft der Vorwurf des Egoismus erhoben wird. Auf diese Kritikpunkte soll abschließend kurz eingegangen werden.

Die Kritik am marktwirtschaftlichen Teil der Sozialen Marktwirtschaft erfolgt dabei aus gesinnungsethischer Sicht. Einige Kritiken sollen kurz behandelt werden.[17]

Kritik am Wettbewerb: Sollen Wirtschaftsbeziehungen nach dem Konkurrenzprinzip oder nach dem Prinzip der Nächstenliebe geordnet werden? Theologen sprechen sich häufig dafür aus, dass es Gottes Wunsch sei, dass der Mensch nach dem Prinzip der Nächstenliebe auch die marktlichen Beziehungen ordnet.[18] Eigennutz bedeutet aber in der Sozialen Marktwirtschaft Eigenverantwortung. Die empirische Erfahrung zeigt, dass es einem Menschen gut tut, mit Anderen im Wettbewerb zu stehen, weil sich hierdurch die Leistungsfähigkeit und –willigkeit erhöht. Wettbewerb bringt mich erst auf den richtigen Adrenalinspiegel. Überall, wo es keinen Wettbewerb gibt, stagniert eine Gesellschaft und ist es langweilig. Jedoch muss der Wettbewerb nach fairen Regeln gestaltet werden. Wettbewerb gehört zum Wesen des Menschen.

Markt und Wettbewerb sind jedoch nicht Ziel sondern nur Mittel zur Erreichung der Wohlfahrt in einem Land, die auch göttlichem Willen entspricht. Christen sind, theologisch gesehen, Pilger auf dieser Erde, sind nicht von dieser Welt, sondern leben in dieser Welt und haben sich hier auch in einer Wettbewerbsgesellschaft zu bewähren. Markt und Freiheit haben Kreativität beflügelt. Die menschliche Fantasieentfaltung entspricht dem Wunsche Gottes. Gottes Fantasie in der Natur ist manchmal überraschend; er hat dem Menschen auch diese Kreativität gegeben und diese wird durch Wettbewerb beflügelt.[19]

Eine theologische Bemerkung möchte ich noch anfügen. Es überrascht die Demut des marktwirtschaftlichen Ansatzes. Wohlstand für eine Gesellschaft gibt es in einer Gemeinschaft der Sünder nur über das Eigeninteresse. Nicht das großartige, ehrenvolle und selbstlose Heldenverhalten bringt Wohlstand und schafft krea-

---

[17] Vergleiche hierzu auch den Beitrag Werner Lachmann: Ethik der Marktwirtschaft, in factum 1:1991, S. 20-31; wieder abgedruckt in: Karl Farmer et al (Hrsg.): Individuelle Freiheit oder staatliche Lenkung? Markt und Staat im Lichte christlicher Wirtschaftsethik, Münster et al 2000 (Lit), S. 220-249.

[18] Vergleiche hierzu Trutz Rendtorff: Die Soziale Marktwirtschaft in der Perspektive theologischer Ethik 1; sowie Werner Lachmann: Ökonomische Konzepte in kirchlichen Verlautbarungen, in Ludwig-Erhard-Stiftung (Hrsg.): Die Ethik der Sozialen Marktwirtschaft. Thesen und Anfragen, Stuttgart, New York 1988 (Gustav Fischer), S. 45-58 bzw. 25-44.

[19] Phantasie wird natürlich auch durch Liebe beflügelt. Nur wer kann alle immer lieben?

tive Energie, sondern das philosophisch Verachtete und Unscheinbare, nämlich das Eigeninteresse kann gesellschaftlich so transformiert werden. Kaum ein Philosoph hätte gedacht, dass hier die Juwelen wirtschaftlicher Entwicklung liegen! Die Demut des Ansatzes spricht ebenfalls für die Soziale Marktwirtschaft.

Kritik am Eigentum: Privateigentum kommt von „privare“ (berauben). Hat Proudhon nicht recht, wenn er behauptet: „La propriété c'est le vol?“[20]. Der Ökonom wird an das Beispiel der Allmende erinnert und kennt die negativen Folgen von Nichteigentum. Außerdem schützt Eigentum des Einzelnen seine Freiheit gegenüber der politischen Gewalt. Philosophen grenzten zwischen imperium und dominium ab. Am dominium hört der Einfluss des imperiums auf. Ludwig von Mises[21] hörte nicht auf zu betonen, dass es ohne Privateigentum keine Preise und damit kein verantwortliches wirtschaftliches Handeln gibt. Die gesellschaftlichen Folgen des eigenen Handelns kann der Einzelne nämlich ohne Preise nicht abschätzen!

Dem Markt wird eine Ethik des Egoismus vorgeworfen: Eigeninteresse darf nicht mit Selbstsucht verwechselt werden. Der Markt erlaubt persönliche Freiheit, aber die Selbstsucht wird nicht durch die Rahmenordnung hervorgerufen. Sie ist keine Krankheit, die durch den Wettbewerb verursacht wird, sie ist Folge des menschlichen Sündenfalls. Auch in Nicht-Marktwirtschaften verhält sich der Mensch egoistisch. Egoistisches Handeln im Sozialismus hat weitaus gravierendere Folgen, weil dieser Egoismus nicht neutralisiert und gebannt wird.

Der Mensch soll durch den Markt angeblich zum Materialismus verführt werden. Auch hier gilt die gleiche Aussage: Von seiner sündhaften Natur aus ist der Mensch materialistisch. Die Möglichkeiten in einer Marktwirtschaft sind nur höher. In allen Wirtschaftsordnungen finden wir den gleichen Menschen. Das menschliche Versagen darf man nicht der marktlichen Ordnung zuordnen.

Ebenso wird dem Markt vorgeworfen, dass er unpersönlich sei. In der Tat braucht man beim Kauf keine persönlichen Sympathiebekundungen. Viele Geschäftsverbindungen haben aber auch zu persönlichen Kontakten geführt und Freundschaften zwischen Lieferanten und Kunden sind nicht unüblich. Der Markt erlaubt persönliche Beziehung – erfordert sie aber nicht! Aber er funktioniert besser, wenn in der Gesellschaft ein hohes ethisches Fundament vorliegt.

---

[20] dt.: Eigentum ist Diebstahl.

[21] Ludwig von Mises: Socialism. An economic and sociological analysis, Indianapolis 1932 (Liberty classics).; Übersetzung des deutschen Buches "Die Gemeinwirtschaft".

Fazit

Das theoretische Grobgerüst der Sozialen Marktwirtschaft, insbesondere das der ordoliberalen Interpretation, steht nicht im Widerspruch zum biblisch-christlichen Menschenbild. Die Konzeption erlaubt dem Menschen einen freien Wirkungskreis und achtet seine freiheitliche Menschenwürde. Gleichzeitig nimmt er die menschliche Unzulänglichkeit und sein Scheitern in Betracht und sichert ihn durch sozialpolitische Maßnahmen ab. Damit steht diese Konzeption im Einklang mit alttestamentlichen Aussagen. Auch das Neue Testament steht in dieser Tradition. So schreibt der Apostel Paulus an die Epheser (4,28): „Der Dieb soll nicht mehr stehlen, vielmehr arbeiten und mit seinen Händen das Gut erwerben, damit er im Stande ist, den Notleidenden mitzugeben."

Die in Deutschland zurzeit praktizierte Wirtschafts- und Gesellschaftspolitik scheint allerdings den Freiheitsaspekt zu stark eingeschränkt und den sozialen Aspekt zu stark ausgebaut zu haben, mit dem Ergebnis der zu beobachteten wirtschaftspolitischen Schwierigkeiten.

Die Konzeption der Sozialen Marktwirtschaft berücksichtigt das Potential des Menschen und schützt seine Existenz bei wirtschaftlichen Gefährdungen. Ein Ausnutzen des Sozialen gehört zum Wesen des Menschen hinzu und müsste demzufolge durch die Rahmenbedingungen erschwert werden. Genau hier entsprang eine Auseinandersetzung zwischen den Ordoliberalen und Müller-Armack. Müller-Armack betonte die Rolle des Staates und setzte ihm einen Primat; die Ordoliberalen betonten den Vorrang des Einzelnen gegenüber dem Staat. Ludwig Erhard führte eine mehr pragmatische Politik durch und sah die Gefahr des Wohlstandsstaates durch die Überbetonung des Sozialen in der Konzeption von Müller-Armack. Notwendige Reformen der praktizierten Sozialen Marktwirtschaft wären demzufolge auch im Sinne des christlichen Menschenbildes!

Republikanismus und Globalismus am Beispiel der Kapitalverkehrsfreiheit

Karl Albrecht Schachtschneider

Die mit der (fast) globalen Kapitalverkehrsfreiheit untrennbar verbundene kapitalistische Wirtschaftsordnung in allen Bereichen der Welt, welche dem bestimmenden Einfluss der kapitalistischen Weltmacht USA, der (vermeintlichen) pax americana, unterworfen ist, wirft Rechtsfragen auf, welche sich aus der Verfassung der Menschen, aus der Menschheit des Menschen, aus der Freiheit nämlich ergeben. Die menschheitlichen Grenzen des grenzenlosen Kapitalverkehrs, nicht dessen primärrechtliche Grenzen aus dem Gemeinschaftsrecht oder gar die einfachgesetzlichen Grenzen etwa Deutschlands sind Gegenstand der folgenden Überlegungen. Die fundamentalen Prinzipien des Grundgesetzes, das soziale und das demokratische Prinzip, gebieten, soweit diese in menschheitlicher Dogmatik begriffen werden, eine Kritik der nahezu globalen Kapitalverkehrsfreiheit als dem paradigmatischen, die Entwicklung der Weltpolitik bestimmenden, Widerspruch von Republikanismus und Globalismus.

Die Eigentumsgewährleistung des Art. 14 Abs. 1, die Berufsfreiheit des Art. 12 Abs. 1 und die allgemeine Handlungsfreiheit des Art. 2 Abs. 1 GG schützen in den Grenzen der Sozialpflichtigkeit, die der Gesetzgeber materialisiert, die Unternehmensfreiheit[1], geben aber einer globalen Kapitalverkehrsfreiheit keinen Grundrechtsschutz gegen eine insbesondere vom Sozialprinzip geforderte Außenwirtschaftspolitik.

1. Recht in der einen Welt der vielen Staaten

1.1 Weltweite Kapitalunion als Problem der Vielheit der Staaten

a) Zu einer Markt- und Wettbewerbsunion gehört eine Kapitalunion. Es ist geradezu die ökonomische Logik des Binnenmarktes der Europäischen Gemeinschaft, dass er mit einer Kapitalunion verbunden ist, also den Kapitalverkehr nicht durch territoriale Grenzen der Mitgliedstaaten behindert, sondern ein einheitliches und für die Union geltendes Kapitalverkehrsrecht schafft, d. h. einen gemeinschaftsweiten Kapitalmarkt einrichtet (Art. 3 Abs. 1 lit. c, Art. 14 Abs. 2 EGV). Art. 56 Abs. 1 EGV geht weit darüber hinaus und verbietet mit gewissen Vorbehalten „al-

---

[1] *K.A. Schachtschneider*, Fallstudie zum Umweltrecht, in: ders., Fallstudien zum Öffentlichen Wirtschaftsrecht, 3. Aufl. 2003, S. 334 ff.

le Beschränkungen des Kapitalverkehrs zwischen den Mitgliedstaaten sowie zwischen den Mitgliedstaaten und dritten Ländern“. In einer kapitalistischen Wirtschaftsordnung ist die ökonomische Logik weitestgehende Liberalisierung und Deregulierung des Kapitalverkehrs.

Wegen der Wirtschafts- und Währungsunion ist die Europäische Gemeinschaft ein Staat im funktionalen und materialen Sinne[2], der die Sozialunion entwickelt und entwickeln muss[3], wenn die wirtschafts- und währungspolitische Integration nicht scheitern soll. Die Organe der Europäischen Union üben die Staatsgewalt der Mitgliedstaaten gemeinschaftlich aus. Sie sind in die politischen Organisationen der Mitgliedstaaten integriert und von den Völkern der Mitgliedstaaten legitimiert.[4] Die Gemeinschaft ist kein Staat im existentiellen Sinne. Sie ist insbesondere nicht „souverän“. Die Mitgliedstaaten können die Gemeinschaft verlassen (Prinzip der ständigen Freiwilligkeit).[5] Die Erfahrung lehrt, dass ein wirklicher Schritt zur existentiellen Staatlichkeit die weiteren Schritte zu diesem Ziel erzwingt, wenn nicht die erste große Maßnahme zum Scheitern verurteilt sein soll.

b) Die Problematik der Grenzen der Kapitalverkehrsfreiheit ist die Problematik verfassungsgerechter, d. h. freiheitlicher oder menschheitlicher Staatlichkeit und thematisiert in der Sache die Frage des Weltstaates, der denn auch mit einer weltweiten Kapitalverkehrsaufsicht gefordert wird. Die Politik des freien Kapitalverkehrs findet in der Freiheit der staatlichen Bürgerschaften ihre Grenze. Die Teilung der Welt in Staaten ist zum einen in der weitgehenden wirtschaftlichen, sozialen und kulturellen Heterogenität der Völker und der Völkergemeinschaften angelegt und zum anderen durch das republikanische Prinzip der kleinen Einheit als einer Voraussetzung demokratischer Legitimation und sozialer Solidarität begründet. Die Selbständigkeit und Selbstverantwortlichkeit macht die Nationalität der Staaten als Schicksalsgemeinschaften, als existentielle Staaten also, aus.

---

[2] Dazu und zum Folgenden *K.A. Schachtschneider*, Die existentielle Staatlichkeit der Völker Europas und die staatliche Integration der Europäischen Union. Ein Beitrag zur Lehre vom Staat nach dem Urteil des Bundesverfassungsgerichts zum Vertrag über die Europäische Union von Maastricht, in: K.A. Schachtschneider/W. Blomeyer (Hrsg.), Die Europäische Union als Rechtsgemeinschaft, Bd. 1, 1995, S. 75 ff.; *ders.*, Die Republik der Völker Europas, ARSP-Beiheft 71 (1997), S. 192 ff.; *W. Hankel/W. Nölling/K.A. Schachtschneider/J. Starbatty*, Die Euro-Klage. Warum die Währungsunion scheitern muß, 1998, S. 247 ff.

[3] Dazu *J. C. Ringler*, Die europäische Sozialunion, 1997.

[4] Dazu außer die Hinweise in Fn. 2 auch *K.A. Schachtschneider*, Demokratiedefizite in der Europäischen Union, in: W. Nölling, K.A. Schachtschneider, J. Starbatty (Hrsg.), Währungsunion und Weltwirtschaft, Festschrift für Wilhelm Hankel, 1999, S. 119 ff.

[5] BVerfGE 89, 155 (187 f., 190, 204); *K.A. Schachtschneider*, Die Republik der Völker Europas, ARSP-Beiheft 71 (1997), S. 167 f.

1.2 Politische Einheit der Republik und entnationalisierte Weltwirtschaft

a) Wenn das Gemeinwesen insgesamt politikfähig bleiben soll, muss eine einheitliche, ganzheitliche Staatlichkeit geschaffen werden, weil Politik nur gesamtheitlich als Einheit verantwortet werden kann, zumal wenn, wie es das demokratische Fundamentalprinzip gebietet, alle Staatsgewalt vom Volke ausgehen soll (Art. 20 Abs. 2 S. 1 GG), wenn somit die Politik Sache des Volkes, wenn die res publica res populi sein soll. Die Schicksalsgemeinschaft eines Volkes, welche Menschen auch immer sich zu einem Volk verbinden, erfordert den existentiellen Staat, der das Gemeinwesen insgesamt durch Rechtlichkeit befriedet. Rechtlichkeit aber verlangt nach der politischen Einheit, weil alle Politiken aufeinander einwirken und weil die politische Einheit als Staat im existentiellen Sinne nur vom Staatsvolk als Einheit verantwortet zu werden vermag, wenn die Freiheit das gemeinsame Leben bestimmt, also das Gemeinwesen ein Staat des Rechts, eine Republik ist. Getrennte Politiken unterschiedlicher staatlicher oder quasi-staatlicher Ebenen, die aufeinander nicht verbindlich einwirken können, also der Einheit entbehren, nehmen der Politik die Verantwortbarkeit. Jeder Staat ist auf die Einheit der Politik und damit des Rechts hin eingerichtet. Vornehmlich wird die politische Einheit, die Einheit des Rechts, durch allgemeine, also einheitliche Gesetze hergestellt, aber auch die Verwaltung und die Rechtsprechung sind auf Einheitlichkeit angelegt. Wird die Einheit aufgehoben, wird das Gemeinwesen unregierbar und andere Gewalten als die des Volkes gewinnen bestimmende Macht.

b) Das ist die Lage der entnationalisierten Weltwirtschaft in einer politischen Welt nationaler Staatlichkeit, in der die Einheit des Rechts Not leidet. Die Globalität des Kapitalverkehrs als wesentlicher Faktor der (zumal kapitalistischen) Weltwirtschaft steht im Widerspruch zur Vielfalt nationaler Staaten, welche in gewissem Maße der Vielfalt der Völker im ethnischen Sinne entspricht, jedenfalls in Europa. Folglich wirft die globale Kapitalverkehrsfreiheit die Problematik der Eigenständigkeit der Staaten auf, das Grundproblem der globalen Integration, das Grundproblem des Völkerrechts und des Weltrechts. Es ergibt sich aus der Vielfalt der Völker in der Welt, eine conditio humana, vom Völkerrecht durch den Grundsatz der Gleichberechtigung und der Selbstbestimmung der Völker anerkannt (insbesondere Art. 1 Nr. 2 Charta der Vereinten Nationen), vor allem aber Grundlage der sozialen und demokratischen Lebensweise, der Republikanität, also, noch fundamentaler, der Freiheit der Menschheit.

1.3 Recht auf Recht in der integrierten Welt

a) Fraglich ist, ob die nationale Staatlichkeit wegen der Grundrechte der Menschen, welche jedenfalls in ihrem Wesensgehalt Menschenrechte sind, zurückstehen muss, ob also die Menschenrechte die nationale Staatlichkeit aufzulösen gebieten. Das wirft die Jahrtausendfrage auf, ob die Menschenrechte wirklich universalistisch, also globalistisch, oder territorialistisch, nationalstaatlich zu verwirklichen sind, die Frage nach der personalen Basis von Recht überhaupt: Ist diese Basis die Menschheit oder ist sie das (jeweilige) Staatsvolk? Das Recht auf Recht ist als Freiheit mit dem Menschen geboren, aber die Verwirklichung der Freiheit und damit des Rechts auf Recht ist bislang Sache der Staaten als Schicksalsgemeinschaften. Das Völkerrecht soll den Frieden unter den Staaten gewährleisten. Das gemeinsame Leben der ganzen Menschheit verlangt zunehmend nach der weltweiten Einheit des Rechts, nach dem Weltrecht.[6] Noch aber ist wegen der Wirklichkeit der nationalen Staatlichkeit die Verwirklichung der Menschenrechte weitestgehend Sache der nationalen Staaten, jedenfalls der Menschenrechte im wirtschaftlichen, sozialen und kulturellen Bereich, wie der Internationale Pakt über diese Rechte von 1966 erweist. Für bestimmte elementare Menschenrechte, wie das des Schutzes vor Folter und Sklaverei, wacht in zunehmenden Maße, wenn auch mit Einschränkungen gegenüber mächtigen Despotien, die internationale Staatengemeinschaft, insbesondere die Vereinten Nationen. Sie gelten nicht mehr als innere Angelegenheiten der Staaten. Es entwickelt sich neben der globalen Wirtschaft eine ebenso globale, universale Welt jedenfalls elementarer Menschenrechte.[7] Noch ist jedoch die Einheit der Welt, jedenfalls die wirtschaftliche, soziale und kulturelle Einheit, weit entfernt. Noch ist die für die Verwirklichung der meisten Menschenrechte (außer eben den elementaren) allein maßgebliche politische Einheit der jeweilige existentielle nationale Staat, in dem auch die wirtschaftlichen, sozialen und kulturellen Menschenrechte ihren Schutz und ihre Wirklichkeit finden. Sie sind darum Grundrechte der jeweiligen Staaten. Das Recht ist (noch) weitgehend national. Das bringt der Begriff der existentiellen Staatlichkeit, in dem das jeweilige zum Staat verfasste Volk eine Schicksalsgemeinschaft ist, zum Ausdruck. Insofern ist die Welt in Bewegung, wesentlich durch die wirtschaftliche Globalisierung.

b) Noch jedoch ist die Welt in Staaten geteilt. Noch ist das Recht weitgehend auch in der Europäischen Union durch die „nationale Identität der Mitgliedstaaten", die Art. 6 Abs. 3 EUV der Union zu achten aufgibt, bestimmt und muss demgemäß dogmatisiert werden, jedenfalls das Recht im wirtschaftlichen, sozialen und kulturellen Bereich. Das gilt erst recht für die Weltgemeinschaft. Ideologisch sind freilich alle Selbstverständlichkeiten verloren gegangen. Das gemeinsame Leben ist im Umbruch. Ein neues Zeitalter hat begonnen. Die Ordnung der Welt ist eine Notwendigkeit, aber das Recht darf dabei nicht verloren gehen, auch wenn dieses national gegründet ist. Die Überwindung der nationalen Staatlichkeit darf die Völker nicht vergewaltigen. Noch bestimmt der Wille der jeweiligen (als Staat organisierten) Bürgerschaft das Recht, vorausgesetzt, die Menschenrechte sind gewahrt. Der nationalen Fundierung des Rechts kann der Vorwurf des Unrechts nicht gemacht werden, wenn sie den Frieden der Welt nicht gefährdet, den die Vereinten Nationen wahren wollen (Art. 1 Nr. 1 ihrer Charta).

---

[6] Dazu demnächst *A. Emmerich-Fritsche*, Vom Völkerrecht zum Weltrecht, i.E.

[7] *N. Bobbio*, Menschenrechte und Gesellschaft, in: ders., Zeitalter der Menschenrechte, 1998, S. 63 f.; *V. Epping*, in: K. Ipsen, Völkerrecht, 4. Aufl. 1999, S. 79 ff.

Die praktische Vernunft spricht für die weltweite Republik der Republiken, *Kants* „Föderalismus freier Staaten“[8], um weltweit das Recht der Menschheit zu verwirklichen. Dann bleibt es bei der Fundierung des Rechts durch die einzelnen Staatsvölker, von denen die jeweilige das Recht verwirklichende Staatsgewalt ausgeht. Das Kriterium des personalen Fundaments des Rechts muss, wenn das Recht auf Freiheit gegründet wird, so dass die Menschenwürde unangetastet bleibt, die Entwicklung des gemeinsamen Lebens sein. Die wirklichen Gemeinschaften der Menschen müssen in einer Rechtseinheit leben. Diese Gemeinschaften waren die Staatsvölker, oft auch die Völker im ethnischen Sinne. Es werden in schneller Entwicklung die Menschen dieser Welt. Längst sind es in gewissem Maße die Europäer, von denen bisher nur die Unionsbürger in einer weitgehenden Rechtsgemeinschaft leben.

Das Maß und die Materie der Rechtsgemeinschaft sollte sich nach dem Maß und der Materie der Lebensgemeinschaft richten. Die gemeinsame Umwelt erfordert ein gemeinsames Umweltrecht, der gemeinsame Kapitalmarkt ein gemeinsames Kapitalmarktrecht. Keinesfalls aber rechtfertigt die Zeitenwende den Verlust an Rechtlichkeit in einem, zumal lebenswichtigen, Bereich, dem der Wirtschaft und damit dem des Kapitalverkehrs. Die Welthandelsorganisation (WTO) ist ein wichtiger Grundstein einer weltweiten Rechtsordnung der Wirtschaft, deren Verbindlichkeit aber in der Praxis eine Frage der Gegenseitigkeit ist.[9] Den Kapitalverkehr regelt sie freilich nicht. Aufgabe ist die Entwicklung eines Weltrechts, das die Menschheit der Menschen verwirklicht. Ohne eine Vielfalt von Staaten wird das Weltreich der Freiheit, Gleichheit und Brüderlichkeit nicht zu erwarten sein.

---

[8] Zum ewigen Frieden, ed. Weischedel, Bd. 9, S. 208 ff.; *K.A. Schachtschneider*, Die Republik der Völker Europas, ARSP-Beiheft 71 (1997), S. 192 ff.

[9] Dazu *D. I. Siebold*, Die Welthandelsorganisation und die Europäische Gemeinschaft. Ein Beitrag zur globalen wirtschaftlichen Integration, 2003.

2. Gemeinwohl durch Staatlichkeit, Kapitalismus durch Internationalismus

2.1 Entstaatlichende internationalistische Deregulierungszwänge

Das bestimmende Prinzip der global agierenden Unternehmen ist die Kapitalrendite (shareholder value). Die globalistischen Unternehmen bestimmen ihre Standortpolitik nach den Kapitalinteressen und spielen die Staaten mittels der außerordentlich großen Unterschiede der Lebensverhältnisse der Völker und Völkergemeinschaften gegeneinander aus.[10] Sie können das, weil das Kapital so gut wie unbeschränkt in die Staaten verlagert werden kann, welche die größtmöglichen Kapitalverwertung offerieren. Die variablen und flexiblen und dadurch globalen Produktionsmöglichkeiten binden die Unternehmen zunehmend weniger an bestimmte Standorte, weil sie sich den (im übrigen schwindenden) Unterschieden der weltweiten Konsumgewohnheiten anpassen können, gerade auch mittels Verlagerung von Betrieben in Marktnähe. Nicht nur Unternehmen sind global, sondern auch Produkte und Kunden. Die Verkehrs- und Transportverhältnisse u.a.m. erleichtern den Standortwechsel. Das zwingt die Staaten zu einer Steuer- und einer Sozialpolitik, welche der sozialgerechten Beschäftigungspolitik keine Chance lässt. Der Wettbewerb der Staaten minimiert die funktional staatlichen Pflichten der Unternehmen, weil diese sich wesentlich privaten Maximen der Anteilseigner, also deren Vorteil, verpflichten, die günstigsten Verhältnisse für die Kapitalinteressen aussuchen zu können. Die Staaten, vor allem die mit hohem sozialen Standard, werden in einen, die funktionale Staatlichkeit der Unternehmen nivellierenden Deregulierungswettbewerb gezwungen, der liberalistisch die Lebensverhältnisse entsozialisiert; denn die soziale Realisation vollzieht sich durch Verteilung, unvermeidlich zu Lasten der Gewinne der Anteilseigner der Unternehmen. Die global agierenden Unternehmen haben mit dem Mittel des Standortwettbewerbs die Staaten unternehmenspolitisch zu schwächen verstanden. Die Kapitaleigner, meist durch institutionelle Anleger vertreten, sind nicht sozialpolitisch eingebunden und haben keinerlei Veranlassung, eine soziale Verantwortung zu übernehmen, weil ihr Kapital geradezu aus der „Logik" des globalen Kapitalverkehrs ausschließlich nach den Kapitalinteressen eingesetzt wird.

Das Vertrauen in die bürgerliche/sittliche Verantwortung der Unternehmensorgane ist die wesentliche Rechtfertigung der weitestgehend funktionalen Privatheit der Unternehmen. Weder die institutionalisierten Anleger noch die Unternehmen haben jedoch spezifisch wegen ihres Internationalismus eine reale Chance, soziale Verantwortung wahrzunehmen. In den Unternehmensgesellschaften mit international gestreuten unmittelbaren oder mittelbaren Anteilseignern haben vor allem institutionelle Anteilseigner bestimmenden Einfluss auf die Unternehmen, welche

[10] Dazu und zum Folgenden *K.A. Schachtschneider*, Eigentümer globaler Unternehmen, in: B. N. Kumar, M. Osterloh, G. Schreyögg (Hrsg.), Unternehmensethik und die Transformation des Wettbewerbs, Festschrift für Horst Steinmann, 1999, S. 430 ff.

den jeweiligen Völkern und Staaten, in denen ihre Gesellschaften unternehmerisch agieren, nicht verpflichtet sind, schon gar nicht sozial. Das bürgerliche (sittliche) Interesse an dem Staat des Unternehmens können insbesondere die internationalistischen (meist institutionellen) Anleger spezifisch wegen der Diversität der nationalen Interessen nicht haben.

Vor allem langfristige Entwicklungen der Unternehmensgeschicke werden nicht von den Interessen der Gemeinwesen, durch Gesetz oder durch alleinbestimmte Sittlichkeit also, gesteuert, sondern durch die nicht standortgebundenen Interessen allein der Anteilseigner, sprich: des Kapitals. Die Globalisierung der Wirtschaft hat manche Ursachen in der technischen Entwicklung. Ihre wesentliche Ursache sind die Liberalisierung und Deregulierung des Kapitalverkehrs in den meisten Teilen der Welt.

2.2 Sozialwidrige Entstaatlichung der Unternehmen

Von Freiheit des Kapitalverkehrs zu sprechen, verfehlt die Sachlage, wenn Freiheit, wie nach dem Grundgesetz, Sittlichkeit gebietet[11], sittliches Handeln aber für die Agenten des Kapitals geradezu ausgeschlossen ist. Die Kapitaleigner können das gravierende soziale Gefälle der Staaten dieser Welt für ihre Interessen nutzen und sind geradezu gezwungen, die Gewinnchancen zu suchen, weil der Gewinn (der Vorteil) das verbindende Prinzip der Kapitalgeber ist. Soziale Verantwortung oder eben Sittlichkeit setzt den Staat und dessen allgemeines Gesetz voraus. Der nationale Staat ist aber in der globalisierten Unternehmenswelt in spezifischer Weise entmachtet. Die funktionale Staatlichkeit der Unternehmen, die durch die institutionelle Privatheit definiert sind[12], kann nicht ausreichend zur Geltung gebracht werden, wenn und weil die Staaten die Gesetzgebungshoheit gegenüber den Unternehmen verloren haben, insoweit die Unternehmen sich den Gesetzen eines Staates spezifisch wegen der Kapitalverkehrspolitik der Staaten selbst entziehen können.

Erst ein globaler Staat vermöchte die Kapitaleigner und die Unternehmen wieder dem Sozialprinzip zu verpflichten, aber es ist nach aller Erfahrung nicht zu erwarten, dass ein solcher Weltstaat auf Freiheit, Gleichheit und Brüderlichkeit gegründet wäre. Der Weltstaat würde zu viele Menschen vereinen, als dass er mehr als höchst formal demokratisch sein könnte. Mit der materialen Demokratie würde ihm die wesentliche Bewegungskraft der sozialen Realisation fehlen. Solidarität ist nach aller Erfahrung eine Sache der Nähe, der kleinen Einheit. Demo-

[11] *K.A. Schachtschneider*, Res publica res populi. Grundlegung einer Allgemeinen Republiklehre. Ein Beitrag zur Freiheits-, Rechts- und Staatslehre, 1994, S. 259 ff., 325 ff., 410 ff.; *ders.*, Freiheit in der Republik, Manuskript 2002, 2. Kap., VII, 3., 5. und 7. Kap.

[12] Dazu *K.A. Schachtschneider*, Res publica res populi, S. 211 ff., 370 ff.; *ders.*, Freiheit in der Republik, 8. Kap., VI; *ders.*, Eigentümer globaler Unternehmen, FS H. Steinmann, S. 420 f.

kratie setzt die Freiheit des Diskurses, zumindest die gemeinschaftliche Öffentlichkeit voraus.

Nicht allein die Liberalisierung und Deregulierung des Kapitalverkehrs bringt die sozialwidrige Globalisierung mit sich, sondern auch die Liberalisierung und Deregulierung des Waren- und des Dienstleistungsverkehrs u.a.m.; spezifisch aber ist die Globalisierung des Kapitalverkehrs. Dieser ist mit dem Sozialprinzip, dessen Realisation, vor allem wegen der Unterschiede in den Lebensverhältnissen der Welt, entweder national oder, falls eine hinreichende soziale Homogenität erreicht ist, europa-national sein kann, wie das die Europäische Gemeinschaft versucht, unvereinbar. Die Globalisierung der Kapitalverwertung ist der vorerst erfolgreiche Weg der Ausbeutung der Völker und der Unterwerfung der Staaten. Diese neue Form der Ausbeutung ist durch die politisch zu verantwortende „Freiheit" des Kapitalverkehrs erst möglich geworden.

2.3 Sozialwidrige Ideologisierung des Wettbewerbs

Die Theoretiker und Praktiker der entstaatlichten Märkte versuchen, sich mit dem Wettbewerbsprinzip zu exkulpieren. Die Legitimation des Wettbewerbs wird (ist) zu einer Ideologie überhöht, welche dem Staat und damit den mit dem Staat verbundenen Prinzipien der Republik, insbesondere denen der Freiheit, Gleichheit und Brüderlichkeit, die Legitimation streitig macht. Schon *Herbert Krüger* hat davor gewarnt, den Wettbewerb zu „vergötzen".[13] Die optimale Allokation der Ressourcen, welche ökonomische Theorien dem globalen Wettbewerb nachsagen[14], mag sich in Modellrechnungen darlegen lassen. Aber der Wettbewerb, dessen Nutzen für die Effizienz unbestritten ist, wenn er sachgerecht veranstaltet wird, muss sich in das Gemeinwohl einfügen. Er kann nur Werkzeug der Bürgerschaften sein, wie die Unternehmen selbst auch. Ein weltweiter Wettbewerb legitimiert die Desozialisierung der Lebensverhältnisse nicht. Der Wettbewerb setzt Privatheit voraus, aber die Privatheit muss gemeinverträglich sein. Sie darf die Sozialpflichtigkeit nicht abschütteln wollen und nicht wollen dürfen, wie das paradigmatisch Art. 14 Abs. 2 GG („Eigentum verpflichtet. Sein Gebrauch soll zugleich dem Wohle der Allgemeinheit dienen.") für die Eigentumsverfassung zeigt. Keinem Staat kann die soziale Frage gleichgültig sein. Er muss dem Sozialprinzip genügen, wenn er ein Gemeinwesen der Freiheit, eine Republik sein will.

---

[13] Allgemeine Staatslehre, 2. Aufl. 1966, S. 473.

[14] Dazu (kritisch) *K.A. Schachtschneider*, Eigentümer globaler Unternehmen, FS H. Steinmann, S. 430 ff.; kritisch auch *U. Beck*, Was ist Globalisierung?, 5. Aufl. 1998, S. 196 ff., 208 ff.

2.4 Missbrauch wettbewerbswidriger Standortunterschiede

Marktlicher Wettbewerb hat Voraussetzungen, vor allem die hinreichende Gleichheit der Chancen.[15] Der weltweite Wettbewerb setzt zumindest ein Weltwirtschaftsrecht voraus, welches den Missbrauch von Standortvorteilen zu Lasten der Völker ausschließt, also die Gleichheit der Marktchancen der Standorte, welche im Wettbewerb sind, sichert; denn es gibt keinen fairen, d.h. rechtmäßigen, Wettbewerb ohne hinreichende Gleichheit, aus der die Chancen erwachsen. Für weltweite Wettbewerbsverhältnisse muss die Weltwirtschaftsordnung wesentlich weiterentwickelt werden. Derzeit wird die wettbewerbswidrige Ungleichheit der Standorte kapitalistisch missbraucht, um den Staaten republikwidrige Zugeständnisse abzunötigen. Die Vorteilsnahme ist die eigentliche Triebfeder der Globalisierung, nicht etwa das Bemühen um das Wohl der Völker, gar der armen Völker. Wenn die Staaten in einen Wettbewerb treten oder viel mehr gedrängt werden, ist dieser nur rechtmäßig, wenn die Lebensverhältnisse in den Staaten derart homogen sind, dass die Unternehmer als die „Nachfrager" nach Staatlichkeit nicht die sozialpolitische Hoheit der Staaten unterminieren können. In der vor allem sozial heterogenen Welt führt die Globalisierung zu sozialen Verwerfungen, in denen die freiheitlichen Gemeinwesen zugrunde gehen können, jedenfalls in erheblicher Not geraten.

Den Menschen in den armen Ländern wird im übrigen nicht durch den ausbeuterischen Einsatz des Kapitals aus den reichen Ländern geholfen, sondern durch eine nachhaltige Förderung der Entwicklung, vor allem durch eine Revolutionierung ihrer politischen Systeme. Schon Montesquieu hat aber gesagt:

„Gerade in den freiheitlichen Ländern stößt der Handelsmann auf Einreden und Widerstände ohne Zahl. Nirgends kommen ihm die Gesetze weniger in die Quere als in geknechteten Ländern" (Vom Geist der Gesetze XX, 12).

Erneut muten die globalen Unternehmen den Staaten und damit den Völkern zu, ihnen zu dienen. Das verkehrt den Nomos der Wirtschaft. Die Führer der globalen Unternehmen und der institutionellen Anleger geben sich als die neuen Herren der Welt, „frei und reich" (Kenichi Ohmae[16]). Die Politik der WTO, die erklärtermaßen von dem Freihandelsgedanken getragen ist, hat freilich das Sozialdumping, eine krasse Fehlentwicklung des Freihandels, ermöglicht. Die Unternehmer tun, was sie dürfen. Die Verantwortung haben die Politiker, eigentlich alle Bürger. Wer auf das Ethos der Unternehmer baut, verkennt die Zwänge des Marktes.

---

[15] *K.A. Schachtschneider*, Staatsunternehmen und Privatrecht. Kritik der Fiskustheorie, exemplifiziert an § 1 UWG, 1986, S. 323 ff.

[16] Die neue Logik der Weltwirtschaft, 1992, S. 242 f.

3. Marktliche Sozialwirtschaft versus globale Kapitalverkehrsfreiheit

3.1 Marktliche Sozialwirtschaft

Das Sozialprinzip ist wegen seines Verfassungsranges das bestimmende Prinzip der Wirtschaftsverfassung[17]; denn die Republik ist nicht nur eine Rechts- sondern auch eine Wirtschaftsgemeinschaft. Das Grundgesetz, das sich nicht für eine bestimmte Wirtschaftsordnung ausgesprochen hat, hat doch mit dem Sozialprinzip dem wirtschaftsordnenden Gesetzgeber die brüderliche Lebensbewältigung aufgegeben. Die Wirtschaftsordnung muss nach dem Sozialprinzip die Selbständigkeit und damit auch die Selbstverantwortlichkeit der Menschen gewährleisten. Nicht die soziale Marktwirtschaft ist die Wirtschaftsordnung, welche dem Grundgesetz bestmöglich genügt, sondern die marktliche Sozialwirtschaft. Die Wirtschaft trägt zur sozialen Realisation bestmöglich bei, wenn sie marktlich und wettbewerblich gestaltet ist, weil Markt und Wettbewerb der Erfahrung nach die größte wirtschaftliche Effizienz gewährleisten, freilich nur, wenn der Staat dafür Sorge trägt, dass Markt und Wettbewerb sich dem Sozialprinzip fügen, wenn insbesondere die grundsätzlich gleichheitliche, durch Leistung und Bedarf modifizierte, Verteilung der Güter gewahrt bleibt, welche durch die Eigentumsgewährleistung geboten ist.[18]

3.2 Gesamtwirtschaftliches Gleichgewicht

Die Wirtschaftsordnung genügt nicht dem Sozialprinzip, wenn sie nicht bestmöglich die gesamtwirtschaftliche Stabilität[19] sicherzustellen versucht. Wenn Markt und Wettbewerb die Stabilität gefährden, verletzen sie die Wirtschaftsverfassung der Freiheit. Das Prinzip des gesamtwirtschaftlichen Gleichgewichts, welches im Grundgesetz vor allem in Art. 109 Abs. 2 und Abs. 4 für die Haushaltswirtschaft von Bund und Ländern angesprochen ist, hat durch das Sozialprinzip höchsten Verfassungsrang und gilt damit nicht nur für die staatliche Haushaltswirtschaft, sondern für die gesamte Wirtschaft der Republik. Auch die Unternehmenswirtschaft muss sich dem Prinzip des gesamtwirtschaftlichen Gleichgewichts beugen, welches die Gesetze zu materialisieren und die Exekutive, vor allem die Goubernative, insbesondere durch die Geld- und Währungspolitik, zu verwirklichen hat. Gesamtwirtschaftliches Gleichgewicht wird in einer Wirtschaftsordnung, welche Markt und Wettbewerb größtmögliche Entfaltung lässt und dadurch dem Pri-

[17] Dazu und zum Folgenden *W. Hankel/W. Nölling/K.A. Schachtschneider/J. Starbatty*, Die Euro-Klage, S. 192 ff.

[18] Dazu *K.A. Schachtschneider*, Das Recht am und das Recht auf Eigentum, FS W. Leisner, 1999, S. 755 ff., 775 ff., 780 ff.

[19] Dazu *H.-M. Hänsch*, Gesamtwirtschaftliche Stabilität als Verfassungsprinzip. Die gesamtwirtschaftliche Stabilität der deutschen Wirtschaftsverfassung und die Europäische Währungsunion, 2002.

vatheitsprinzip genügt, durch die Einheit der Ziele definiert, welche für eine soziale Wirtschaft nach den vom Gesetzgeber übernommenen volkswirtschaftlichen Theorien unverzichtbar sind, nämlich nach dem magischen Viereck, welches § 1 StabWachsG formuliert: die Zieleinheit von Stabilität des Preisniveaus, hohem Beschäftigungsstand, außenwirtschaftlichem Gleichgewicht und stetigem Wachstum.

3.2.1 Preisniveaustabilität

Dass die Sicherung des Preisniveaus durch das Sozialprinzip Aufgabe des Staates ist, hat das Bundesverfassungsgericht bereits im Preisurteil 1958 ausgesprochen.[20] Die Stabilität der Preise sichert den Wert der Rechte. Die Inflation höhlt das Eigentum aus, so dass auch aus der Eigentumsgewährleistung die Pflicht des Staates folgt, die Stabilität des Geldwertes zu fördern. Art. 14 Abs. 1 GG ist Grundrecht des Bürgers auf Preisstabilität. Seine Substanz erhält die Eigentumsgewährleistung auch durch das Sozialprinzip. Der globale Kapitalverkehr entzieht die preisliche Stabilitätspolitik der Staatsgewalt der Völker, auch der gemeinschaftlich durch die Europäische Gemeinschaft ausgeübten Staatsgewalt. Die globalen Kapitalbewegungen sind derart immens (täglich in etwa 3 Billionen DM), dass ihr eine nationale, aber auch eine gemeinschaftliche Währungspolitik machtlos gegenüberstehen. Die globale Liberalisierung und Deregulierung des Kapitalverkehrs behindern somit die Verwirklichung des preisniveaurechtlichen Sozial- und Eigentumsprinzips.

3.2.2 Hoher Beschäftigungsstand

In der Sozialwirtschaft darf die Beschäftigungspolitik keinesfalls vernachlässigt werden, nicht nur weil sie vom Sozialprinzip, sondern auch, weil Beschäftigungspolitik durch die Eigentumsgewährleistung des Art. 14 Abs. 2 GG geboten ist; denn Arbeit ist der allgemeinste und menschheitlichste Weg zu Eigentum und damit zu freiheitsgemäßer Selbständigkeit.[21] Nur in Selbständigkeit sind die Menschen der Autonomie des Willens fähig und nur die Selbständigkeit begründet die Gleichheit in der Freiheit. Die Eigentumsordnung muss ermöglichen, dass alle Menschen im Lande selbständig und darum der Freiheit fähig sind. Die Eigentumsgewährleistung des Art. 14 Abs. 1 GG ist die Gewährleistung des Eigentums für alle, damit alle Bürger sein können. Art. 14 Abs. 1 GG schützt nicht nur das Recht am Eigentum, sondern begründet ein Recht aller auf Eigentum.[22] Darum sind die Arbeitsverhältnisse das Eigentum der Mitarbeiter der Unternehmen.

---

[20] BVerfGE 8, 274 (328 f.).

[21] *K.A. Schachtschneider*, Res publica res populi, S. 234 ff.; *ders.*, Das Recht am und das Recht auf Eigentum, FS W. Leisner, S. 755 ff., insb. S. 767 ff.

[22] Dazu und zum Folgenden *K.A. Schachtschneider*, Das Recht am und das Recht auf Eigentum, FS W. Leisner, S. 743 ff.

Zugleich erwächst aus der Eigentumsgewährleistung ein Recht auf Arbeit, wie es die Menschenrechtstexte kennen.[23] Darin genügt die Dogmatik der grundrechtlichen Eigentumsgewährleistung und eine dieser personal-sozialen Eigentumslehre gemäße Eigentumsgesetzgebung dem Sozialprinzip. Die hohe Arbeitslosigkeit in Deutschland ist keineswegs ein Naturereignis, sondern Ergebnis einer kapitalistischen Politik, die sich die Parteienoligarchien, welche die europäischen Staaten, jedenfalls Deutschland, beherrschen, gefügig gemacht haben. Dafür benötigt man nicht mehr als Geld; denn das Wesen der Parteifunktionäre ist schon wegen ihrer illegitimen Macht die Korruptheit. Die Kapitaleigner tun das, was sie können, also das, was ihnen erlaubt oder auch nur nicht unterbunden wird.

Standortwechsel verlagern Arbeitsplätze. Die Arbeitsplätze sind dadurch, dass die Entscheidungen über den Unternehmensstandort den Gesellschaftsorganen überantwortet ist, gefährdet, ja gehen weitestgehend verloren, wenn der Standort gewechselt wird. Die weitere Mitarbeit der an einem kostspieligen Standort entlassenen Arbeitnehmer ist selten gefragt, weil globalisierende Unternehmer die geringen Arbeitskosten eines anderen Standortes nutzen wollen, abgesehen davon, dass der Standortwechsel für die meisten Arbeitnehmer wegen ihrer Lebens -, insbesondere ihrer Familienverhältnisse kaum zumutbar sein dürfte. Mit dem entlassenen, also expropriierten Arbeitnehmer wird ein Mensch zurückgelassen. Der verlassene Staat muss die Kosten für diesen Menschen übernehmen. Auch wenn für diesen Notfall, auch mit Hilfe der Unternehmen, in nicht unerheblichem Umfang vorgesorgt ist, insbesondere durch die Arbeitslosenversicherung, aber auch durch betriebliche Sozialpläne, so fällt doch der Arbeitslose, gegebenenfalls mit seiner Familie, langfristig der Wirtschaft dem nationalen Staat zur Last. Die Entscheidung der Unternehmenseigner und deren Vertreter in den Unternehmensorganen hat ihm sein Eigentum, seinen Arbeitsplatz, genommen, regelmäßig ohne dass er gefragt werden musste. Gewerkschaften und Arbeitnehmermitbestimmung vermögen, wie die Praxis erweist, derartige zur Massenarbeitslosigkeit beitragende Unternehmenspolitik des provozierten Wettbewerbs nicht wirklich zu be- oder gar zu verhindern.

[23] Dazu *K.A. Schachtschneider*, Recht auf Arbeit - Pflicht zur Arbeit, in: K.A. Schachtschneider, H. Piper, M. Hübsch (Hrsg.), Transport - Wirtschaft - Recht, Gedächtnisschrift für Johann Georg Helm, 2001, S. 827 ff.

4. Demokratisches Prinzip versus politischen Internationalismus

4.1 Demokratisches Prinzip der Republik

Eine Republik muss demokratisch sein, weil sie durch die Gleichheit aller in der Freiheit gekennzeichnet ist.[24] Die demokratische Republik ist die Staatsform der allgemeinen Freiheit, Gleichheit und Brüderlichkeit. Die allgemeine Freiheit ist die allgemeine Gesetzgeberschaft der miteinander lebenden Menschen oder die Bürgerlichkeit der Bürger. Frei ist, wer sich selbst und zugleich allen anderen die Gesetze gibt, welche er selbst wie die anderen bei seinem Handeln beachten muss; denn Freiheit ist die Autonomie des Willens oder eben die „Unabhängigkeit von eines anderen nötigender Willkür“ (*Kant*).[25] Die Freiheit kann nur allgemein sein, wenn alle, also jeder die Gesetze gibt, und die Gesetze allgemein, also für alle, gelten. Die allgemeine Gesetzlichkeit ist die Verbindlichkeit des allgemeinen Willens; denn nur der Wille, der sich selbst das Gesetz ist, begründet Verbindlichkeit. Die Verbindlichkeit der Gesetze ist nichts anderes als der allgemeine Wille des Volkes. Dieser allgemeine Wille materialisiert die Staatsgewalt, weil „der Staat (civitas) die Vereinigung einer Menge von Menschen unter Rechtsgesetzen“ ist (*Kant*).[26] Das demokratische Fundamentalprinzip, auch des Grundgesetzes: „Alle Staatsgewalt geht vom Volke aus“ (Art. 20 Abs. 2 S. 1), formuliert dieses aus der allgemeinen Freiheit folgende Staatsprinzip und wäre missverstanden, wenn es lediglich als Legitimation eines obrigkeitlichen Staates durch das untertänige Volk herhalten müsste. Die Staatsgewalt ist die Hoheit des Volkes oder dessen allgemeiner Wille. Das Volk ist der Staat im weiteren Sinne. Der Staat im engeren Sinne sind die Organe, welche das Volk in der Gesetzgebung, der vollziehenden Gewalt und der Rechtsprechung vertreten. Art. 20 Abs. 2 S. 2 GG formuliert das in aller Klarheit.

Die Republik als das Gemeinwesen der Bürger kennt keinen Gegensatz von Staat und Gesellschaft. Diese Konzeption hat den durch das monarchische Prinzip geprägten konstitutionellen Staat richtig beschrieben, indem die Staatsgewalt Sache des Monarchen war, der aber gemäß den (oktroyierten) Verfassungsgesetzen Freiheit und Eigentum der Bürger zu respektieren hatte. Das führte zu einem liberalistischen Freiheitsbegriff der Gesamtheit begrenzter Freiheitsrechte (Freiheiten), welche durch die Teilnahme an der Gesetzgebung (durchaus wirksam) geschützt wurden, aber nicht Grundlage der Staatsgewalt waren. Demgegenüber definiert Art. 2 Abs. 1 GG, wie es eine Republik erfordert, die Freiheit politisch, indem der Freiheitsbegriff vom Sittengesetz bestimmt wird. Das Sittengesetz, der kategorische Imperativ, lässt sich nur durch die allgemeine Gesetzgeberschaft ver-

---

[24] Dazu und zum Folgenden *K.A. Schachtschneider*, Res publica res populi, passim; *ders.*, Freiheit in der Republik, passim.

[25] Metaphysik der Sitten, ed. Weischedel, Bd. 7, S. 345.

[26] Metaphysik der Sitten, S. 431.

wirklichen. Die Freiheit ist damit das Recht zur Gesetzgebung, also politische Freiheit.

Das Freiheitsprinzip der menschheitlichen Verfassung, dem der Freiheitsbegriff des Grundgesetzes genügt, führt zum republikanischen Verständnis des demokratischen Prinzips, welches als Prinzip allgemeiner politischer Freiheit zu dogmatisieren ist. Die Demokratie ist somit das Gemeinwesen der Freiheit, der Freistaat, oder eben der Bürgerstaat, die Republik. Das entspricht dem griechischen Verständnis von Demokratie und dem römischen Verständnis von Republik; denn der Leitsatz der Republik ist: res publica res populi, und die Demokratie ist der Staat des Volkes als der Vielheit der Bürger. Keinesfalls ist Demokratie Herrschaft des Volkes, weil das Volk nicht herrschen, sondern nur beherrscht werden kann. Das Volk in seiner Gesamtheit kann nur durch allgemeine Gesetzlichkeit frei sein.

4.2 Freiheitlichkeit durch Rechtlichkeit aller Handlungen

Die Bürger sind aber nur frei, wenn alles Handeln im Gemeinwesen ihrem Willen entspricht, d.h. ihre Gesetze achtet; denn alles Handeln hat Wirkung auf alle, oder alles Handeln ist Gewaltausübung. Alles Handeln verändert nämlich die Lebenswirklichkeit. Handeln, das nicht ausweislich der Gesetze dem Willen aller entspricht und dadurch gemeinverträglich ist, verletzt die allgemeine Freiheit oder ist nicht demokratisch legitimiert. Diese republikanische Logik besagt nicht, dass alle Handlungen eng von den Gesetzen bestimmt sein müssen, sie müssen nur dem allgemeinen Willen, der in den Gesetzen beschlossen ist, genügen. Wenn die Gesetze besonderen Maximen Verwirklichungschancen lassen, also dem Privatheitsprinzip genügen oder eben der besonderen Persönlichkeit des Menschen Entfaltungsmöglichkeiten geben, so entspricht das dem allgemeinen Willen, der im übrigen durch die Menschen- oder Grundrechte als obersten Prinzipien einer Republik gebunden ist. Der Wille freilich, der die Gesetze gibt, ist nichts anderes als die praktische Vernunft und damit die Freiheit als das Vermögen zum Guten. Er materialisiert sich im (gegebenenfalls repräsentativen) Konsens und ist darin Wille des Volkes.

Die Republik beansprucht die uneingeschränkte Hoheit des Volkes. Das Volk muss sich keine Handlungen gefallen lassen, welche es nicht will. Derartige Handlungen können nicht rechtens sein, weil sie sich nicht dem Willen des Volkes (der Bürgerschaft) fügen, der allein Recht als Erkenntnis des Richtigen für das gute Leben aller in allgemeiner Freiheit auf der Grundlage der Wahrheit hervorzubringen vermag. Das Recht jedes Menschen auf Recht wird verletzt, wenn er sich durch Handlungen nötigen lassen muss, die außerhalb des Rechts stehen. Dadurch würde das Gemeinwesen teilweise in den so genannten Naturzustand zurückfallen, in den Zustand des Krieges aller gegen alle.

Die Totalität des Rechtsprinzips begrenzt sich auf das Hoheitsgebiet des Staates. Demgemäß ist das demokratische Prinzip mit dem staatlichen Territorialitätsprinzip verbunden, welches sich weitestgehend national verwirklicht hat. Nur der Wille der Menschen, welche dem Staat angehören, gibt die Gesetze. Die Staatlichkeit muss um der allgemeinen Freiheit willen (funktional und institutionell) ausgedehnt werden, wenn anders die Wirkung der Handlungen nicht dem Rechtsprinzip genügen können, wenn also die das Gebiet des Staates überschreitenden Handlungswirkungen eine die Rechtlichkeit des Lebens aller Handlungsbetroffenen beeinträchtigende Wirkung haben. Wenn derartige Wirkungen nicht abgewehrt werden können oder nicht abgewehrt werden sollen, weil sie etwa um der wirtschaftlichen Entwicklung willen gewollt sind, müssen die politischen Verhältnisse darauf eingestellt werden. Das ist denn auch der Zweck der internationalen Organisationen und der supranationalen Gemeinschaften. Um des demokratischen Prinzips willen, welches Substantialität nur in kleinen Einheiten zu entfalten vermag, ist der bestmögliche Weg zur Rechtlichkeit in großen Territorien und in der Welt der zur Republik der Republiken, welchen *Kant* in der Schrift über den Frieden entwickelt hat.

4.3 Entrechtlichung der Republik durch den internationalistischen Kapitalismus

Der internationalistische Kapitalismus verletzt die Bürgerlichkeit der Bürgerschaften, weil die Bürger ihre Freiheit gegenüber ihren Unternehmen nicht wirklich durch Gesetze des gemeinen Wohls verwirklichen können, weil die freiheitliche Verteilung der Güter, die das Gemeinwesen hervorbringt, erschwert, wenn nicht verhindert wird, weil die Anteilseigner, die außerhalb der Bürgerschaft stehen, die Erträgnisse weitestgehend in Anspruch nehmen, weil die Verwirklichung des demokratisch gestützten Sozialprinzips mangels hinreichenden Einflusses des Staates weitgehend verhindert wird. Das demokratische Prinzip verliert durch die Entstaatlichung der Unternehmen an Bedeutung; denn der (abgenötigte) Privatismus (funktionale Entstaatlichung) der Unternehmen mindert (durchaus bezweckt) die Relevanz der Wahlen, weil die Bürgerschaft und deren Repräsentanten auf Gesetze und mit den Gesetzen auf die Verwirklichung des Gemeinwohls verzichten müssen. Insgesamt wird die Republik relevant entstaatlicht, d.h. entdemokratisiert, entsozialisiert, entliberalisiert (liberal im Sinne der politischen Freiheit verstanden), fundamentaler: entrechtlicht, weil die Unternehmen der Republik entzogen werden. Die Unternehmensgesellschaften tun dies, weil sie es können, d.h. weil es ihnen nicht verwehrt wird, und weil es in ihrem Interesse ist. Die Republiken haben das, von ökonomischen Effizienztheorien, insbesondere einer missverstandenen Freihandelslehre, vielleicht auch durch die Ideologie des Großen verführt, ermöglicht. Die Globalisierungspolitik beraubt die Menschen weitgehend der politischen Freiheit.

5. Unternehmen als res publica

5.1 Sozialpflichtigkeit der Unternehmen

Auch die Unternehmen eines Gemeinwesens unterliegen der Hoheit des Volkes. Sie dürfen nur im Rahmen der Gesetze tätig werden. Die Unternehmen dienen der Lebensbewältigung des Volkes. Ihre Handlungsweisen sind weitgehend gesetzlich bestimmt und verwirklichen durch die Gesetzlichkeit das Gemeinwohl. Darin haben die institutionell privaten Unternehmen ihre staatliche Funktion, die nichts anderes als Verwirklichung des allgemeinen Willens des Volkes und damit der Gemeininteressen desselben ist. Die besonderen Interessen des Unternehmens, vor allem das Gewinninteresse, kann und soll sich durchaus im Rahmen des Gemeininteresses entfalten. Das Volk erlaubt die funktionale Privatheit der Unternehmen vor allem, weil das Privatheitsprinzip[27] die größtmögliche Effizienz unternehmerischer Tätigkeit verspricht; denn die Privatheit ist Voraussetzung des leistungssteigernden Wettbewerbs, vorausgesetzt diese Untenehmensverhältnisse, vor allem die unternehmerischen Machtverhältnisse, sind nicht wettbewerblich funktionswidrig. Auch die Veranstaltung des Wettbewerbs ist Sache des Staates, sei es national oder in internationalen Ordnungen. Die Unternehmen sind eine Sache des Volkes; als res publica sind sie eine res populi. Sie sind zugleich eine Sache der Unternehmer, aber auch Sache der Beschäftigten der Unternehmen und somit auch eine res privata. Die funktionale Staatlichkeit und die funktionale Privatheit sind wie bei allem Handeln in der Republik untrennbar verbunden, weil Handeln durch die Interessen der Allgemeinheit und die besonderen Interessen zugleich bestimmt ist.[28] Die allgemeinen Interessen sind in den Gesetzen formuliert, die besonderen Interessen zeigen sich in den privaten Maximen.

Die Grenzen der funktionalen Staatlichkeit ziehen die Grundrechte, letztlich durch ihren Wesensgehalt, der institutionell zu entfalten ist. Unternehmerisches Handeln findet jedoch nur begrenzten Grundrechtsschutz in den Artikeln 14 Abs. 1, 12 Abs. 1 und 2 Abs. 1 GG. Das Grundgesetz formuliert keine allgemeine Unternehmensfreiheit. Unternehmen haben in der Republik eine dienende Funktion. Eine Kapitalverkehrsfreiheit muss sich die Grenzen des republikanischen Sozialprinzips gefallen lassen, welches der Gesetzgeber zu verwirklichen hat. Es gibt keine liberalistischen, sondern nur sozialpflichtige Grundrechte, wie sie das Bundesverfassungsgericht denn auch zu praktizieren pflegt.[29] Freiheit ist ohne Ausnahmen dem Sittengesetz, dem kategorischen Imperativ, verpflichtet.[30]

[27] Dazu *K.A. Schachtschneider*, Res publica res populi, S. 370 ff.; *ders.*, Freiheit in der Republik, 8. Kap., IV.

[28] Dazu *K.A. Schachtschneider*, Staatsunternehmen und Privatrecht, S. 173 ff., 235 ff., 281 ff.; *ders.*, Res publica res populi, S. 211 ff., 370 ff.

[29] Vgl. *K.A. Schachtschneider*, Das Recht am und das Recht auf Eigentum, FS W. Leisner, S. 755 ff.

[30] *K.A. Schachtschneider*, Res publica res populi, S. 253 ff., passim; *ders.*, Freiheit in der Republik, passim.

5.2 Enteignung der Bürgerschaften durch die Internationalisierung der Unternehmen

Auch die Bürgerschaft hat „Eigentum" an den Unternehmen.[31] Dieses Eigentum ist nichts anderes als die Hoheit des Staatsvolkes, welches durch seine Gesetze auf die Unternehmen einwirkt, gemäß seinen Gesetzen an den Ergebnissen der Unternehmen teil hat, aber auch die Verantwortung für die Unternehmen trägt, jedenfalls für die Beschäftigten der Unternehmen, welche von der Allgemeinheit finanziert werden müssen, falls die Unternehmen ihnen keine Arbeitsplätze mehr bereitstellen. Die Interessen der Bürgerschaft, deren „Eigentum", ist kaum noch durchsetzbar, weil die Unternehmensgesellschaften wegen der Kapitalverkehrsfreiheit die Standortfrage der Unternehmen entscheiden können, ohne die Interessen der (politischen) Bürgerschaft berücksichtigen zu müssen. Sie können sich dem Gemeineigentum eines Staates entziehen, der die Unternehmen mehr als andere für die allgemeinen Interessen seiner Bürgerschaft in Anspruch nimmt, und sich „schwache Staaten" für ihre Geschäfte aussuchen. Die Bürgerschaften sind „erpressbar" geworden. Sie wagen nicht mehr, all ihre Interessen, das uneingeschränkte Gemeinwohl, zur Geltung zu bringen. Eine Menge an weltweit wirksamen Veränderungen haben die Unternehmungen weitgehend aus der Einbindung in die staatlichen Gemeinwesen (Nationalstaaten) gelöst. Solidarische Bindungen der Anteilseigner an ein Gemeinwesen bestehen wegen der Internationalität nicht mehr. Maßgeblich ist (nur) der shareholder value. Die Staatsgewalt der Bürger ist gegenüber den von eigenen Interessen bestimmten Unternehmenseignern und vor allem Unternehmensorganen weitgehend ohnmächtig geworden. Die liberalistische Wirtschaftsordnung hat den Bürgern ihr „Eigentum" weitgehend genommen, wie es der Logik des antietatistischen Neoliberalismus entspricht, der im Verbund mit dem Internationalismus eine Blüte erlebt, die einen extremen Kapitalismus nach sich zieht, obwohl der Kapitalismus kein Menschenrecht für sich hat, auch nicht das des Eigentums, welches mit der Persönlichkeit des Menschen verbunden ist. Aber die Blütezeit geht schon zu Ende, raunen die Auguren.

Wegen des Eigentums der Bürgerschaften an den Unternehmen und vor allem wegen des eigentumsgeschützten Rechts auf Arbeit der durch die Unternehmen Beschäftigten dürfen die Unternehmen nicht aus den Staaten ausbrechen und sich nicht den Gesetzen des Volkes entziehen, ohne das Grundprinzip des gemeinsamen Lebens, die allgemeine Freiheit und das allein in der Freiheit aller Bürger gründende Recht, zu verletzen. Sie stellen sich sonst gegen das jeweilige Volk und dessen Staat, vor allem aber gegen dessen Recht. Das aber ermöglicht ihnen die republik-, vor allem sozialwidrige Liberalisierung und Deregulierung des Kapitalverkehrs, die Ausdruck der ebenso liberalistischen wie globalistischen Unternehmensordnung ist. Das gemeine Wohl aber ist Sache der Republiken und damit Sache der Bürgerschaften; denn es ist das Recht, und das Recht ist in der gegenwärtigen Welt noch immer Sache der Völker und deren Staaten, wenn und insoweit diese die elementaren Menschenrechte wahren. Res publica res populi.

---

[31] *K.A. Schachtschneider*, Eigentümer globaler Unternehmen, FS H. Steinmann, S. 426 ff.

Literaturverzeichnis

Beck, U. (1998): Was ist Globalisierung?, 5. Auflage, 1998.

Bobbio, N. (1998): Menschenrechte und Gesellschaft, in: ders., Zeitalter der Menschenrechte, 1998.

Emmerich-Fritsche, A.: Vom Völkerrecht zum Weltrecht, in Vorbereitung.

Epping, V. (1999): in: *Ipsen, K.*: Völkerrecht, 4. Auflage, 1999.

Hänsch, H.-M. (2002): Gesamtwirtschaftliche Stabilität als Verfassungsprinzip. Die gesamtwirtschaftliche Stabilität der deutschen Wirtschaftsverfassung und die Europäische Währungsunion, 2002.

Hankel, W., Nölling W., Schachtschneider, K.A., Starbatty,J. (1998): Die Euro-Klage. Warum die Währungsunion scheitern muß, 1998.

Ohmae, K. (1992): Die neue Logik der Weltwirtschaft, 1992.

Kant, I.: Metaphysik der Sitten, ed. Weischedel, Bd. 7.

ders.: Zum ewigen Frieden, ed. Weischedel, Bd. 9.

Krüger, H. (1966): Allgemeine Staatslehre, 2. Auflage 1966.

Ringler, J.C. (1997): Die europäische Sozialunion, 1997.

Schachtschneider, K.A. (1986): Staatsunternehmen und Privatrecht. Kritik der Fiskustheorie, exemplifiziert an § 1 UWG, 1986.

ders. (1994): Res publica res populi. Grundlegung einer Allgemeinen Republiklehre. Ein Beitrag zur Freiheits-, Rechts- und Staatslehre, 1994.

ders. (1995): Die existentielle Staatlichkeit der Völker Europas und die staatliche Integration der Europäischen Union. Ein Beitrag zur Lehre vom Staat nach dem Urteil des Bundesverfassungsgerichts zum Vertrag über die Europäische Union von Maastricht, in: Schachtschneider, K.A./Blomeyer, W. (Hrsg.): Die Europäische Union als Rechtsgemeinschaft, 1995.

ders. (1997): Die Republik der Völker Europas, ARSP-Beiheft 71, 1997.

ders. (1999): Das Recht am und das Recht auf Eigentum. Aspekte freiheitlicher Eigentumsgewährleistung, in: Isensee, J., Lecheler, H. (Hrsg.): Freiheit und Eigentum, Festschrift für Walter Leisner, 1999.

ders. (1999): Demokratiedefizite in der Europäischen Union, in: Nölling, W., Schachtschneider, K.A., Starbatty, J. (Hrsg.): Währungsunion und Weltwirtschaft, Festschrift für Wilhelm Hankel, 1999.

ders. (1999): Eigentümer globaler Unternehmen, in: Kumar, B.N., Osterloh, M., Schreyögg, G. (Hrsg.): Unternehmensethik und die Transformation des Wettbewerbs, Festschrift für Horst Steinmann, 1999.

ders. (2002): Freiheit in der Republik, Manuskript 2002.

ders. (2001): Recht auf Arbeit - Pflicht zur Arbeit, in: Schachtschneider, K.A., Piper, H., Hübsch, M. (Hrsg.): Transport - Wirtschaft - Recht, Gedächtnisschrift für Johann Georg Helm, 2001.

ders. (2003): Fallstudie zum Umweltrecht, in: ders., Fallstudien zum Öffentlichen Wirtschaftsrecht, 3. Auflage 2003.

Siebold, D.I. (2003): Die Welthandelsorganisation und die Europäische Gemeinschaft. Ein Beitrag zur globalen wirtschaftlichen Integration, 2003.

III. Transnationale Problemfelder

Die Welthandelsordnung im Urteil der Sozialen Marktwirtschaft

Richard Senti

Als die Bundesrepublik Deutschland im Jahr 1951 das Allgemeine Zoll- und Handelsabkommen (GATT) unterzeichnete und erstmals an einer Handelsrunde des GATT (Torquay-Runde 1950/51) teilnahm, meinte *Ludwig Erhard*, „Protektionisten aller Länder vereinigt Euch“. Das Beharren der Commonwealth-Länder auf ihren gegenseitigen Handelspräferenzen und der Entscheid der USA, unter dieser Voraussetzung ihre Zölle nicht abzubauen, haben den deutschen Wirtschaftsminister, wie er offen zugab, enttäuscht. Trotzdem sprach *Ludwig Erhard* die Hoffnung aus, diese Verhandlungen könnten ein Anfang sein, „wenn alle beteiligten Länder nur bereit sind, die überhöhten Zollmauern mählich, aber sicher niederzureißen“.[1]

Ludwig Erhard beurteilte das GATT aus der Sicht seines Konzepts der Sozialen Marktwirtschaft, einer ordnungspolitischen Idee, „deren Ziel es ist, auf der Basis der Wettbewerbswirtschaft die freie Initiative mit einem gerade durch die marktwirtschaftliche Leistung gesicherten sozialen Fortschritt zu verbinden“.[2] Wie würde *Ludwig Erhard* die heutige Welthandelsordnung beurteilen? Hätten das Allgemeine Zoll- und Handelsabkommen (GATT) und die Welthandelsorganisation (WTO) nach *Ludwig Erhard* einen Beitrag zur Erreichung der in seinem Buch „Wohlstand für alle“ anvisierten Ziele wie „freier Weltmarkt“, „Multilateralität und Nichtdiskriminierung“, „Beseitigung von Wettbewerbsverfälschungen“ und „Überwindung protektionistischer und nationalistischer Engstirnigkeit“ geleistet?[3] Oder würde *Ludwig Erhard* das GATT und die WTO – in Erinnerung an die weltweit vor und während des Kriegs vorgenommenen Wettbewerbs-Einschränkungen – als eine Handelsordnung bezeichnen, in der man gegenüber den Erfordernissen der Zeit „blind“ ist?[4]

Ich unternehme den Versuch, die im GATT und in der WTO festgeschriebene Welthandelsordnung aus der Perspektive der Sozialen Marktwirtschaft darzustellen, indem ich erstens die Zielsetzungen der beiden Wirtschaftsordnungen miteinander vergleiche, zweitens die Konzepte und Strategien der Sozialen Marktwirtschaft und der heute geltenden Welthandelsordnung gegen einander abwäge und an dritter Stelle den Auswirkungen des GATT- und des WTO-Konzepts auf die

---

[1] Erhard (1953), S. 152.

[2] Müller-Armack (1956), S. 390. Zur Definition der Sozialen Marktwirtschaft vgl. auch Müller-Armack (1960), S. 9ff.

[3] Erhard (1957), S. 288.

[4] In Anlehnung an die Formulierung von Erhard (1953), S. 130.

Welthandelsordnung nachgehe und einige Ansätze erörtere, die zur weiteren Ausgestaltung der Welthandelsordnung in Betracht gezogen werden könnten.

1. Gemeinsamkeiten und Differenzen in der Zielsetzung

Im wirtschaftspolitischen Bereich sind die Ziele der Sozialen Marktwirtschaft und des GATT weitgehend deckungsgleich. Den Begründern der Sozialen Marktwirtschaft ging es in der unmittelbaren Nachkriegszeit darum, über eine neue Ordnung der Wirtschaft die Katastrophe der vergangenen Jahre zu überwinden und Bedingungen zu schaffen, unter denen die Menschen ihren Alltagsbedarf an Konsumgütern decken und einer sinnvollen Arbeit nachgehen konnten. Die Produktionsbetriebe sollten wieder funktionsfähig und der Wiederaufbau der Städte sowie die Bereitstellung von neuen Wohnungen in die Hand genommen werden.

Die bessere Versorgung der vom Krieg geschlagenen Bevölkerung war auch das oberste Ziel der 1948 geschaffenen GATT-Welthandelsordnung. Der Abbau der staatlichen Handelsrestriktionen werde, so der US-Vorschlag 1945, dazu führen, dass mehr Schiffe mehr Waren transportierten, dass neue Arbeitsplätze entstünden, dass zusätzliche Güter und Dienstleistungen produziert würden und dass mehr Leute besser zu essen hätten und sich besser kleiden könnten.[5] In diesem Sinne forderte die Präambel des GATT eine Wirtschaftsordnung, die den Lebensstandard erhöht, die Vollbeschäftigung verwirklicht, das Realeinkommen anhebt, die Handelsgüter der Welt erschließt und die Produktion und den Außenhandel stärkt. Diese Zielsetzung wurde 1995 auch von der Präambel der WTO übernommen.

Die Soziale Marktwirtschaft setzte sich in Ergänzung zum wirtschaftspolitischen auch ein gesellschaftspolitisches Ziel. Gingen die Neoliberalen von der Annahme aus, allein schon die in der Marktwirtschaft wachsende Produktion und die zusätzlich geschaffenen Arbeitsplätze wirkten sich zum Vorteil der Konsumierenden und Werktätigen aus, machte die Soziale Marktwirtschaft nach den Worten von *Alfred Müller-Armack* einen weiteren Schritt. Die Soziale Marktwirtschaft anerkenne neben der Förderung der Produktion die Notwendigkeit, die soziale Sicherheit in eine staatliche Ordnung einzubeziehen. Der Staat nehme durch seine Wirtschaftspolitik soziale Umschichtungen und soziale Interventionen vor, die – auf einen einfachen Nenner gebracht – dem Grundsatz der Marktkonformität zu unterwerfen seien. Hinter den Eingriffen der staatlichen Wirtschaftspolitik bleibe die Funktionsweise des Markts sichtbar. Die Eingriffe würden die marktwirtschaftliche Ordnung nicht stören, sie könnten diese sogar verbessern.[6] Die Gesellschaftspolitik reiche über die Wirtschaftspolitik hinaus. Gegenstand der gesellschaftspolitischen Ziele seien die Sozialpolitik, die Gesundheitspolitik, die

---

[5] US Dep. of State (1945), S. 4.

[6] Müller-Armack (1960), S. 11f.

Bildungspolitik, die Mittelstandspolitik (Unterstützung der Selbständigerwerbenden), die Verbesserung der Angestelltenverhältnisse der Unselbständigerwerbenden und die Umweltschutzpolitik.

Im Gegensatz zur Sozialen Marktwirtschaft ist das GATT in seiner fünfzigjährigen Geschichte kaum über die wirtschaftspolitische Zielsetzung hinausgegangen. Die Fragen der Beschäftigung wurden vom GATT-Vertrag ausgeklammert, in der Annahme, deren Regelung erfolge in der damals geplanten, im Jahr 1950 aber wegen des Abseitsstehens der USA nicht zustande gekommenen Welthandelsorganisation (International Trade Organization, ITO). Die Belange der Entwicklungsländer fanden anfänglich keine Berücksichtigung im GATT. Erst in den sechziger Jahren erfuhren die wirtschaftlich schwachen Staaten mit der Ergänzung des GATT-Vertrags um einen entwicklungspolitischen Teil (Einfügung von Teil IV, „Handel und Entwicklung") einen gewissen Achtungserfolg. Die neuen Vertragsbestimmungen enthielten indessen wenig Substanz und arteten zu einer politischen Leerformel aus. Die Umweltschutzfragen schließlich wurden am Rande der allgemeinen Ausnahmen erwähnt und beschränkten sich auf den Hinweis, dass die einzelnen Vertragspartner das Recht haben, notfalls Maßnahmen zum Schutz des Lebens und der Gesundheit von Menschen, Tieren und Pflanzen zu ergreifen. Das GATT hat im letzten halben Jahrhundert keine Änderungen erfahren, in denen die gesellschaftspolitischen Belange im Vordergrund standen. Der erste Ansatz einer allfälligen Neuausrichtung der Welthandelsordnung findet sich in der Präambel der 1995 in Kraft getretenen WTO-Vereinbarung, welche Handels- und Wirtschaftsbeziehungen fordert, die eine „optimale Nutzung der Hilfsquellen" gestatten sowie „den Schutz und die Erhaltung der Umwelt" gewährleisten. Zudem weist die Präambel der WTO-Vereinbarung auf die Notwendigkeit hin, sich vermehrt der Entwicklungsländer und der wirtschaftlich ganz armen Länder anzunehmen, ohne jedoch im folgenden WTO-Vertragswerk konkrete materiellrechtliche Normen folgen zu lassen.

Wie erklären sich die Unterschiede in der Zielsetzung der Sozialen Marktwirtschaft und der heute geltenden Welthandelsordnung? Auf welche Grundkonzepte und Strategien greifen die beiden Wirtschaftsordnungen zurück? Diese Fragen sind Gegenstand des zweiten Teils der Ausführungen.

2. Unterschiedliche Grundkonzepte und Strategien

Im Vergleich zwischen der Sozialen Marktwirtschaft und der Welthandelsordnung des GATT und der WTO fallen vor allem zwei Unterschiede auf. Zum einen beruhen die beiden Wirtschaftsordnungen auf unterschiedlichen Grundkonzepten und zum anderen haben die beiden Ordnungen im Verlauf ihrer Geschichte eine unterschiedliche Weiterentwicklung im gesellschaftspolitischen Bereich erfahren.

2.1 Unterschiedliche Grundkonzepte

Die Soziale Marktwirtschaft ist aus der neoliberalen Nationalökonomie hervorgegangen, „jener Erneuerung der Wirtschaftswissenschaft, die auf die wichtige Funktion des Wettbewerbprinzips hingewiesen und gleichzeitig versucht hat, eine vom Altliberalismus abweichende Gestaltung der Wettbewerbsordnung im Sinne von *Walter Eucken* und *Franz Böhm* zu schaffen".[7] Der Neoliberalismus beinhaltet aber noch nicht das, was unter Sozialer Marktwirtschaft insgesamt verstanden wird.[8] Die Soziale Marktwirtschaft erachtet den Wettbewerb nicht nur als primäres Koordinierungsprinzip der Wirtschaftsordnung, sondern auch als das effiziente Instrument zur Lösung der sozialen Aufgaben einer modernen Gesellschaft.[9] Eine bewusst gestaltete marktwirtschaftliche Gesamtordnung, deren Koordinierungsprinzip der Wettbewerb sei, erfülle die sozialen Aufgaben einer modernen Gesellschaft besser als ein System des Sozialismus, das die sozialen Reformen über den zentralen Dirigismus anstrebe. Diese marktwirtschaftliche Ausrichtung entsprach der Vorstellung von *Ludwig Erhard*, der bereits 1943/44 in seiner Denkschrift festhielt, das erstrebenswerte Ziel sei in jedem Fall „die freie auf echten Leistungswettbewerb beruhende Marktwirtschaft mit den jener Wirtschaft immanenten Regulativen".[10] Mit anderen Worten, *Ludwig Erhard* stemmte sich gegen die von der damaligen Sozialistischen Partei Deutschlands (SPD) im ersten deutschen Parlament, dem Wirtschaftsrat in Frankfurt, vertretene Meinung, angesichts der Mangelsituation sei „eine planmäßige Hinlenkung der allernotwendigsten Dinge an die Stellen und zu den Menschen, die sie am dringendsten brauchen, also eine Lenkung der vorhandenen Konsumartikel ..." notwendig. Eine Wirtschaft könne nur „durch eine systematische Planung und durch eine ebenso systematische Lenkung aller notwendigen Bedarfsgüter" in Gang gesetzt werden.[11] Dem hielt *Ludwig Erhard* entgegen, der Glaube, man könne einen „Idealverbraucher" definieren und diesen mit 48 Millionen multiplizieren, um zur volkswirtschaftlichen Planung zu gelangen, sei der „größte Unsinn". Der Markt sei nicht durch eine Planung zu ersetzen.[12] Die Planwirtschaft münde immer darin, „dass das einzelne Individuum als Erzeuger und Verbraucher unter der Knute des Staates – nein, vielmehr noch unter der Knute einer seelenlosen Bürokratie – gezwungen" werde. Der einzelne Staatsbürger werde „entwürdigt und gedemütigt". Er fühle „immer nur die Kanda-

---

[7] Müller-Armack (1960), S. 10. Dass der Wiederaufbau der vom Krieg zerstörten Wirtschaft der Kräfte der Marktwirtschaft bedarf, verdeutlicht auf eindrückliche Weise A. Müller-Armack in seinem 1949 veröffentlichten Aufsatz „Das Grundproblem unserer Wirtschaftspolitik". Müller-Armack (1949), S. 57ff.

[8] Müller-Armack (1960), S. 10.

[9] Müller-Armack (1956), S. 390. Vgl. dazu auch *Eekhoff/Pimperiz* (1996), S. 33ff.

[10] Ludwig Erhard (1943/44), Schlusskapitel der Denkschrift 1943/44, veröffentlicht in: Hohmann (1988), S. 50.

[11] Protokoll vom 17./18.6.1948 des ersten deutschen Nachkriegsparlaments, S. 628ff., zit. nach Erhard (1957), S. 102ff.

[12] Erhard (1953), S. 143.

re im Maule".[13] Und an anderer Stelle meinte *Ludwig Erhard*, die mit der Währungsreform 1948 eingeleitete Wirtschaftspolitik sei „die große historische Chance ... von dem Zustand einer absoluten dirigistischen Verirrung abzuweichen und überzuleiten zu friedlichen Formen des wirtschaftlichen Geschehens".[14] Die Rangordnung in der Nachfrage nach Gütern und Dienstleistungen solle dabei den „lebendigen Kräften des Markts" überlassen bleiben.[15]

Im Bekenntnis zur Marktwirtschaft als bester Garant für wirtschaftliches Wachstum nahm die deutsche Regierung in den fünfziger Jahren autonome Zollsenkungen und Subventionskürzungen vor, ohne vom Ausland dazu genötigt zu werden, und ohne entsprechende Gegenleistungen von den Handelspartnern zu fordern. Die erste autonome Zollsenkung trat am 1. April 1955 in Kraft und betraf 700 Zollpositionen, rund einen Fünftel aller Zolllinien. Die zweite autonome Zollsenkung (die sogenannte „konjunkturpolitische Zollsenkung") folgte am 1. Juli 1956 und erfasste alle Erzeugnisse der gewerblichen und industriellen Wirtschaft. Die Zollobergrenze Deutschlands fiel auf 21 Prozent und lag damit unter dem im GATT ausgehandelten Durchschnitt. *Ludwig Erhard* setzte sich damals auch für die vorzeitige Durchführung der in der GATT-Runde von Torquay beschlossenen Zollsenkungen ein.[16] Deutschland ist somit, soweit mir bekannt ist, das einzige Industrieland, das in den letzten fünfzig Jahren, in der Überzeugung, dass Freihandel Wohlstand schafft, autonom und ohne jeden Druck und ohne jede Gegenleistung von Seiten der Handelspartner, die Zölle und die Exportsubventionen reduziert und zum Teil gänzlich beseitigt hat.[17]

Im Unterschied zur Sozialen Marktwirtschaft, die ihre Wurzeln im liberalen Gedankengut der Nationalökonomie hatte, beruhen das GATT und die WTO auf der Grundlage der Reziprozität mit stark merkantilistischem Einschlag. Die Anhebung des Lebensstandards, die Verwirklichung der Vollbeschäftigung und ein stets wachsendes Realeinkommen werden vom GATT und der WTO – und darin unterscheidet sich die Welthandelsordnung grundsätzlich von der Sozialen Marktwirtschaft – nicht im Vertrauen auf die wohlstandssteigernde Kraft der freien Wirtschaft über autonome Liberalisierungsmaßnahmen innerhalb der einzelnen Märkte, sondern über gegenseitig ausgehandelte Zugeständnisse angestrebt. Die Bemühungen der Verhandlungsdelegationen gehen nicht dahin, einen möglichst freien Heimmarkt zu schaffen, sondern Zugeständnissen von Seiten der Verhand-

[13] Aus der Rede vor dem zweiten Parteikongress der CDU der britischen Zone, Recklinghausen, 28.8.1948, veröffentlicht in: Hohmann (1948), S. 135.

[14] Erhard (1953), S. 128.

[15] Hohmann (1988), S. 141.

[16] Zu den autonomen Zollsenkungen in Deutschland vgl. Erhard (1957), S. 340f.; eine Übersicht über die durchschnittlichen Zollbelastungen in den GATT-Partnerstaaten findet sich in: Senti (2000), Rn. 500.

[17] Wobei nicht über sehen werden darf, dass im deutschen Aussenwirtschaftsgesetz von 1961 eine Vielzahl von staatlichen Einschränkungen bis heute beibehalten wurden. Vgl. Aussenwirtschaftsgesetz §1, 2 und 8ff.

lungspartner auszubedingen. Diese Verhandlungsstrategie entspricht den bisherigen GATT- und heutigen WTO-Reziprozitätsbestimmungen, die von „einem insgesamt ausgeglichenen Verhältnis von Rechten und Pflichten", von der „Grundlage der Gegenseitigkeit" und von „Gleichwertigkeit" der Verhandlungen sprechen.[18]

Wie ist das Prinzip der Reziprozität Bestandteil des GATT geworden? Die reziproke Verhandlungsstrategie hat ihre Wurzeln im Merkantilismus des siebzehnten und der ersten Hälfte des achtzehnten Jahrhunderts. Die damalige Außenhandelspolitik der europäischen Staaten war gekennzeichnet durch den Willen, über die Stärkung der eigenen Wirtschaft auf Kosten der Handelspartner an wirtschaftlicher und politischer Macht zu gewinnen.[19] Auf diesem Prinzip beruhte auch das „US- Reciprocal Trade Agreements Program" von 1934, das sogenannte Cordell Hull-Programm, das den US-Präsidenten ermächtigte, die US-Zölle im Ausmaß entsprechender Gegenleistungen von Seiten der Handelspartner vorzunehmen.[20] Die Vereinigten Staaten setzten damit bewusst auf das Prinzip der Reziprozität, um über die eigenen Zollzugeständnisse die Ausland-Absatzchancen ihrer Exportwirtschaft verbessern zu können. Das Cordell Hull-Programm wiederum bildete die Grundlage der US-Vorschläge von 1945 und 1946 zur Schaffung einer neuen Welthandelsordnung. Das auf diese Weise in das GATT eingeführte Prinzip der Reziprozität ist seither eine stets hochgehaltene Verhandlungsstrategie geblieben. Auch in der Uruguay-Runde wurde nach Leistungen und Gegenleistungen gemessen und gewogen. So verpflichteten sich die EG im Blair House-Abkommen 1992, die Anbaufläche von Ölsaaten um den Preis eines Verzichts der USA auf Retorsionszölle zu reduzieren.[21] Auf dem Prinzip der Reziprozität beruht ebenso der im Herbst 2002 von den USA gemachte Vorschlag zuhanden der Dauha-Runde. Die USA erklären sich bereit, ihre Zölle bis zum Jahr 2015 völlig zu beseitigen, vorausgesetzt, sämtliche WTO-Mitglieder zögen mit.[22] Dieser Vorschlag setzt die Entwicklungsländer unter Druck, ihre zum Teil hohen Zölle preiszugeben.[23] In der Überzeugung, dass Freihandel Wirtschaftswachstum schafft, müssten die USA ihre Zölle autonom abbauen, das heißt ohne Rücksicht auf die Gegenleistungen der Handelspartner.

---

[18] Vgl. GATT Art. XIX:3(a) und XXVIIIbis:1 sowie GATS Präambel, Abs. 3. Ein Überblick über die Reziprozitätsbestimmungen im WTO-Vertragswerk findet sich in: Senti (2000), Rn. 462ff.

[19] Vgl. Blaich (1980), S. 240ff.

[20] US Dep. of State (1945), CI:2; US Dep. of State (1946), Art. 1:2.
Vgl. Senti (1986), S. 63f.

[21] Senti (2000), Rn. 266ff.

[22] Vgl. www.ustr.gov. (2002).

[23] Gemäss WTO liegen die durchschnittlichen Zölle, auf Grund der Zolllinien berechnet, in den lateinamerikanischen Staaten zwischen 30 und 50%, in Indien und Indonesien zwischen 40 und 60% und in den afrikanischen Staaten zwischen 15 und 20%. WTO (2001), S. 8 und Tab. II.1.

Auf welchen Argumenten beruht das Prinzip der Reziprozität? In der Fachliteratur werden das Verhandlungsargument, das Terms of Trade- und Handelsbilanzargument sowie das Beschäftigungs-Argument erwähnt.[24] Die Reziprozität sei notwendig, um Verhandlungen zwischen Ländern mit stark unterschiedlichen Außenhandelsstrukturen und Handelsanteilen in Gang zu bringen, das heißt ohne Druck von außen seien viele Handelspartner nicht an den Verhandlungstisch zu bringen: „Reciprocity attempts to build pluralistic support for tariff reduction where none would otherweise exist".[25] Gerechtfertigt sei eine reziproke Verhandlungsweise auch dann, wenn dadurch das Preis-Austauschverhältnis (Preisverhältnis zwischen Export- und Importgütern) und die Handelsbilanz verbessert werden könne. Ein gängiges Argument ist schließlich die Beschäftigung. Reziproke Verhandlungen seien notwendig, um die landeseigene Beschäftigungslage zu verbessern.

Wie ist das Prinzip der Reziprozität aus der Sicht der politischen Ökonomie zu beurteilen? Die Verhandlungsdelegationen und Regierungen stehen immer unter einem persönlichen und parteipolitischen Erfolgsdruck und sind, wie *Peter-Tobias Stoll und Frank Schorkopf* feststellen, nicht „unabhängige Akteure", „die allein einer abstrakten Rationalität folgen". Ihre Handelspolitik wird „mehr oder weniger stark durch Partikularinteressen der jeweiligen Gesellschaft geprägt" und weicht „insofern von einer Orientierung an der gesamtwirtschaftlichen Wohlfahrt [...] ab".[26] Die Delegierten und Regierungen nehmen stets darauf Bedacht, Vorteile auf Kosten der Handelspartner zu realisieren, im Bewusstsein, dass derartige Verhandlungsergebnisse bei ihren Parteien, Wählerinnen und Wählern Gefallen finden. Dementsprechend wird auch die Bekanntmachung der Ergebnisse ausformuliert. Ein illustratives Beispiel einer solchen Präsentation erwähnen *Gerard* und *Victoria Curzon* aus der Dillon-Runde. Das US Department of State rechnete dem Kongress vor, dass die den USA von der damaligen EWG zugestandenen Zollermäßigungen 750 Mio. US$ betragen, wogegen sich die US-Zugeständnisse nur auf knapp 600 Mio. US$ bezifferten. Damit versuchte die US-Regierung den Eindruck zu erwecken, wie gut sie sich gegenüber der EWG „geschlagen" habe. Über die gleichen Verhandlungen berichtete die Kommission in Brüssel, die EWG habe den USA lediglich 560 Tarifzugeständnisse gewährt, gegenüber 575 Konzessionen von Seiten der USA, was einen Gewinn für die EWG darstelle.[27]

Es darf in diesem Zusammenhang auch nicht übersehen werden, dass viele Diplomaten und Politiker zwar gute Juristen und Völkerrechtler sind, sich aber in Fragen der Marktwirtschaft und der komparativen Kostenvorteile nicht auskennen. Ihre berufliche Ausbildung in Verhandlungsstrategie basiert denn auch ausschließlich auf dem privatrechtlichen „do ut des"-Prinzip. Der Erfolg einer Verhandlung wird am Vergleich zwischen selber gewährten und vom Partner erzielten Zuge-

---

[24] Vgl. Curzon (1976), S. 156ff.; Evans (1971), S. 24ff.; Senti (2000) Rn. 468ff.

[25] Cooper (1971), S. 401.

[26] Stoll/Schorkopf (2002), Rn. 101f.

[27] Curzon (1976), S. 161; eine analoge Darstellung findet sich in: Evans (1971), S. 224.

ständnissen gemessen, obwohl gerade die letzten Jahrzehnte immer wieder die Tatsache erhärteten, dass Länder mit möglichst freien Handelsordnungen ein stärkeres Wirtschaftswachstum ausweisen, als die in sich abgeschotteten Märkte.

2.2 Unterschiedliche Gesellschaftspolitik

Die Vertreter der Sozialen Marktwirtschaft stellten Ende der fünfziger Jahre fest, dass „hinter dem Erreichten neue Aufgaben und bisher nicht gesehene Probleme sichtbar" wurden und die Lösung der Versorgungsprobleme und selbst die Sicherung der Arbeitsplätze die gesellschaftspolitischen Probleme nicht beseitigten.[28] Die Sicherung der Arbeitsplätze durch Vollbeschäftigung und der Zuwachs der Produktion habe „nicht die erwartete soziale Befriedigung gezeigt, sondern geradezu neue Unruhen und Unzufriedenheit wachgerufen". Das Erreichte sei nicht in der Lage gewesen, die Mobilisierung der Unruhe zu verhindern.[29] Die Bejahung der Marktwirtschaft, das Wirksamwerden der Wettbewerbskräfte, die Entfaltung der persönlichen Energie und die Verwirklichung der wirtschaftlichen Freiheit seien daher, so *Alfred Müller-Armack*, mit einem „sozialen Gehalt" anzureichern.[30] Auch *Wilhelm Röpke* gab zu dieser Zeit in der Veröffentlichung „Jenseits von Angebot und Nachfrage" seiner Überzeugung Ausdruck, ein langfristiger Fortbestand der Marktwirtschaft sei nur über eine Gesundung des Gesellschaftssystems möglich.[31] Auf Grund dieser Erkenntnisse leitete das deutsche Wirtschaftsministerium unter *Ludwig Erhard* Ende der fünfziger Jahre die sogenannte „zweiten Phase" der Sozialen Marktwirtschaft ein, in der die gesellschaftspolitischen Probleme „auf dem Boden einer freien Wettbewerbswirtschaft" anzugehen seien.[32] Die von der Regierung in der Folge getätigten sogenannten „Sozialinvestitionen" bezogen sich vornehmlich auf den Städtebau, die Verkehrspolitik, die Ausbildung und Forschung, das Gesundheitswesen und den Umweltschutz.[33]

Im Gegensatz zur Sozialen Marktwirtschaft haben das GATT und die WTO bis heute keine „zweite Phase" eingeleitet. Die geltende Welthandelsordnung beschränkt sich fast ausschließlich auf die wirtschaftlichen Belange wie den Zollabbau, die Beseitigung der Mengenbeschränkungen und übrigen nichttarifären Handelshemmnissen, die Reduktion der Exportsubventionen und die Regelung des Antidumping. Die Entwicklungsfragen werden zwar immer wieder angesprochen, aber wie die jüngste Entwicklung im Bereich des Patentwesens verdeutlicht, tut man sich bei der Erfüllung der geweckten Hoffnungen schwer. Die Behandlung der Umweltschutzfragen wird vor sich hergeschoben und die Lösung der sozialpo-

[28] Müller-Armack (1960), S. 25.
[29] Müller-Armack (1960), S. 25ff.
[30] Müller-Armack (1960), S. 11.
[31] Röpke (1961), S. 146.
[32] Müller-Armack (1960), S. 23.
[33] Vgl. Zencke (1971), S. 272.

litischen und arbeitsrechtlichen Probleme an andere internationale Organisationen delegiert.

Die bisherigen Ausführungen über die Gemeinsamkeiten und Differenzen in der Zielsetzung der Sozialen Marktwirtschaft und der Welthandelsordnung sowie über die Grundkonzepte und Strategien der beiden Wirtschaftsordnungen erlauben nun im anschließenden dritten Abschnitt ein Abschätzen und Abwägen der Stärken und Schwächen der heutigen Welthandelsordnung sowie einige Anmerkungen über die künftige Ausgestaltung der internationalen Handelsbeziehungen.

3. Stärken und Schwächen der heutigen Welthandelsordnung

Der dritte Abschnitt konzentriert sich auf drei Aspekte: Erstens, wie haben sich die GATT- und WTO-Vertragsbestimmungen auf den Handel mit Gütern und Dienstleistungen sowie den Schutz der handelsrelevanten geistigen Eigentumsrechte ausgewirkt? Zweitens, welche GATT- und WTO-Bemühungen lassen sich im Bereich der Gesellschaftspolitik feststellen? Drittens, in welcher Weise beeinflusst das heutige GATT- und WTO-Vertragswerk die künftigen Verhandlungen, das Verhandlungsverfahren und das Verhalten der einzelnen Handelspartner?

3.1 Handelspolitische Auswirkungen

Es ist den GATT-Vertragsparteien im Verlauf der acht Verhandlungsrunden gelungen, die Zollbelastung auf Importe von gewerblichen und industriellen Gütern von durchschnittlich 40 auf rund 4 Prozent zu senken (Durchschnitt der Zolllinien). Besonders niedrig sind gegenwärtig die Zölle auf dem Import von Holz, Papier, Möbeln, Metallen, nichtelektrischen Apparaten, elektrischen Geräten sowie mineralischen und chemischen Produkten. Mit der Uruguay-Runde stieg der Anteil der zollfreien Positionen von etwa 20 auf über 40 Prozent aller Zollpositionen.[34] Noch relativ hohe Belastungen erfahren gegenwärtig die Textilien, die Bekleidung, das Leder und die Lederwaren mit etwa 12 Prozent[35] sowie die Agrarprodukte mit über 100 Prozent in Norwegen, mit etwas über 50 Prozent in der Schweiz, mit rund 20 Prozent in der EU, mit etwa 10 Prozent in Japan und mit ca. 6 Prozent in den USA.[36] Diese hohen Zollmauern (oft in Verbindung mit mengenmäßigen Einschränkungen) schotten die Agrarmärkte der Industrieländer gegenüber der Dritten Welt über weite Strecken ab. Betroffen sind vor allem die lateinamerikanischen und afrikanischen Staaten, die an Agrarexporten (Fleisch,

[34] Vgl. Senti (2000), Rn. 500ff.

[35] GATT (1994), S. 11.

[36] Über 100 % beträgt die Zollbelastung auch in Indien und Tunesien. In den lateinamerikanischen Staaten liegen die Agrarzölle zwischen 30 und 90 %. WTO (2001), S. 3 und 49f.

Getreide, Südfrüchte) interessiert wären. *Kenneth W. Dam* ist in diesem Zusammenhang in seinem Lehrbuch über das GATT zum Schluss gelangt, die Welthandelsordnung des GATT habe im Agrarbereich versagt, die bisherigen Agrarverhandlungen seien ein Fehlschlag (failure) gewesen.[37]

Erfolgreich war das GATT bei der Bindung der Zölle. Die Zölle der Industriestaaten sind fast ausnahmslos gebunden, diejenigen der Transformationsländer zu etwa 95 und diejenigen der Entwicklungsländer zu ca. 60 Prozent. Auch wenn die Entwicklungsländer dahin kritisiert werden, sie hätten die Zölle über dem faktischen Niveau gebunden, ist mit der gegenwärtigen Regelung doch eine erste, wenn auch nicht absolute Zollstabilität erreicht worden.[38]

Die reziproke Verhandlungsweise hat dazu geführt, dass die Länder keine autonomen Zollreduktionen vorgenommen und die Niedrigstzölle im Sinne einer „Manövriermasse“ für künftige Verhandlungen beibehalten haben. Dies erklärt, warum in Europa fast die Hälfte der Zollpositionen mit einem Satz von weniger als 5 Prozent nicht abgeschafft wurde, obwohl so niedrige Zölle weder dem Schutz des Gewerbes und der Industrie dienen noch für den Fiskus interessant sind (das einzige, was diese niedrigen Zölle schützen, ist die Verwaltungstätigkeit).

Interessant ist, dass die Importzölle auf Rohprodukten im Zuge der reziproken Verhandlungsweise stärker reduziert worden sind als diejenigen auf Halb- und Fertigfabrikaten. Gegenwärtig liegen die durchschnittlichen Rohproduktzölle der Industriestaaten bei rund 0.8 Prozent, gegenüber 2.8 Prozent für Halbfertigfabrikate und 6.2 Prozent für Fertigprodukte.[39] Auch in der Uruguay-Runde erfuhren die Rohprodukte eine relativ stärkere Zollreduktion als die verarbeiteten Güter. Die sogenannte Zolleskalation ist somit für Exportländer der Grundprodukte nach wie vor ein Problem.[40] Diese Tarifstruktur ist ein Spiegelbild der Schutzbedürfnisse innerhalb der einzelnen Länder. Das Gewerbe und die Industrie sind an billigen Rohprodukten interessiert und setzen alles daran, sich gegen die ausländische Konkurrenz bei Fertigprodukten zu schützen.[41]

Die Ausweitung der geltenden Welthandelsordnung auf den Bereich der grenzüberschreitenden Dienstleistungen erfolgte ebenfalls nicht im Sinne eines marktwirtschaftlichen Konzepts. Die gegenseitigen Zugeständnisse wurden nach dem Prinzip „do ut des“ ausgehandelt und in Listen festgehalten. Ein Drittel der WTO-

---

[37] Dam (1970), S. 257.

[38] Vgl. GATT (1994), S. 8.

[39] Vgl. GATT (1994), S. 13.

[40] Vgl. GATT (1994), S. 11.

[41] Das Ergebnis stimmt, wenn auch auf dem Hintergrund einer unterschiedlichen Begründung, mit den Empfehlungen der Merkantilisten überein, wonach der Import von Fertigwaren zu Gunsten von Rohprodukten verhindert werden soll, mit dem Argument, der Import von Fertigwaren verringere die Geldmenge und habe eine kontraktive Wirkung auf den Wirtschaftskreislauf. Vgl. Blaich (1980), S. 240ff.

Mitglieder hat bei weniger als 20 der vom GATT insgesamt aufgezählten 160 Dienstleistungsarten Zugeständnisse gemacht, ein Drittel bei 20 bis 60 und ein Drittel bei über 60 Sektoren. Im Durchschnitt werden von den WTO-Mitgliedern etwa 25 Dienstleistungssektoren erfasst, was rund 15 Prozent der von der WTO aufgezählten Dienstleistungen betrifft. Die meisten Zugeständnisse entfallen auf den Tourismus. Rar sind die Liberalisierungsmaßnahmen im Erziehungs- und Gesundheitswesen sowie beim Personenverkehr.[42] Um sich künftige Verhandlungen nicht zu verbauen, beharren die meisten WTO-Mitglieder, entgegen der WTO-Empfehlung, auf zeitlich unbefristete Ausnahmen. Vier Fünftel aller Ausnahmen sind zeitlich nicht limitiert.[43]

Auch die Schaffung des Abkommens über handelsrelevante Aspekte der geistigen Eigentumsrechte entbehrt der marktwirtschaftlichen Grundlage. Im Verlauf der Uruguay-Runde verschob sich die Zielsetzung vom Piraterieschutz zur Aufstellung angemessener Normen und Grundsätze über die Verfügbarkeit, den Umfang und die Nutzung von handelsbezogenen Rechten des geistigen Eigentums. Auf die Errichtung eines internationalen Schutzsystems wurde verzichtet. Ohne entsprechende Neuausrichtung und Weiterentwicklung des Erstvertrags wird, in den Worten von *Hanns Ullrich,* die Schutzrechtsangleichung durch das TRIPS Gefahr laufen, „zur bloßen Verbürgung des Schutzes nationaler Märkte nach Gegenseitigkeitsregeln zu werden".[44]

3.2 Gesellschaftspolitische Aspekte

Das GATT und die WTO verfügen über kein gesellschaftspolitisches Konzept. Dazu kommt, dass eine Verhandlungsstrategie, die auf dem Prinzip der Reziprozität beruht, erfolglos bleibt, wenn es an entsprechenden Offerten fehlt und die Gegenparteien aus irgendwelchen Gründen keine Leistungen oder Gegenleistungen erbringen wollen oder können. Vor dieser Situation stehen das GATT und die WTO im Entwicklungs-, Umweltschutz- und arbeitsrechtlichen Bereich.

In der Entwicklungspolitik waren die ursprünglichen US-Vorschläge von der Idee getragen, die Liberalisierung des internationalen Handels beinhalte eine Stärkung der Wirtschaft aller Partnerstaaten, also auch der Entwicklungsländer. Die Dritte Welt teilte diese Meinung nicht. Die Industriestaaten verlangten möglichst breite Absatzmärkte und einen freien Zugriff auf die Rohprodukte. Die Entwicklungsländer hingegen kämpften für offene Agrarmärkte in den Industriestaaten und den Schutz der landeseigenen Industrie. Die wirtschaftlich schwachen Länder vermochten sich aber weder 1946 in London noch im kommenden Jahr in Lake

[42] WTO (2001), S. 4.
[43] WTO (2001), S. 100.
[44] Ullrich (1995), S. 624.

Succes, noch 1955 in den GATT-Revisionsverhandlungen durchzusetzen.[45] Dabei ging es den Konferenzteilnehmern, wie *John Jackson* sagt, weniger um Freihandel oder Protektionismus, sondern um die Verteidigung der landeseigenen Wirtschaftsinteressen.[46] Auch die Revision des GATT-Vertrags in den sechziger Jahren hat die Entwicklungsländer nicht besser gestellt. Die ins GATT neu aufgenommenen Verpflichtungen sind so allgemein gehalten, dass sie zu einer politischen Leerformel ausarteten.[47] Zurzeit klagen die Entwicklungsländer die Industrieländer an, dass sie an die 100 in den GATT-Runden gemachte Versprechen nicht einlösen würden. Der Allgemeine WTO-Rat hat im Herbst 2001 eine entsprechende Liste dieser „Implementation-Related Issues and Concerns“ erstellt und den Ausschuss für Handelsverhandlungen mit der Aufgabe betraut, sich der Sache anzunehmen. Konkrete Verhandlungsergebnisse liegen bis heute nicht vor.

Wenig Beachtung fanden im GATT und in der WTO auch die Umweltschutzfragen. Viele wirtschaftlich schwache und ganz arme Länder sind nicht willens und in der Lage, umweltschutzpolitische Maßnahmen zu ergreifen, weder in der Privatindustrie noch im öffentlichen Bereich. Die 1971 im Hinblick auf die im folgenden Jahr im Stockholm durchgeführte „Conference on Human Environment“ geschaffene GATT-Gruppe für Umweltschutzmassnahmen und internationalen Handel („Group on Environmental Measures and International Trade“) tagte in den ersten 20 Jahren ihres Bestehens nicht ein einziges Mal und stellte sich auch in anderer Form nie ihrer Aufgabe.[48] An der Konferenz von Dauha beauftragten die Minister den Ausschuss für Handel und Umwelt („Committee on Trade and Environment“), sich der Umweltschutzprobleme anzunehmen und an der kommenden Ministerkonferenz Bericht zu erstatten.

Auch die an das GATT und die WTO herangetragenen Forderungen, sich stärker für arbeitsrechtliche und sozialpolitische Fragen wie die soziale Sicherheit der Erwerbstätigen, der Arbeitslosen und der Betagten sowie die Regelung der Kinderarbeit zu engagieren, fanden in den vergangenen fünfzig Jahren wenig Beachtung. An der letzten Ministerkonferenz vertraten die Gruppe 77 und China die Ansicht, arbeitsrechtliche Fragen seien nicht Sache der WTO, sondern würden in den Kompetenzbereich der Internationalen Arbeitsorganisation (ILO) fallen. Arbeitsrecht und Handel dürften nicht verknüpft werden.

Die im GATT und in der WTO weitgehend vernachlässigten Probleme der Gesellschaftspolitik haben in den letzten Jahren eine weltweite Unruhe bewirkt. Das, was seinerzeit *Alfred Müller-Armack* über die Soziale Marktwirtschaft sagte, dass

---

[45] In Lake Success einigte man sich auf Art. XVIII GATT (Zollschutzerlaubnis beim Aufbau eines Wirtschaftszweigs), revidiert 1955.

[46] Jackson (1969), S. 628ff.

[47] Vgl. Senti (2000), Rn. 368 und 571ff.

[48] Die Arbeitsgruppe hatte zur Aufgabe, alle Probleme im Zusammenhang mit internationalem Handel, Umweltverschmutzung und Gefährdung des Lebens und der Gesundheit des Menschen zu überprüfen. Vgl. Senti (2000) Rn. 369 und 656ff.

nämlich das Produktionswachstum allein die sozialen Probleme nicht beseitige, sondern im Gegenteil geradezu neue Unruhen und Unzufriedenheiten auslöse, gilt auch für das GATT und die WTO. Der Zollabbau allein schafft die gesellschaftspolitischen Probleme nicht aus der Welt. Und es ist, um mit *Alfred Müller-Armack* weiterzufahren, kein Wunder, „dass Unsicherheit und eine unbestimmte Lebens- und Zukunftsangst ihn [den Menschen] erfassen und dass er sich in Gruppen und Verbände flüchtet, die seine innere Unruhe verstärkt in die Öffentlichkeit hinaustragen".[49] Und das, was die Vertreter nach zehn Jahren Soziale Marktwirtschaft erkannt haben, dass die „Mobilisierung der Unruhe" zu einem „bestürzenden Faktum" werden kann, hat die Welthandelsordnung in den letzten Jahren erfahren. Die im Rahmen der Welthandelsordnung entstandenen gesellschaftspolitischen Unsicherheiten, Unzufriedenheiten und Unruhen haben sich zu mobilisieren begonnen und sind in Seattle, Davos, Prag und Genua an die Öffentlichkeit durchgebrochen.

Wie immer man die Nichtregierungsorganisationen (NGOs), ihre zum Teil heterogene Zusammensetzung und Herkunft, ihre in jüngster Zeit meist mit Gewalt begleiteten Demonstrationen und ihre oft undifferenzierte Kritik an Wirtschaft und Globalisierung beurteilt, ihre Existenz ist eine Tatsache, auf die bei der weiteren Ausgestaltung der Welthandelsordnung Rücksicht zu nehmen ist. Die Taktik des Zuwartens und des Ausweichens birgt das Risiko in sich, dass die Opposition von Seiten der Entwicklungsländer zusammen mit den NGOs ein derartiges Ausmaß annimmt, dass bereits Erreichtes in Frage gestellt werden könnte.

3.3 Rückwirkungen auf das Verhandlungsverhalten

Das Prinzip der Reziprozität ist Ursache und Wirkung eines Verhandlungs-Verhaltens, das im Rahmen der Politischen Ökonomie zu erklären ist. Wie *Andreas Falke* in seiner Veröffentlichung „Abkehr vom Multilateralismus" aufzeigt, haben die „US-pressure groups" beziehungsweise die US-Kongressabgeordneten bereits im 19. Jahrhundert und in der Wirtschaftskrise der zwanziger und anfangs der dreißiger Jahre des vergangenen Jahrhunderts sich das Recht der Zollfestsetzung verschafft und mit der Anhebung der Zölle und der dadurch ausgelösten Gegenmaßnahmen den Welthandel zum Erliegen gebracht.[50] Dem binnenpolitischen Druck hat die US-Regierung auch in der zweiten Hälfte der vierziger Jahre, also kurz nach der Schaffung des GATT, mit der „escape clause" 1947 nachgegeben. Die Ausnahmeklausel verlangte in allen Handelsverträgen mit dem Ausland die Aufnahme der Bestimmung, dass die gemachten Zollzugeständnisse auszusetzen sind, falls die einheimische Industrie durch die Importkonkurrenz ernsthaft bedroht oder geschädigt wird. 1948 folgte eine weitere Einschränkung des Freihandels über die „peril-point provisions", wonach in bestimmten Güterbereichen Mindestzollsätze zum Schutz der einheimischen Industrie festzulegen sind, die

[49] Müller-Armack (1960), S. 25ff.
[50] Falke (1955), S. 20ff.

durch Abkommen mit dem Ausland nicht unterschritten werden dürfen. Die „escape clause" blieb bis zum Auslaufen des Hull-Programms im Jahr 1962 in Kraft und fand in den anschließenden Handelsgesetzen ihre Fortsetzung in inhaltlich fast identischer Form als „adjustment assistance". Die „peril point provisions" fielen 1949 einem Kongress-Entscheid zum Opfer.[51]

Wie sich die USA der Macht bedienen, zeigt auch Section 301 des US-Handelsgesetzes.[52] Section 301 des US-Handelsgesetzes ist, wie *Indira Gurbaxani* sagt, „zum Symbol einer Handelspolitik" geworden, „der es [...] durch die Androhung von Handelssanktionen gelang, auf unilateralem Weg, das heißt vorbei am GATT, eigene Handelsinteressen durchzusetzen".[53] Mit der Androhung von unilateralen Maßnahmen versuchen die Vereinigten Staaten ihre durch die Erstarkung Europas sich abschwächende Machtposition zu kompensieren. Analog verhält sich die EU, wenn *Romano Prodi*, Präsident der EU-Kommission mit sichtlichem Stolz auf die Machtposition der beiden wichtigsten Handelspartner EU und USA hinweist, indem er sagt: „The EU and the US have a unique partnership [...]. When we work together we can set the agenda on the international scene".[54]

Welchen Einfluss nationale Gewerkschaften und Branchen haben können, zeigten die Uruguay-Dienstleistungsverhandlungen im audiovisuellen Bereich. Die EU verlangte unter dem politischen Druck Frankreichs und Belgiens eine sogenannte Ausnahmeklausel zum Schutz ihrer kulturellen Besonderheiten sowie zur Abschirmung ihrer Filmindustrie vor dem US-Angebot(„exception culturelle"). Auf Grund dieser Verhandlungen ist heute der audiovisuelle Bereich der EU von den WTO-Prinzipien Meistbegünstigung und Inlandgleichbehandlung ausgenommen.[55]

Um die Macht des Stärkeren zu brechen beziehungsweise abzuschwächen, müsste das Prinzip der Reziprozität im Rahmen der WTO aufgegeben und durch ein marktwirtschaftliches Konzept ersetzt werden, nach dem jedes Land, unabhängig vom Verhalten des Partners, seinen Außenhandel liberalisiert. Das Prinzip der Reziprozität garantiert keine offene und freie Außenwirtschaft, sondern lässt den Freihandelsgrad zur abhängigen Größe der Marktmacht der Handelspartner werden. Im Sinne eines Verzichts auf Reziprozität hätten die USA auch die „faire trade"-Bestimmungen in Section 301 ihres Handelsgesetzes und die EU die Festlegung von unilateralen Maßnahmen gemäß EG-Verordnung 2641/84 zu streichen. Bei einem derartigen Vorschlag muss man sich indessen der Warnung von

[51] Nach *Robert E. Baldwin* trat nach Kriegsende in den USA anstelle einer „policy of free trade" eine „policy of liberal trade". Baldwin (1982), S. 8.

[52] „Regular 301" von 1974, „super 301" von 1984 und „special 301" von 1988.

[53] Gurbaxani (2000), S. 165.

[54] Prodi (2001), S. 3.

[55] Auf dieser Ausnahme beruht auch die Freiheit und Unabhängigkeit der deutschen Bundesländer in Bezug auf ihre Rundfunkordnung. Vgl. Barth (1998), S. 93.

Eduard Heimann bewusst sein, dass man Macht nicht totschlagen kann. Man kann nur versuchen, sie zu zähmen.[56]

Schlussbemerkung

Die Beurteilung der heutigen Welthandelsordnung aus der Sicht der Sozialen Marktwirtschaft lässt die Konturen des GATT und der WTO deutlich werden. Manche Handelsprobleme aus der Zeit der Dreißigerjahre und des Zweiten Weltkriegs konnten im Verlauf der Zeit ausgeräumt werden. Die Schaffung eines weitgehend freien und offenen Markts für gewerbliche und industrielle Güter ist unbestreitbar das große Verdienst des GATT und der WTO. Im grenzüberschreitenden Handel mit Textilien, Agrargütern und Dienstleistungen erwiesen sich GATT und WTO weniger erfolgreich. Der zur Lösung dieser Probleme gewählte Ansatz der Reziprozität ist nicht vielversprechend. Vielmehr müsste man sich an dieser Stelle des marktwirtschaftlichen Grundsatzes von *Ludwig Erhard* erinnern, wonach das, „was prinzipiell richtig ist, nicht einer Gegenleistung der Handelspartner bedarf, um verwirklicht [zu] werden [...]".[57]Verhandlungen nach dem Prinzip der Reziprozität beschränken sich auf das Verteilen und Zuteilen bereits geschaffener Werte, wogegen Verhandlungen auf Grund des marktwirtschaftlichen Konzepts neue Werte schaffen und das Wirtschaftswachstum in den Vertragsparteien stärken.

Nicht oder nur am Rande berührt die heutige Welthandelsordnung des GATT und der WTO die gesellschaftspolitischen Probleme, die Entwicklung der wirtschaftlich schwachen Staaten, den Umweltschutz, die soziale Sicherheit der Erwerbstätigen, der Arbeitslosen und der Betagten sowie die Regelung der Kinderarbeit. Diese Problematik ist im GATT der achtziger Jahre erstmals deutlich zu Tage getreten, konnte aber in der Uruguay-Runde über die Verfestigung der Institution und die Neuformierung des normativen Vertragsinhalts nochmals überdeckt werden. Mit Seattle ist die Kritik an der geltenden Welthandelsordnung erneut aufgebrochen und hat verdeutlicht, dass die aktuellen Probleme nicht allein über die Förderung des grenzüberschreitenden Güter- und Dienstleistungshandels gemeistert werden. Vielmehr ist die WTO-Handelsordnung – wie seinerzeit die Soziale Marktwirtschaft – in einer zweiten Phase um ein gesellschaftspolitisches Programm zu erweitern, das den Außenhandel in den Worten von *Ludwig Erhard* zu einem Zeugnis der „Bereitschaft und Fähigkeit zu harmonischer Zusammenarbeit mit der ganzen Welt" werden lässt.[58] *Ludwig Erhard* meint mit verhaltenem Optimismus, „die Dinge" seien zu meistern, „wenn nur auch die Geister zu bändigen sind".[59]

---

[56] Heimann (1963), S. 83.
[57] Erhard (1957), S. 339.
[58] Erhard (1953a), S. 1 (Vorwort)
[59] Erhard (1957), S. 356.

Literaturverzeichnis

Außenwirtschaftsgesetz (deutsches) vom 28.4.1961: (zuletzt geändert am 16.8.2002), in: BGBl I 1961,S. 481, 495, 1555.

Baldwin, E.R. (1982): The Changing Nature of U.S. Trade Policy since World War II, Vortrag an der Konferenz des National Bureau of Economic Research, Cambridge 1982, Mass. (Vervielfältigung).

Barth, D. (1998): Perspektiven des internationalen Dienstleistungshandels, Friedrich Ebert Stiftung, Bonn 1998.

Blaich, F. (1980): Merkantilismus, in: Handwörterbuch der Wirtschaftswissenschaft (HdWW), Stuttgart, New York, Tübingen, Göttingen und Zürich 1980, 5. Bd., S. 240-251.

Cooper, R. (1971): Tariff Issues and the Third World, in: World Today, September, S. 401.

Curzon, G., Curzon, V. (1976): The Management of Trade Relations in the GATT, in: Shonfield, A., Hrsg.: International Economic Relations of the Western World 1959-1971, London, New York und Toronto 1976, S. 141-283.

Dam, K.W. (1970): The GATT, Law and International Economic Organization, Chicago und London.

Eekhoff, J., Pimpertz, J. (1996): Ordnungspolitik: Ein unbequemer, aber erfolgversprechender Weg, in: Ludwig-Erhard-Stiftung e.V. (Hrsg.): Soziale Marktwirtschaft als historische Weichenstellung, Festschrift zum 100. Geburtstag von Ludwig Erhard, Bonn, S. 23-50.

Erhard, L. (1943/44): Kriegsfinanzierung und Schuldenkonsolidierung, Denkschrift, Schlusskapitel, veröffentlicht in: Hohmann (1988), S. 48-52.

*Erhard, L. (*1953): Die deutsche Wirtschaftspolitik im Blickfeld europäischer Politik (Vortrag an der Universität Zürich am 6.2.1952), veröffentlicht in: Hunold, Albert (Hrsg.), Wirtschaft ohne Wunder, Erlenbach-Zürich 1953, S. 128-157.

Erhard, L. (1957): Wohlstand für alle, Düsseldorf 1957.

Evans, J.W. (1971): The Kennedy Round in American Trade Policy, Cambridge 1971.

Falke, A. (1995): Abkehr vom Multilateralismus? Der Kongress, die amerikanische Handelspolitik und das Welthandelssystem. Von der Reagan-Administration bis zum Abschluss der Uruguay-Runde, Berlin 1995(Vervielfältigung, Veröffentlichung einer revidierten Fassung vorgesehen).

GATT (1994), News of the Uruguay Round, 12. April, Genf 1994.

Gurbaxani, I. (2000), Industriepolitik in den Vereinigten Staaten, Baden-Baden 2000.

Heimann, E. (1963). Soziale Theorie der Wirtschaftssysteme, Tübingen 1963.

Hohmann, K. Hrsg. (1988): Ludwig Erhard, Gedanken aus fünf Jahrzehnten, Reden und Schriften, Düsseldorf, Wien und New York 1988.

Jackson, J. (1969): World Trade and the Law of GATT, Indianapolis, Kansas City und New York 1969.

Kock, K.: International Trade Policy and the Gatt 1947-1967, Stockholm.

Ludwig-Erhard-Stiftung e.V., Hrsg. (1996): Soziale Marktwirtschaft als historische Weichenstellung, Festschrift zum 100. Geburtstag von Ludwig Erhard, Bonn 1996.

Müller-Armack, A. (1949): Das Grundproblem unserer Wirtschaftspolitik: Rückkehr zur Marktwirtschaft, in: Finanzarchiv, Tübingen 1949, Bd. 11, S. 57-78.

Müller-Armack, A. (1956): Soziale Marktwirtschaft, in: Handwörterbuch der Sozialwissenschaften (HDSW), Stuttgart, Tübingen und Göttingen 1956, Bd. 9, S. 390-392.

Müller-Armack, A. (1960): Studien zur Sozialen Marktwirtschaft, Untersuchung Nr. 12 des Instituts für Wirtschaftspolitik an der Universität zu Köln, Köln 1960.

Prodi, R. (2001): New Transatlantic Agenda (NTA), in: EU/US news, A review of Transatlantic Relations, Vol. II, Nr. 7, Mai (Aussage von Romano Prodi anlässlich der Zusammenkunft mit US Secretary of State Colin L. Powell).

Röpke, W. (1961): Jenseits von Angebot und Nachfrage, 3. veränderte Auflage, Erlenbach-Zürich und Stuttgart 1961.

Schröder, Müller-Armack, Hohmann, Gross, Altmann, Hrsg. (1972): Ludwig Erhard, Beiträge zu seiner politischen Biographie, Festschrift zum fünfundsiebzigsten Geburtstag, Frankfurt a.M., Berlin und Wien 1972, S. 273-280.

Senti, R. (1986): GATT, System der Welthandelsordnung, Zürich 1986.

Senti, R. (2000): WTO, System und Funktionsweise der Welthandelsordnung, Wien und Zürich 2000.

Stoll, P.-T., Schorkopf, F. (2002): WTO – Welthandelsordnung und Welthandelsrecht, Köln, Berlin, Bonn und München 2002.

Ullrich, H. (1995): Technologieschutz nach TRIPS: Prinzipien und Probleme, in: GRUR Int., München, 1995 H. 8/9, S. 623-641.

US Department of State (1948): Havana Charter for an International Trade Organization (Publication 3206), Washington, DC 1948.

US Department of State (1945): Proposals for Expansion of World Trade and Employment (Publication 2411), Washington, DC 1945.

US Department of State (1946): Suggested Charter for an International Trade Organization of the UN (Publication 2598), Washington DC 1946.

United States Trade Representative (2000): Trade Facts, United States proposes a tariff-free world, www.ustr.gov.

WTO (2001): Market Access: Unfinished Business, Post-Uruguay Round Inventory and Issues, Special Study Nr. 6, Genf 2001.

Zencke, H.-H. (1972): Formierte Gesellschaft, Vision und Wirklichkeit, in: Schröder, Müller-Armack, Hohmann, Gross, Altmann (Hrsg.): Ludwig Erhard, Beiträge zu seiner politischen Biographie, Festschrift zum fünfundsiebzigsten Geburtstag, Frankfurt a.M., Berlin und Wien 1972, S. 273-280.

Globalisierungskritik, NGOs und politische Legitimität internationaler Organisationen: Das Beispiel der WTO

Andreas Falke

1. Einleitung

Internationale Organisationen sind in die Schusslinie der öffentlichen Kritik geraten. Keine der prominenten internationalen Organisationen wie die Weltbank, der internationale Währungsfond und die Welthandelsorganisation sind davon ausgenommen. Die Kritik kam keineswegs nur von Experten, Fachgremien oder betroffenen Mitgliedsstaaten, sondern von politischen und gesellschaftlichen Akteuren, die breiten Widerhall in den Medien und in der Öffentlichkeit fanden. Internationale Organisationen stehen im Mittelpunkt der Globalisierungskritik.[1]

Die Weltbank wird kritisiert für Infrastrukturprojekte, die auf umwelt- und sozialpolitische Folgen keine Rücksicht nehmen, der IWF für Anpassungsprogramme bei Finanzkrisen, die die Rahmenbedingungen der betroffenen Länder und die sozialen Kosten nicht berücksichtigen. Bei der WTO werden die Bevorzugung der Interessen großer Multis, der Vorrang von Handelsregeln vor internationalen Umweltvereinbarungen und der Eingriff in die nationale Regelungskompetenzen für Umwelt- und Verbraucherschutz moniert.[2] Die Kritik hat lange schon die Straße erreicht. Sie offenbarte sich in den Protesten bei den Jahresstreffen von Weltbank, IWF und den G7/8-Treffen. Die Kritikwelle erreichte ihren Höhepunkt mit den Protesten und gewalttätigen Auseinandersetzungen beim WTO Ministertreffen in Seattle 1999. Seattle wurde zum Symbol und zum Zeichen des Aufbruchs einer weit umspannenden Koalition der Globalisierungsgegner vor allem in den entwickelten Ländern auf beiden Seiten des Atlantiks.

Die medienträchtigen Proteste sind nur die Spitze des Eisbergs. Kritik macht sich nicht nur in spontanen Protesten Luft, sondern sie ist viel grundlegender. Sie kommt von einer höchst heterogenen Koalition von globalen Aktivisten, organisiert in dem was wir NGOs oder umständlich auf Deutsch „Nichtregierungsamtliche Organisationen" nennen.[3] NGOs verstehen sich nicht nur als

---

[1] Den besten Überblick über die Kritiker und ihre Argumente gibt: „Globalisation and its critics: A survey of globalisation", in *The Economist*, 29. 9. 2001.

[2] Daniel Esty, "The World Trade Organization's Legitimacy Crisis", in *World Trade Review*, 1(1) 2002, S.7-22.

[3] Im Folgenden wird die englische Abkürzung NGOs gebraucht.

Interessengruppen mit spezifischen Anliegen, sondern erheben den weitergehenden Anspruch, Repräsentanten der „Zivilgesellschaft" auf nationaler, besonders aber auf internationaler Ebene zu sein. Sie reklamieren damit einen höheren Legitimitätsstandard für sich als alle anderen Akteure in der internationalen Arena. Folglich richtet sich ihre Kritik nicht nur auf den spezifischen Output oder Probleme des Handelns von internationalen Organisationen, sondern auf den viel gravierenderen Tatbestand, den Mangel an demokratischer Legitimität.

Dieser Vorwurf ist somit grundlegender als die Kritik von Missständen, bürokratischer Pathologien oder von Fehlverhalten internationaler Organisationen, das durch die Vertreter der Mitgliedsstaaten und die politische Diskussion in den Mitgliedsländern wie von anderen internationalen Gremien einer kritischen Diskussion unterworfen werden kann und wird. Vielmehr zielt der Vorwurf mangelnder demokratischer Legitimität nicht alleine oder vorrangig auf die Beseitigung fehlerhafter Strategien oder Politikansätze von internationalen Organisationen, sondern auf die Einbindung dieser in eine völlig andere politische Steuerungsdynamik. Gefordert werden nicht nur eine andere Politik, etwa durch das Einwirken auf die Politik der Mitgliedsstaaten, sondern veränderte Verfahrens- und Entscheidungsprozesse.

Wenn internationale Organisationen demokratisch zu legitimieren sind, dann geht es um die Schaffung von dem demokratischen Nationalstaat nachgeahmten Strukturen, die Dinge wie Öffentlichkeit, die Rechenschaftspflicht gegenüber gesellschaftlichen Gruppen, ihre Einbindung und Partizipation und Transparenz in den Verfahrensweisen herstellen. Das Problem demokratischer Legitimität wird auf das interaktive Verhältnis zwischen einer internationalen Organisation und einem öffentlichen Umfeld zugespitzt.

Da die NGOs sich ja als Vertreter der Zivilgesellschaft im internationalen Maßstab verstehen, folgt daraus für sie, dass sie selbst die zentralen Bausteine für die demokratische Legitimitätsbeschaffung von internationalen Organisationen sind. In der Konsequenz heißt dies, dass NGOs in die internen Prozesse von internationalen Organisationen einbezogen werden müssen, sei es als Instanzen, die Öffentlichkeit und Transparenz herstellen, den öffentlichen Input organisieren (durch Beratung) – sei es, dass sie in letzter Konsequenz mitentscheiden und bei Entscheidungsverfahren und Verhandlungen zugelassen werden. Dies widerspricht – oder ist nicht ganz kompatibel mit – der völkerrechtlichen Konstitution von internationalen Organisationen aufgrund von Verträgen souveräner Nationalstaaten. Die Staaten sind ja *principals*, die die Verantwortung in den entsprechenden Gremien für die Kontrolle der bürokratischen *agents* haben und die sie bei Fehlverhalten oder satzungswidrigem Verhalten zur Rechenschaft ziehen müssen. Internationale Organisationen sind in ihrem Wesen kontraktualistisch konstruiert, und es bleibt in diesem Rahmen unklar, wie sich NGOs in dieses Vertragsgefüge legitim einbringen können. Denkbar ist es nur, dass die Vertragsstaaten, NGOs bestimmte

Mitwirkungsrechte in den Statuten wie etwa bei einigen Unterorganisationen der Vereinten Nationen wie z.B. dem UN-Wirtschafts- und Sozialrat einräumen.[4]

Erstaunlich unterbelichtet bleibt bei allem Insistieren auf demokratischer Legitimität die Frage nach der Anwendbarkeit des Mehrheitsprinzips oder eine Auseinandersetzung mit dem Problem, ob die Mitgliedsstaaten internationaler Organisationen demokratisch verfasst sein müssen, damit internationalen Organisationen demokratischer Charakter zugesprochen werden kann. Und wer würde den demokratischen Charakter von Staaten zertifizieren? Nicht unwesentlich scheint mir in diesem Zusammenhang, dass wir es hier offenbar mit der *domestic analogy* (Hedley Bull) zu tun haben. Internationale Organisationen werden analog zu Regierungen von Nationalstaaten konzipiert, die durch entsprechende institutionelle Untermauerung dem Ideal von Demokratie im Kontext von *global governance* angenähert werden sollen. Doch fehlen in der internationalen Arena eine gemeinschaftliche Öffentlichkeit und Institutionen, die diese Öffentlichkeit durch einen Wahlmechanismus mit internationalen Organisationen als autoritative Entscheidungsinstanzen verbinden könnten. Ohne eine Weltrepublik kann es keine direkte Rückbindung der Ausübung von Hoheitsgewalt an den Souverän geben.

Die Frage nach demokratischer Legitimität wird vielmehr übersetzt in die Frage nach der öffentlichen Kontrolle von internationalen Organisationen. Sie stellt sich für NGOs besonders im Kontext ihres Verständnisses des Globalisierungsprozesses. Globalisierung führt nach der Meinung vieler NGOs zu einer Unterminierung der Souveränität (demokratisch) verfasster Nationalstaaten, besonders ihrer sozialen Sicherungssysteme unter dem Stichwort *race to the bottom* zugunsten der Handlungsfreiheit großer transnationaler Konzerne. In der globalisierten Welt ist es diesen möglich, sich die hinsichtlich der Belastung von Steuern und Umwelt- und Sozialregulierungen besten Standorte auszusuchen und so Druck auf Staaten auszuüben, ihre Steuer-, Sozial- und Umweltniveaus nach unten anzupassen. Aus Sicht dieser wissenschaftlichen jedoch nicht belegten Problemdiagnose[5] wird die nicht-staatliche Kontrolle von internationalen Organisationen umso dringlicher, da die Staaten diese Aufgabe nicht mehr richtig wahrnehmen können und stattdessen Gewinn orientierte Akteure wie multinationale Unternehmen an Einfluss auf die Prozesse der internationalen Politik gewinnen.[6]

Nur reicht der Anspruch von NGOs, die Zivilgesellschaft zu repräsentieren, um die angenommene fehlende demokratische Legitimität internationaler Organisati-

---

[4] Tanja Brühl, „Mehr Raum für die unbequemen Mitspieler? Die Einbeziehung von NGOs in die internationalen (Umwelt-) Verhandlungen, ", in Achim Brunnengräber et al. (Hrsg.) *NGOs als Legitimationsressource. Zivilgesellschaftliche Partizipationsformen im Globalisierungsprozess*, Opladen 2001, S. 141-143.

[5] Geoffrey Garrett (with Deborah Mitchell), "Globalization, Government Spending and Taxation in the OECD", *European Journal of Political Research* 39(2) 2001, S. 145-177.

[6] Diese Diagnose wird auch vielen Wissenschaftlern geteilt. Siehe N. Hertz, *Silent Takeover: Global Capitalism and the Death of Democracy*, London 2002.

onen zu kompensieren? Der Anspruch trägt offenbar nicht sehr weit, denn es gibt keine demokratischen Prozesse, die NGOs auf nationaler oder internationaler Ebne als Träger eines Volkswillen auszeichnen könnten. Die Frage nach demokratischer Legitimierung fällt auf die NGOs selbst zurück. NGOs sind auch nur partikulare Interessen, auch wenn diese eher ideell als materiell bestimmt sind. Als solche haben sie ihren Ort im politischen Interessengefüge von demokratischen Nationalstaaten. Der kaum einlösbare Anspruch, die Zivilgesellschaft zu repräsentieren, kann ihnen kein weiter reichendes Mandat geben und schon gar nicht eine privilegierte Position als Ansprechpartner internationaler Organisationen. Ihre eigene Legitimität verdanken sie nicht demokratischen Prozessen, sondern der Kraft ihrer Argumente und ihrem öffentlichen Mobilisierungspotenzial.

Zudem können wir keineswegs davon ausgehen, dass NGOs einen repräsentativen Querschnitt liberaler demokratischer Gesellschaften repräsentieren. NGOs lassen sich, wenn man von „technischen" NGOs absieht, die aufgrund ihrer teilweise hohen fachlichen Kompetenz operieren, doch eindeutig im ideologischen Spektrum westlicher Gesellschaften lokalisieren. Sie gehören zu den eher kapitalismus- und marktkritischen Minoritäten westlicher (und nördlicher) Demokratien, die sich aus den verschiedensten sozialen Bewegungen speisen.[7] Sie vertreten nicht so sehr klar umschriebene Interessen als moralische Anliegen, wie soziale Gerechtigkeit, Umweltschutz, Verbraucher- und Tierschutz, Menschenrechte. Die Industriegesellschaft, Individualismus, Gewinnstreben und Wettbewerb werden als unethisch abgelehnt. Kontrolle durch NGOs würde einen eindeutigen ideologischen *bias* einführen. Problematisch ist es auch, NGOs als Fürsprecher der Interessen der unterentwickelten Länder oder als Kompensation für deren unzureichende demokratische Entwicklung zu akzeptieren. Das Mandatierungsproblem stellt sich mit gleicher Schärfe, und die staatlichen Vertreter von demokratischen wie von autoritären Entwicklungsländern lehnen diesen Vertretungsanspruch ab.

2. Das Beispiel Internationaler Währungsfond

Internationale Organisationen lassen sich jedoch auch durch ihren Output legitimieren, d.h. durch die Effizienz und Zielgenauigkeit, mit der sie die ihnen anvertrauten Aufgaben erfüllen. Kritik zielt dann gerade auf die Nichterfüllung dieser Aufgaben. Sie kommt nicht nur von NGOs, sondern häufig von informierten Experten-Insidern, die institutionalisierte Kritikverbote ignorieren und die Schwachstellen der Politik internationaler Organisationen aufdecken. Damit stimulieren sie einen öffentlichen Diskurs der stakeholder.

Das beste Beispiel dafür ist die scharfe Kritik an der Politik des IWF in den Finanzkrisen der 90er Jahre durch den ehemaligen Chefökonomen der Weltbank und

[7] Dieter Rucht, „Antikapitalistischer Protest als Medienereignis", in Achim Brunnengräber et al. (Hrsg.) *NGOs als Legitimationsressource*, S. 259-83.

den Nobelpreisträger Joseph Stiglitz.[8] Stiglitz hat in seinem Buch weniger „die Schattenseiten der Globalisierung" (so der deutsche Titel) aufgedeckt, als eine scharfe Attacke gegen die Politik der Schwesterorganisation der Weltbank, des IWFs, geritten. Auch wenn Stiglitz die Kritikpunkte vieler NGOs zu teilen scheint, sieht er die Probleme des IWFs nicht in einem demokratischen Defizit, sondern in den verfolgten konzeptionellen Ansätzen zur Krisenbewältigung. Folglich sieht er die Korrektur nicht unbedingt in einem größeren Einfluss für NGOs.

Im Prinzip ist das Buch ein Angriff auf den „Washington Konsensus", d.h. auf die Versuche des IWFs, die Volkswirtschaften der Entwicklungsländer intern zu liberalisieren und extern zu öffnen. Dazu zählen die Deregulierung der Finanzmärkte, die Abschaffung der Kapitalverkehrskontrollen, die Privatisierung von Staatsbetrieben und der Abbau von Handelsschranken. Kritisiert hat Stiglitz auch die Konzepte des IWFs zur Behebung von Finanzkrisen, die drastische Erhöhung des Zinsniveaus zur Stabilisierung der Währung und die selektive Schließung von Kreditinstituten. Insbesondere hat er die Bindung von Stabilisierungspaketen an strukturelle Reformen (so genannte Konditionalität) kritisiert. Stattdessen hat er die Einführung von Kapitalverkehrskontrollen wie im Falle von Malaysia begrüßt.

Ohne auf die Details seiner Kritik weiter einzugehen, ist es unbezweifelbar, dass Stiglitz` Kritik zu einer intensiven Debatte über die Strategien des IWFs in der Asienkrise geführt hat.

Insbesondere seine Warnung über die überstürzte Deregulierung und Öffnung von Finanzmärkten ist heute akzeptiert, auch wenn er eine recht holzschnittartige Charakterisierung des „Washington Konsensus" vornimmt.[9] Das gleiche gilt für die Kritik an der selektiven Schließung von Banken wie in der Indonesienkrise. Das Bewusstsein für die ökonomische Bedeutung von funktionierender Bankenaufsicht und *corporate governance* ist heute Allgemeingut. Umstritten dagegen ist sein Rat, auf die Erhöhung von Zinsen zur Herstellung monetären Gleichgewichts zu verzichten und der Wiedereinführung von Kapitalverkehrskontrollen zuzustimmen. Barry Eichengreen hat in einer Antwort auf Stiglitz` Kritik darauf hingewiesen, dass die Entscheidungsträger im IWF während der Asienkrise unter großer Unsicherheit und Zeitdruck handeln mussten und dass jegliche Verzögerung oder ausschweifende Diskussion die Krise nur verschärft hätte. Die Frage bleibt, ob auf Konditionalität im Sinne der Rekapitalisierung des Bankensystems, Reform der Bankenaufsicht und die Entwicklung von Insolvenzverfahren verzichtet werden kann, und ob es nicht eher darum geht, Konditionalität straffer und zielgerichteter zu gestalten. Ebenso umstritten bleibt, ob größere Offenheit und

---

[8] Joseph Stiglitz, *Die Schattenseiten der Globalisierung*, Berlin 2001 (englisches Original *Globalization and its Discontent*, New York 2001).

[9] Siehe John Williamson „Review of *Globalisation and is Discontent* by Joseph Stiglitz", Institute for International Economics papers, Washington 2002, www.iie.com./papers/williamson0602.htm (13.07.2002).

Transparenz nicht negative Externalitäten und eine stärkere Vertretung der Schuldnerländer nicht *moral hazard*-Probleme mit sich bringen.[10]

In unserem Zusammenhang kommt es mir nur darauf an, dass die von Stiglitz und anderen ausgelöste Diskussion sehr wohl zu Veränderungen und Lernprozessen, eben auch beim IWF geführt hat.[11] Das heißt, Verhaltensänderungen und Korrekturen problematischer Strategien von internationalen Organisationen sind im mehr oder minder öffentlichen Fachdiskurs möglich und wahrscheinlich, in komplizierten Fragen der internationalen Finanzarchitektur auch angemessen. Stiglitz' Kritik und die daran anknüpfende Debatte hat gezeigt, dass eine breite öffentliche Debatte von Regierungsvertretern, den Führungsgremien von internationalen Organisationen, Wissenschaftlern und Journalisten möglich ist und Verhaltenskontrolle durch NGOs oder Demokratisierung in ihrem Sinne keine Vorbedingung dafür ist. Im Folgenden soll jedoch die Lage der WTO untersucht werden, die noch sehr viel mehr zur Zielscheibe der Kritik der NGOs geworden ist und bei der sich die Legitimitätsproblematik anders darstellt.

3. Die WTO als kompakte erfolgreiche internationale Organisation

Die WTO ist in den 90er Jahren zur direkten Zielscheibe heftigen Protestes durch die Vertreter der so genannten Zivilgesellschaft geworden, was durch die heftigen und z. T. gewalttätigen Demonstrationen in Seattle zum ersten Mal einer breiteren Öffentlichkeit bewusst wurde. Dabei ist die WTO eine kleine straffe Organisation ohne ausufernde, zur Verselbständigung neigende Bürokratie wie ihre Bretton-Woods-Schwesterorganisationen. Ihr Budget beträgt nur rund 93 Mill. $ jährlich, und ihre Mitarbeiterzahl beträgt nur 500. (Weltbank: 6000; IWF: 2500).[12] Sie ist zudem eine Mitglieder getriebene Organisation, in der Grundsatzentscheidungen per Konsensus getroffen werden und das Sekretariat, die permanente internationale Bürokratie, nur relativ geringen Einfluss hat. Es fungiert vielmehr als „Service-Einrichtung“ und ehrlicher Makler für die Mitgliedsstaaten. Die Gefahr der Verselbstständigung der Bürokratie ist also relativ gering. Vielmehr leidet die WTO unter Personalknappheit.[13]

[10] Barry Eichengreen, „The Globalization Wars: An Economist Reports from the Front Lines“, in *Foreign Affairs*, July/August 2002, www.foreingaffairs.org (18.08 2003).

[11] Ebd.

[12] Siehe Eintrag "Internationaler Währungsfond" und "Weltbank" in Jörn Altmann/Margareta Kulessa (Hrsg.) *Internationale Wirtschaftsorganisationen*, Stuttgart 1998, S. 119 ff., 250 ff.

[13] Richard Blackhurst, "The Capacity of the WTO to Fulfill Its Mandate," in Anne O. Krueger (Hg.) *The WTO as an International Organization*, Chicago 2000, S. 31-47.

Gleichwohl gilt die WTO/GATT als eine relativ effektive Organisation, die es seit den ersten Anfängen 1947 als GATT verstanden hat, den Güterhandel zwischen den Industrieländern weitgehend zu liberalisieren (Zölle auf 4% gesunken) und auch die Entwicklungsländer einzubinden. Mit dem Übergang zur WTO 1994 ist die Organisation in ihren Kompetenzen gestärkt worden, als ihr Mandat auf Dienstleistungen, die Regelung handelsbezogener geistiger Eigentumsschutzrechte und handelsbezogener Investitionen ausgedehnt wurde.[14] Vor allem ist in der WTO ein effektiver Streitbeilegungsmechanismus geschaffen worden, der das alte auf Konsensus beruhende Verfahren völlig verändert hat. Verfahren werden jetzt zügig durchgeführt. Eine Revisionsinstanz ist eingeführt worden. Vor allem aber sind die Sprüche der Streitbeilegungsgremien (*panels*) und der Revisionsinstanz, dem so genannten *appellate body*, rechtlich verbindlich. Die Ablehnung eines Spruches kann nur im Konsens erfolgen, statt der bis 1995 gültigen Regelung, nach der nur die Annahme im Konsens möglich war. Die Beklagten haben jetzt nicht mehr die Möglichkeit, eine Entscheidung zu blockieren und müssen bei Nicht-Befolgung mit legalen Sanktionen (Entzug der Konzessionen) rechnen. Sanktionen können „über Kreuz" erfolgen, nicht nur in den von Regelverletzungen betroffenen Sektoren. Die WTO ist jetzt trotz weiter bestehender Probleme mit der Streitschlichtung eine internationale Organisation mit rechtlichem „Biss".[15]

Die WTO fungiert heute wie ein Handelsweltgericht und greift wegen der Ausdehnung der Materien (Dienstleistungen, z.B. Banken, Versicherungen, Telekommunikation, geistige Eigentumsrechte) tief in Bereiche eine, die zuvor der Regulierung souveräner Nationalstaaten oblagen. Sie betreibt schon lange nicht mehr Zollabbau, sondern positive Regulierung. Damit schafft sich die WTO ein Legitimationsproblem, denn sie greift viel stärker in die nationalen Regulierungskompetenzen von Staaten ein und nicht nur in deren klassische handelspolitische Instrumente.[16] WTO-Entscheidungen finden heute größere innenpolitische Beachtung und haben das Potenzial, bei Betroffenheit gesellschaftlicher Gruppen größere innenpolitische Kontroversen auszulösen.

Mit der Veränderung der Streitbeilegung hat sich die GATT/WTO transformiert. Früher war sie von diplomatischen Gepflogenheiten der Verhandlung, Diskretion, der Akkommodation und des Kompromisses beherrscht.[17] Seit Mitte der 90er Jahre hat sich eine starke Tendenz der Judizialisierung durchgesetzt. Heute

---

[14] Siehe dazu Richard Senti, *WTO. System und Funktionsweise der Welthandelsordnung*, Zürich/Wien 2000. S. 103-106.

[15] Ebd., S. 134-152.

[16] W. Dymond/R. Hart „Post-Modern Trade Policy: Reflections on the Challenges to Mulitilateral Trade Negotiation after Seattle", in *Journal of World Trade* 34 (3) 2001, S. 21-38.

[17] Das beste Beispiel dafür ist die Auseinandersetzung zwischen der USA und der EU über die *Foreign Sales Corporation*, d.h. die Besteuerung von über Tochtergesellschaften abgewickelten Exporten amerikanischer Unternehmen.

weht der Geist kämpferischer Juristen. Man will Fälle gewinnen. Heute achten die Staaten darauf, ob das Gesetz auf ihrer Seite ist, und sie wollen es durchsetzen. Die Aussicht auf Erfolg vor Gericht treibt die Kalküle. Ein ausgehandelter Kompromiss hat wenig Chancen. Die Streitbeilegungsgremien oder Spruchkammern (*panels*) stehen unter dem Zwang, streng nach den juristischen Regeln zu verfahren („getting it legally right and appeal-proof") und nicht mehr einen diplomatischen Kompromiss anzustreben. Die Revisionsinstanz wird praktisch zum Welthandelsgericht und die finale Instanz zur bindenden Interpretation der Abkommen, nicht mehr der Allgemeine Rat oder die Ministerversammlung.[18] In der Vergangenheit fungierte die WTO bzw. das GATT eher wie ein geschlossener Klub, der von Handelsdiplomaten und Experten beherrscht wurde. Man blieb unter sich, hatte wenig Verbindung zu anderen Politikbereichen und blieb von der Öffentlichkeit weitgehend unbeachtet.[19]

Umso überraschender für die Insider und handelspolitischen Experten kam die wachsende Aufmerksamkeit, die die WTO seit Mitte der 90er Jahre seitens der NGOs auf sich zog. Der wirkungsvollste Angriff kam von Umweltaktivisten und von solchen Gruppen, die ihre sozial- oder menschenrechtlichen Ziele mit Handelssanktionen umsetzen wollten. Einerseits ist die WTO für diese Akteure interessant, weil sie wie keine andere internationale Organisation über Sanktionsinstrumente verfügt. Aus dieser Sicht ist die WTO ein interessantes Forum, wenn es gelingt, andere als handelspolitische Ziele in ihrem Regelwerk zu verankern. Das gilt umso mehr, als der Streitbeilegungsmechanismus heute praktisch bindend ist. Andererseits kommt der WTO zunehmend die Rolle zu, den Konflikt zwischen Handelsregeln und nationalen, möglicherweise handelsbeschränkenden Umweltbestimmungen zu lösen. Aus diesem Grund gerät das Verhalten der WTO in solchen möglichen Konfliktfällen immer mehr in das Visier von NGOs. In diesem Zusammenhang haben es globalisierungs- und kapitalismuskritische NGOs verstanden, die WTO als Instrument der großen transnationalen Unternehmen darzustellen und sie so zur Zielscheibe des globalisierungskritischen Protests zu machen.[20] Die zunehmende Rechtsverbindlichkeit des Streitbeilegungsverfahrens hat gerade dieses zur Zielscheibe des Protests als undemokratisches Organ werden lassen und zu Versuchen zur partizipatorischen Korrektur geführt. Der Druck auf die Streitbeilegungsgremien zur Berücksichtigung der Belange der so genannten Zivilgesellschaft und ihrer prozeduralen Inklusion ist enorm. Wie der Streitbeilegungsprozess mit dieser Herausforderung umgeht, ist eine entscheidende Frage für

[18] 18 J.H.H. Weiler, The Rule of Lawyers and the Ethos of Diplomats: Reflections on the Internal and External Legitimacy of WTO Dispute Settlement, The Jean Monnet Working Papers, New York University Law School, Nr. 9, 2000 (http://www.jeanmonnetprogram.org/papers/papers00.html, 20.8. 2003).

[19] Robert Keohane/Joseph Nye, "The Club Model of Multilateral Cooperation and the WTO: Problems of Democratic Legitimacy", Center for Business and Government at Harvard University, June 2000. http://www.ksg.harvard.edu/cbg/trade/keohane.htm. (23.8.2003).

[20] So auch N. Hertz, *Silent Take-over*, S. 103 f.

die Legitimität der WTO. Allerdings sind die Legitimitätserwartungen höchst widersprüchlich.

4. Probleme des Streitbeilegungsverfahrens und die umweltpolitische Herausforderung der WTO

Der Generalangriff der NGOs auf ihre Verfahrensweisen trifft die WTO in einer Phase, wo die Probleme des stärker verrechtlichten Streitbeilegungsverfahrens sichtbar werden. Nicht nur haben wir eine Verschiebung, wie J.H.H. Weiler hervorgehoben hat, von Diplomaten-Verhandlern zu Juristen-Anwälten, sondern es besteht ein fundamentales Missverhältnis zwischen effizienter Streitbeilegung und Regelsetzung oder Novellierung des Regelwerkes.[21]

Das *rule-making* während der formalen Verhandlungsrunden ist mit vielen Problemen behaftet. Der Zwang zum Kompromiss, der Druck der Termine und Wahlen und die notorische, wenn auch manchmal heilsame Zeitknappheit der Verhandlungsrunden hinterlassen Grundtexte, die aufgrund der nur notdürftig überdeckten Uneinigkeit unklare, lückenhafte oder widersprüchliche Regelungen und Anweisungen enthalten.[22] Diese Situation sollte zum Hauptproblem des neuen, sanktionsbewährten Streitbeilegungsmechanismus werden. Denn mögliche Korrekturen wie eine mögliche Neuinterpretation, Auslegung, Anpassung oder Novellierung der Vertragstexte durch die Ministerkonferenz oder den Allgemeinen Rat sind wegen des grundsätzlich privilegierten Konsensprinzips bzw. der hohen Mehrheitserfordernisse (2/3 bzw. 3/4 der Stimmen sowie Einstimmigkeit, wenn Kernbereiche wie die Meistbegünstigung oder Inländerprinzip betroffen sind) keine gangbaren Wege zur Anpassung der Vertragstexte.[23] Der Status Quo ist durch den intergouvernementalen Prozess kaum veränderbar.

Die Konsequenz ist, dass die Lösung unklarer Fragen dem Rechtsprechungsprozess der Streitbeilegungsorgane überlassen bleibt und so zu einem anwachsenden Korpus internationaler *common laws* oder Fallrecht führt. Die Streitbeilegungsorgane generieren zunehmend substanzielle Regelungen häufig unter evolutionären Theorien der Interpretation und der Einbeziehung von „weichem" internationalem Recht wie nicht-verbindlichen internationalen Umweltstandards oder generellen Präambeln in internationalen Abkommen. Die Zunahme des Richterrechtes ist aber gerade das demokratietheoretische Problem. Denn der Streitbeilegung in der WTO fehlt der demokratisch-politische Unterbau, der in demokratischen Rechtsstaaten Korrekturen an fehlgeleiteter Rechtsprechung erlaubt. Die

---

[21] Claude E. Barfield, Free *Trade, Sovereignty, Democracy. The Future of the World Trade Organisation*, Washington 2001, S. 7.

[22] Ebd., S. 39.

[23] Zu den Entscheidungsverfahren und den Mehrheitserfordernissen siehe Senti, *WTO*, S. 130-34.

Fortentwicklung des WTO-Rechts durch Panel-Sprüche geschieht weitgehend unkontrolliert. Die Streitbeilegung ist insular und begünstigt autonome Akteure außerhalb von repräsentativen legislativen Strukturen.[24]

Substanzielle Weiterentwicklung des WTO-Rechts ist seit dem Inkrafttreten der WTO geschehen und es ist signifikant, dass diese Weiterentwicklungen überwiegend Umweltfragen oder Fragen des Verbraucherschutzes betrafen. Sie standen im engen Zusammenhang mit der Mobilisierung von Umwelt-NGOs und gewannen damit eine politisch eminente Bedeutung für die Legitimitätsdebatte der WTO. Diese Fälle wurden weniger ausgelöst durch das Problem der Vereinbarkeit von internationalem Umweltrecht mit den WTO-Regeln als durch unilaterale umwelt- bzw. tierschutzpolitische Maßnahmen mit extraterritorialer Wirkung.[25]

Dazu gehören zwei mittlerweile berühmte WTO-Fälle: die *Tuna/Dolphin*-Fälle (I&II) und der *Shrimp/Turtle*-Fall. In beiden Fällen ging es darum, ob die Vereinigten Staaten aufgrund der amerikanischen Tierschutzgesetzgebung Einfuhrbeschränkungen wegen der Fangmethoden von Thunfisch bzw. Garnelen, die für Delphine bzw. Schildkröten schädlich sind, verhängen durften. Gegenstand der Verfahren waren unilaterale extraterritoriale Sanktionen der USA gegen die Fangmethoden von Thunfisch und Garnelen anderer Länder, also die extraterritoriale Ausdehnung der amerikanischen Tierschutz- oder im weitesten Sinne Umweltgesetzgebung auf Rechtssubjekte anderer Länder. Betroffen von den Einfuhrbeschränkungen waren jeweils Fischer aus Entwicklungsländern (Mexiko bzw. südostasiatischen Staaten).[26]

Aus Sicht der betroffenen Länder wollten die Vereinigten Staaten ihnen ihre Umweltpolitik mit handelspolitischen Instrumenten aufzwingen. Die Panel-Entscheidungen gingen formal um Art. XX, der sich mit Ausnahmen zum Schutz von Gesundheit von Menschen, Tieren und Pflanzen beschäftigt, und Art. III, die Gleichbehandlungsklausel, die auf die Gleichartigkeit des Produktes als Kriterium für eine handelspolitische Maßnahme, nicht aber auf die Gleichartigkeit der Produktionsmethoden abstellt. Da die USA den ersten *Tuna/Dolphin*-Fall verlor, kam es zu einem Aufschrei der Umweltschützer in den USA und zum politisch folgenreichen Vorwurf, dass das GATT/WTO System die amerikanische Umweltgesetzgebung untergrabe. Für den Konflikt und seine Auswirkungen auf das internatio-

---

[24] Kal Raustiala, „Sovereignty and Multilateralism", in *Chicago Journal of International Law*, 1, 2000, S. 401-419.

[25] Zur Unterscheidung vergl. Peter-Tobias Stoll/Frank Schorkopf, *WTO – Welthandelsordnung und Welthandelsrecht*, Köln u.a. 2002, S. 253.

[26] Ebd. S. 254. Bei den amerikanischen Gesetzen handelt es sich den *Marine Mammal Protection Act* und den *Endangered Species Act*, die beide amerikanischen Fischern eine besondere Fangausrüstung zum Schutz von Delphinen bzw. Schildkröten vorschrieb und Produkte ausländischer Fischer, die diese Voraussetzungen nicht erfüllten, vom amerikanischen Markt fern hielten.

nale Handelssystem war es nicht völlig unerheblich, dass sich hier eine Kluft zwischen Industrie- und Entwicklungsländern in dieser Frage auftat.[27]

Die USA verloren zwar beide Fälle. Doch im *Shrimp/Turtle*-Fall, den die USA in der Revision lediglich wegen der diskriminierenden Anwendung ihrer Maßnahmen verlor, hat die Revisionsinstanz – nach heftigem politischen Druck der USA, die besorgt waren, dass ein negativer Spruch die Legitimität von Handelsliberalisierung und der damit verbundenen Institutionen wie der WTO weiter untergraben würde – eine weitgehende Bereitschaft angedeutet, den Art. XX so auszulegen, dass unilaterale, extraterritoriale Handelssanktionen auf der Basis von Prozess- und Produktionsmethoden unter einem sich wandelnden globalen Umweltverständnis legitim sind. Zudem verstand die Spruchkammer natürliche Lebewesen als erschöpfliche Naturschätze nach Art. XX und gab zu erkennen, dass Hoheitsrechte aufgrund der Vernetzung von Ökosystemen einen weiten Raumbezug in Anspruch nehmen können und dass die Maßnahmen gerechtfertigt gewesen wären, wenn die USA in Verhandlungen hinsichtlich des Schutzes der Schildkröten mit den betroffenen Staaten eingetreten wären, bzw. sich bemüht hätten, eine multilaterale Rechtsgrundlage anzustreben.[28]

Die Entscheidung implizierte nicht nur eine fundamentale Veränderung der Rechte und Pflichten von WTO-Mitgliedern, sondern die Möglichkeit, auf der Basis von Produktionsmethoden zu diskriminieren und so anderen Ländern Umweltschutznormen aufzudrängen. Grundlage dieser Veränderung ist der immer häufiger erfolgende Bezug auf internationales *Soft-law*, wie das Vorsorgeprinzip, die Präambeln und als unverbindlich angesehene Erklärungen von internationalen Umwelt-Abkommen. So wurde etwa im *Shrimp/Turtle*-Fall auf den „concern of the community of nations about the environment" aus der Rio-Erklärung Bezug genommen.[29]

Die Entscheidung traf auf die scharfe Kritik der Entwicklungsländer, die darin eine nicht zulässige Veränderung der Rechte und Verpflichtungen von Mitgliedsstaaten sahen, die langfristig die Glaubwürdigkeit des Streitbeilegungsmechanismus untergraben würde. Den meisten Kommentatoren blieb auch nicht das kurzfristige politische Kalkül der Entscheidung verborgen, das darin bestand, das Image der WTO in der kritischen Umweltöffentlichkeit zu verbessern. Es ist keine Frage, dass sich hier eine tiefe Konfliktlinie zwischen Entwicklungsländern einer-

---

[27] Zur internen und internationalen politischen Dynamik siehe Graham K. Wilson, „Dolphins and Tuna, Shrimp and Turtles: An American Tale or Policymaking goes Global?" Paper presented to the Annual Convention of the APSA, Atlanta, Georgia 1999, www.lafollette.wisc.edu/FacultyStaff/Faculty/Wilson/dolphins_and_tuna.htm.

[28] Stoll/Schorkopf, *WTO*, S. 253-256; Barfield, *Free Trade*, S. 48 f.

[29] Barfield, *Free Trade*, S. 66.

seits und Industrieländern und deren Umwelt-NGOs andererseits auftat.[30] Auch war nicht zu übersehen, dass die Entscheidungen in der Absicht getroffen wurden, Legitimität für die WTO in den Augen der westlichen „Zivilgesellschaft" zu sichern. Die Frage ist nur, ob derartige Grundsatzentscheidungen über die Zulässigkeit von extraterritorialen Maßnahmen nach Art. XX in Rechtsstreitigkeiten getroffen werden können oder ob sie nicht eine Änderung des Vertragstextes oder eine Aussetzung der Verpflichtungen (*waiver*) erforderlich machen. In Wirklichkeit wird hier ein Legitimitätsproblem durch Schaffung eines neuen gelöst.

Der zweite grundlegende Streitpunkt, den die *Shrimp/Turtle*-Entscheidung aufwarf, betraf das Recht von dritten privaten Parteien, insbesondere NGOs, aber auch Unternehmen, eigene Schriftsätze und Stellungnahmen einzureichen (*amicus briefs*). Im *Shrimp/Turtle*-Fall hatten die USA einfach zwei derartige Schriftsätze von Umweltschutzgruppen ihrer eigenen Verteidigungsschrift zugefügt. Nachdem die erste Spruchkammer eine derartige Möglichkeit verworfen hatte, entschied die Revisionsinstanz, dass *panels* nicht-angeforderte Vorlagen von Drittparteien akzeptieren dürften.[31] Auch hier gab es heftigen Widerstand von Entwicklungsländern, die fürchteten, dass sich die zwischenstaatliche Natur des Verfahrens grundlegend verändern würde. Sie insistierten deshalb darauf, dass dies Verfahrensentscheidungen seien, die den Mitgliedsstaaten vorbehalten bleiben sollten. Die Entwicklungsländer fürchten zudem langfristig, dass sich bei Zulassung von dritten Parteien das Kräftegleichgewicht in den Rechtsressourcen zu ihren Nachteilen verschiebt. NGOs mit Budgets im dreistelligen Millionenbereich und Unterstützung in der links-liberalen Wissenschaftsszene können sich heute wesentlich besseren Rechtsbeistand sichern als viele Entwicklungsländer.[32]

Auch hier wurde wiederum eine Lösung der von NGOs aufgeworfenen Legitimitätsproblematik durch die Rechtsprechung gewählt, die selbst wieder zu Legitimitätsproblemen führt. Dies wird noch verschärft dadurch, dass die Entscheidung der Zulassung von Drittparteien ein Präzedenzfall für das Klagerecht von Firmen setzen könnte, was besonders von der amerikanischen Anwaltschaft (*trade law firms*) etwa für Anti-Dumping oder Ausgleichszollverfahren gefordert wird. Eine derartige Öffnung des Verfahrens würde ihnen ein neues, lukratives Geschäftsfeld öffnen.[33] Wenn man NGOs zulässt, dann dürfte es schwer sein, andere private Akteure wie Gewerkschaften und Firmen auszuschließen. Eine Zulassung privater Akteure wie große Unternehmen und deren Rechtsvertreter dürfte die Perzeption des Ressourcen-Ungleichgewicht seitens der Entwicklungsländer nur

[30] Gregory C. Shaffer, "The Nexus of Law and Politics: The WTO's Committee on Trade and Environment", *The Greening of Trade Law: International Trade Organizations and Environmental Issues* (Lanham/ Boulder/ New York/ Oxford 2002, S. 81-114.

[31] Stoll/Schorkopf, *WTO*, S. 265; Barfield, *Free Trade*, S. 50-53.

[32] Barfield, *Free Trade*, S. 4. Dieses Problem gehört zu so genannten *capacity building* der gegenwärtigen Doha Agenda. Mögliche Unterstützungsmaßnahmen sollen zur Steigerung der Fähigkeit der Entwicklungsländer beitragen, am WTO-Prozess teilzunehmen.

[33] Ebd., S. 51.

noch verstärken. Zudem würden die Vertreter der Zivilgesellschaft in diesem Falle eine „Privatisierung der Handelspolitik" beschwören, die Folge eines Prozesses ist, den sie selbst ausgelöst haben. Dann hätte der Vorwurf, internationale Wirtschaftsorganisationen dienten den Interessen transnationaler Konzerne, wirkliche Substanz.

NGOs dagegen verweisen zur Unterstützung ihrer Ansprüche vor der WTO auf die partizipatorischen Elemente bei UN-Organisationen wie den wissenschaftlichen und kulturellen Organisationen, insbesondere des Wirtschafts- und Sozialrates. Doch dies ist eine falsche Analogie. Denn diese Organisationen setzen kein Recht, wie die WTO, deren Regeln tief in das nationale Rechtsgefüge eingreifen können. Die enge Einbindung von Umweltorganisationen bei internationalen Umweltabkommen (z.B. beim Abkommen über den Handel mit bedrohten Tierarten) kann auch nicht als Präzedenzfall dienen, denn in diesem Falle haben die Vertragsstaaten bewusst die Organisationen, die erhebliche Expertise mit der Verhandlungsmaterie haben, zur Teilnahme aufgefordert. Eine Privilegierung von NGOs in der WTO, z.B. im Sinne eines Klagerechtes oder Teilnahme an Verhandlungen, würde die delikate Nord-Süd-Balance zerstören. Nördliche NGOs haben bessere Möglichkeiten, wenn ihnen *standing* im Sinne eines Rechtes zur Stellungnahme oder Klage garantiert wird, die Öffentlichkeit, Presse, das Sekretariat, die Delegationen und die Panels in ihrem Sinne unter Druck zu setzen. Der Konflikt um die Legitimität der WTO offenbart eine Dimension des Konflikts zwischen Entwicklungsländern und den zivilgesellschaftlichen Akteuren der entwickelten Länder.

5. Schlussfolgerung

Die Analyse der WTO-Streitbeilegung hat gezeigt, dass die Rechtsprechung in der WTO die eigentlichen Vertragsgrundlagen schon so weit geändert hat, dass sie den Forderungen der umweltpolitischen Zivilgesellschaft weitgehend entgegen gekommen ist. Damit hat sie aber die Legitimitätsproblematik keineswegs gelöst, sondern lediglich verschoben, wie die ablehnende Reaktion der Entwicklungsländer auf diese Entscheidungen gezeigt hat. In deren Augen verliert der Streitbeilegungsprozess zunehmend an Legitimität. Dabei muss es offen bleiben, ob diese Schritte wirklich der Schaffung von Legitimität der WTO bei NGOs geholfen haben. NGOs sind vielmehr intrinsisch daran interessiert, Legitimitätsfragen offen zu halten bzw. neue zu schaffen, um so immer wieder eine neue Basis für politische Mobilisierung zu erhalten. Dieses Verhaltensmuster lässt sich auch in der Diskussion um Zugang zu patentierten Medikamenten innerhalb des TRIPS-Abkommen nachweisen, obwohl in dieser Frage NGOs und Entwicklungsländer auf einer Seite stehen.[34]

[34] „WTO deal on cheap durgs ends months of wrangling", in *Financial Times*, 28.08 2003, S. 3.

Auch aus Sicht der entwickelten Industrieländer lässt sich die Frage der (demokratischen) Kontrolle von internationalen Organisationen nicht auf die Frage der Partizipation von NGOs reduzieren. Vielmehr bringt ihre aktive Einschaltung selbst Legitimationsprobleme mit sich. NGOs spielen zwar eine wichtige Rolle im pluralistischen Diskurs demokratischer Gesellschaften, ein direkter Zugang zum Entscheidungsverfahren jedoch ist problematisch. Er könnte den nichtmandatierten NGOs die Möglichkeit eröffnen, Entscheidungen, bei denen sie sich auf nationaler Ebene im demokratischen Prozess nicht durchsetzen konnten, im Nachhinein zu korrigieren. Einige Beobachter befürworten eine derartige Korrektur, da sie davon ausgehen, dass der nationale demokratische Prozess defekt sei und die Anliegen von NGOs nicht genügend zur Geltung kommen lasse.[35] Wenn man jedoch davon ausgeht, dass nationale Souveränität immer noch der beste Garant für die Integrität des demokratischen Prozesses ist, dann ist die diese Vorstellung problematisch. Sie wirft vielmehr die Frage nach der demokratischen Legitimität von NGOs auf. Unabhängig davon, dass sie kein demokratisches Mandat haben, ist die Innenverfassung von vielen NGOs nicht immer demokratisch und ihre internen Verfahren garantieren nicht notwendigerweise Transparenz und Rechenschaftspflicht.

Fraglich ist, ob der Streitbeilegungsmechanismus in seiner jetzigen Form stärkerer Verrechtlichung nicht einer konsensuellen Fortentwicklung der Vertragsgrundlagen bedarf, um weiterhin die volle Unterstützung aller Mitgliedstaaten zu haben. Dies könnte in der jetzigen Doha-WTO-Runde geschehen, wo auch eine Reform des Streitbeilegungsverfahrens auf der Tagesordnung steht. Die Verhandlungen sind jedoch vor der Ministerratstagung von Cancun festgefahren. Alle Versuche, NGOs eine formale Rolle im Sinne eines Rechts auf Stellungnahme einzuräumen, sind an den Entwicklungsländern gescheitert. Das gilt auch für moderate Vorschläge der USA, die Transparenz und Öffentlichkeit des Verfahrens zu verbessern.[36] Auf substanzieller Ebene würde eine explizite Aufnahme des Vorsorgeprinzips, wie es von der EU vor Doha gefordert wurde, den Belangen von Umweltgruppen entgegenkommen. Diese Forderung ist jedoch in Doha von den Entwicklungsländern, den Agrarexportländern und den USA entschieden abgelehnt worden.[37] Auch an diesen Entscheidungen ist ablesbar, dass sich hinter den Auseinandersetzungen um die Legitimität der WTO ein Konflikt zwischen Entwicklungsländern und den westlichen NGOs verbirgt.

---

[35] Daniel Esty, "Environmental Governance at the WTO: Outreach to Civil Society", 119-144 http://www.law.yale.edu/outside/html/faculty/danesty/wto_outreach.pdf. (26.8.2003).

[36] „The DSU Review: A Never-Ending Story", in *WTO News*, Nr. 9, July 2003, Swiss Institute for International Economics and Applied Economic Research, www.wto-news.ch (7.7.2003).

[37] Vgl. Andreas Falke, "*New Thinking*? Außenhandelspolitik der USA im Licht der neuen Bedrohung" in Werner Kremp/Jürgen Wilzewski (Hrsg.), *Weltmacht vor neuer Bedrohung. Die Bush-Administration und die US-Außenpolitik nach dem Angriff auf Amerika*, Trier 2003, S. 157-187.

Nach den Terroranschlägen vom 11. September sind die Ansprüche der NGOs etwas in den Hintergrund und die zwischenstaatlichen Aspekte stärker in den Vordergrund getreten. Dies ist schon an der Wahl der recht isolierten Tagungsorte abzulesen. Das ändert jedoch nichts an der Tatsache, dass NGOs permanente Teilnehmer am handelpolitischen Diskurs geworden sind. Es deutet sich an, dass NGOs sich verstärkt in den nationalen politischen Diskurs einschalten. Das wird diesen für die handelspolitischen Entscheidungsträger nicht einfacher machen, aber die Probleme der Welthandelspolitik mögen mehr in das Bewusstsein der breiten Öffentlichkeit treten.[38]

[38] Für Belege bezüglich der deutschen Handelspolitik siehe Andreas Falke, "German Trade Policy: An Oxymoron?" in *The Politics of International Trade in the 21st Century: Actors, Issues, Regions*, edited by Wyn Grant and Dominic Kelly, London 2003 (Im Erscheinen).

Multinationale Unternehmungen zwischen nationaler Verantwortung und globaler Effizienz

Dirk Holtbrügge

1. Globalisierung der Wirtschaft

Kaum ein anderes Schlagwort prägt die gegenwärtige ökonomische und politische Diskussion so sehr wie das der Globalisierung (vgl. dazu ausführlich Welge/Holtbrügge 2001, S. 35 ff.). Ausgelöst wurde diese durch zahlreiche revolutionäre Erfindungen im Bereich der Mikroelektronik, der Optoelektronik und der Telekommunikation, die zu einer drastischen Senkung der Kommunikationskosten führen und eine weltumspannende Kommunikation über Datenautobahnen und *Internet* in *real time* ermöglichen. Gleichzeitig bewirkt der Fortschritt im Bereich der Transporttechnik, dass auch die weltweite Mobilität von Personen und Gütern zunimmt und es möglich geworden ist, nahezu jeden Ort der Welt in kürzester Zeit zu erreichen. Die subjektive und emotionale Distanz zwischen Ländern hat dadurch stark abgenommen.

Begleitet werden diese technologischen Entwicklungen von der Deregulierung der Kapital- und Gütermärkte, der außenwirtschaftlichen Öffnung vieler für ausländische Unternehmungen zuvor weitgehend verschlossener Staaten und der Liberalisierung des Welthandels im Rahmen der WTO. Die dadurch bewirkte "Konvergenz der Märkte" (Levitt 1983) erleichtert es Unternehmungen, Massenproduktionsvorteile zu realisieren und ihre Wertaktivitäten in den Ländern der Welt anzusiedeln, wo diese den größten ökonomischen Nutzen erzielen. Als Folge davon nimmt die grenzüberschreitende Tätigkeit von Unternehmungen und die Verflechtung und gegenseitige Abhängigkeit von Volkswirtschaften stetig zu.

Die zunehmende internationale Mobilität von Unternehmungen und deren Möglichkeit, Gastlandregierungen mit der Verlagerung ihrer Aktivitäten in Länder mit günstigeren komparativen Rahmenbedingungen zu drohen, verschärft gleichzeitig den Standortwettbewerb zwischen den Staaten und schränkt deren Souveränität, die Tätigkeit von Unternehmungen durch wirtschaftspolitische Maßnahmen zu regulieren und die jeweiligen nationalen Interessen in Bezug auf Arbeitsplätze, soziale Errungenschaften und Umweltstandards zu sichern, erheblich ein (vgl. Altvater/Mahnkopf 1996; Strange 1996). International tätigen Unternehmungen gelingt es zudem, ihre Steuerzahlungen durch Abwanderungsdrohungen, Standortarbitrage und Transferpreisgestaltung erheblich zu verringern, wodurch Staaten immer weniger in der Lage sind, ihre gestiegenen sozialen Aufgaben wahrzunehmen. Gegenwärtig sind zwar zahlreiche Versuche zu beobachten, dieses politische

Vakuum der Nationalstaaten durch die Herausbildung transnationaler Strukturen und Institutionen zu füllen, aufgrund der sehr heterogenen Ausgangslagen und Interessen der einzelnen Staaten ist der Erfolg dieser Bemühungen bislang jedoch nur gering.

Äußerst kontrovers wird in der Literatur die Frage diskutiert, ob die Globalisierung zu einer Konvergenz oder zu einer weiteren Divergenz der Einkommen und Lebensbedingungen in den Industrie- und Schwellenländern einerseits und den Entwicklungsländern andererseits führt. So prognostiziert eine Studie der OECD (1997), dass das Bruttoinlandsprodukt der OECD-Länder bei einer weiteren Liberalisierung der Weltwirtschaft bis zum Jahre 2020 um 80 Prozent zunehmen wird, während es in den ärmeren, nicht zur OECD gehörenden Staaten um 270 Prozent ansteigen wird. Andere Untersuchungen kommen dagegen zu dem Schluss, dass die Globalisierung nicht zu einem „Wohlstand für alle" (Ludwig Erhard) führt, sondern ein Nullsummenspiel ist, bei dem das Wohlstandswachstum in den entwickelten Ländern zu Lasten der ökonomischen Entwicklung in den weniger entwickelten Staaten geht (vgl. z.B. Thurow 1996). Weitgehend unumstritten ist jedoch, dass die Globalisierung die soziale Divergenz innerhalb der Industrie- und Entwicklungsländer vergrößert. Die "Tertiarisierung und Entstofflichung der Wirtschaft" (Menzel 1995) führt zu einer Teilung des Arbeitsmarktes in weltmarkttaugliche und nicht-weltmarkttaugliche Mitarbeiter und zu wachsenden Einkommensunterschieden zwischen diesen Arbeitsmarktgruppen (vgl. Lawrence 1996).

In einem engen Zusammenhang damit stehen soziale und kulturelle Entwicklungen. Bedingt durch die weltweite Mobilität von Informationen, Personen und Produkten werden traditionelle kulturelle und soziale Bindungen zunehmend durch länderübergreifende Bindungen abgelöst, die weniger durch nationale Grenzen als vielmehr durch Alter, Lebensstil, Einkommen oder Beruf geprägt sind. Auch hier wird kontrovers diskutiert, ob dieser Prozess zur Herausbildung einer Weltkultur und einer "*cross-border civilization*" (Ohmae 1995, S. 28) oder vielmehr zu einer weltweiten Verbreitung von in den westlichen Industrieländern herrschenden kulturellen Werten führt, die jedoch nicht selten als Bedrohung und „Kampf der Kulturen" aufgefasst wird (Huntington 1996).

Die Globalisierung hat schließlich auch eine bedeutsame ökologische Dimension. Den Ausgangspunkt bildet die Erkenntnis, dass viele ökologische Probleme wie z.B. die Erwärmung der Erdoberfläche ("Treibhaus-Effekt"), die Verschmutzung von Luft und Gewässern, das Ozonloch, das Waldsterben durch sauren Regen oder die Verseuchung von Lebensmitteln globale Ursachen und Folgen haben, die sich nur durch gemeinsame Anstrengungen aller Länder der Welt beseitigen lassen. Besonders deutlich wurde diese Notwendigkeit bei der Reaktorkatastrophe im ukrainischen Tschernobyl. Obwohl es seitdem zahlreiche Anstrengungen gab und z.B. auf den Umweltgipfeln in Rio de Janeiro und Johannesburg auch verschiedene Programme zum Schutz der Umwelt verabschiedet wurden, ist es bislang nur in wenigen Bereichen gelungen, eine globale Umweltpolitik zu verwirklichen (vgl. von Weizsäcker 1997).

2. Globale Effizienz

Für Multinationale Unternehmungen hat die Globalisierung der Wirtschaft zu einem fundamentalen Wandel ihrer Rahmenbedingungen geführt. Lange Zeit dominierte dabei die Auffassung, dass zukünftig nur solche Unternehmungen international wettbewerbsfähig sein werden, die ihre Produkte, Prozesse und Systeme weltweit vereinheitlichen und eine *globale Strategie* verfolgen (vgl. Porter 1989). Vor allem die Erzielung von Kostendegressionseffekten sowie von Imagevorteilen durch Standardisierung wurden als zentrale Quellen von Wettbewerbsvorteilen angesehen, die es bestmöglich auszuschöpfen galt. Begründet wurde die Notwendigkeit nach einer globalen Rationalisierung aller Unternehmungsaktivitäten mit den zuvor dargestellten technologischen Entwicklungen, der weltweiten Konvergenz von Konsumentenpräferenzen, der Herausbildung globaler Kapital- und Gütermärkte sowie der Vereinheitlichung der rechtlichen Rahmenbedingungen.

In jüngster Zeit deutet sich jedoch immer stärker an, dass die Globalisierung in vielen Bereichen auch die Unterschiede zwischen einzelnen Ländern verstärkt. Wachsende Einkommensunterschiede etwa werden dabei nicht mehr klaglos hingenommen, sondern haben zur Entstehung einer *Anti-Globalisierungsbewegung* geführt, die vor allem während der Tagungen der internationalen Finanzinstitutionen lautstark soziale Veränderungen einfordert und die kulturelle Divergenz von Ländern betont. Inwieweit auch Multinationale Unternehmungen mit gesellschaftlichen Anliegen konfrontiert sind und wie diese mit solchen Anliegen umgehen, wird im Folgenden analysiert.

3. Nationale Verantwortung

3.1 Bedeutung gesellschaftlicher Anliegen und Interessengruppen

Zur Beantwortung der Frage, in wieweit Multinationale Unternehmungen bei ihrer Tätigkeit die Ansprüche gesellschaftspolitischer Interessengruppen berücksichtigen, kann auf eine empirische Studie zurückgegriffen werden, in der die größten 19 deutschen Multinationalen Unternehmungen in Deutschland sowie deren ausländische Tochtergesellschaften in China, Frankreich, Indien, Russland und USA untersucht wurden (vgl. dazu ausführlich Berg/Holtbrügge 2001; Berg/Holtbrügge 2002; Holtbrügge/Berg 2001). In 86 Interviews vor Ort wurden jeweils die höchstrangigen deutschen Stammhausdelegierten dazu befragt, wie sie den *Einfluss gesellschaftspolitischer im Vergleich zu marktwirtschaftlichen Anliegen* von Interessengruppen auf ihre Tätigkeit beurteilen.

Dabei zeigt sich, dass der Einfluss gesellschaftspolitischer Interessengruppen insgesamt nur etwas geringer als der marktlicher Interessengruppen (Kunden, Zulieferern, Banken, usw.) eingestuft wird (vgl. Abb. 1). In Russland werden gesellschaftspolitische Interessengruppen sogar als bedeutsamer eingestuft, während lediglich in Frankreich eindeutig marktliche Interessengruppen im Vordergrund stehen. Selbst in den USA, einem Land mit einem rein marktorientierten Wirtschaftssystem, ist das Übergewicht marktlicher gegenüber gesellschaftspolitischer Interessengruppen nur relativ schwach ausgeprägt. Die große Bedeutung gesellschaftspolitischer Interessengruppen und Anliegen für die Tätigkeit Multinationaler Unternehmungen wird damit nachdrücklich bestätigt.

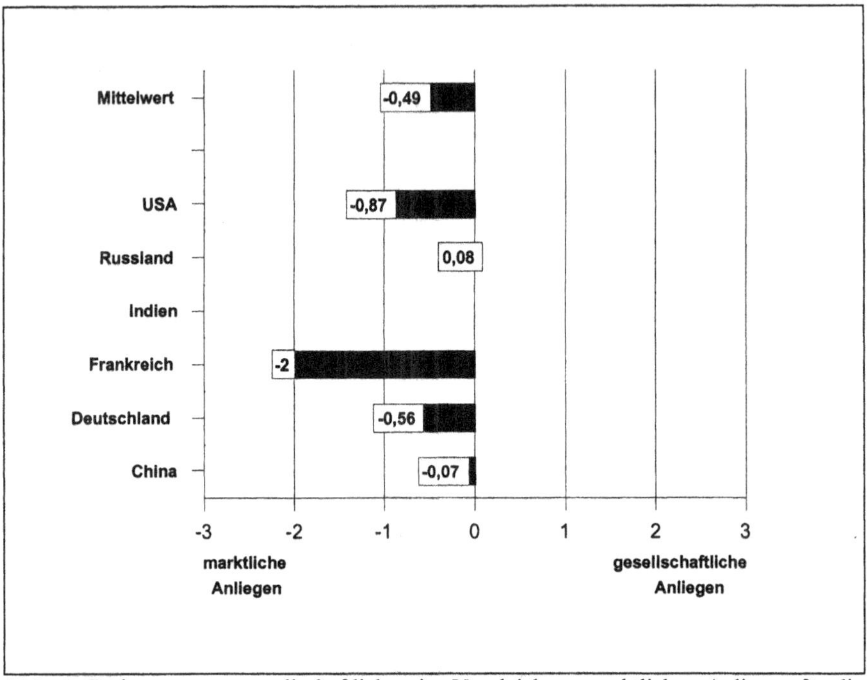

Abb. 1. Bedeutung von gesellschaftlichen im Vergleich zu marktlichen Anliegen für die Tätigkeit Multinationaler Unternehmungen

Nähere Hinweise auf die relative Bedeutung der einzelnen gesellschaftspolitischen Interessengruppen gibt Tabelle 1 wieder. Hierbei wurden die Befragten darum gebeten, anhand einer siebenstufigen Likertskala mit den Werten 1 = keine Bedeutung bis 7 = sehr große Bedeutung unterschiedliche gesellschaftspolitische Interessengruppen zu beurteilen, die sich restriktiv oder unterstützend auf ihre unternehmungspolitischen Entscheidungen auswirken. Übereinstimmend wurden dabei die staatlichen Interessengruppen als besonders wichtig eingestuft. Die Bedeutung der nicht-staatlichen Interessengruppen sowie der supranationalen und internationalen Interessengruppen ist dagegen geringer ausgeprägt.

Länder Interessen-gruppen	China	Deutsch-land	Frankreich	Indien	Russland	USA	$\bar{x}$
staatliche	**5,31**	**4,62**	**4,67**	**5,17**	**5,49**	**5,48**	**5,08**
Bundes-regierung	6,00	5,11	4,36	5,00	6,31	5,13	5,34
Landes-regierung	5,71	3,83	1,45	1,83	4,54	4,43	3,76
Gemeinde	5,07	4,06	1,27	2,00	1,92	4,53	3,31
nicht-staatliche	**3,54**	**4,10**	**3,96**	**4,24**	**3,40**	**4,22**	**3,92**
Medien	2,86	5,17	3,50	2,75	2,92	3,87	3,62
Verbände/ Kammern	1,71	5,17	2,50	3,09	3,15	4,07	3,41
Gewerk-schaften	2,71	4,06	2,67	3,33	1,00	1,36	2,59
Umwelt-schutz-gruppen	1,00	3,22	1,67	2,42	1,23	1,47	1,89
Mafia, Terroristen	1,00	1,00	1,00	1,00	3,69	1,13	1,44
Supra-nationale	**3,14**	**3,78**	**3,21**	**2,61**	**2,38**	**2,58**	**2,99**
Inter-nationale	**2,86**	**3,31**	**1,41**	**1,50**	**1,46**	**2,33**	**2,24**

Tab. 1. Bedeutung unterschiedlicher gesellschaftlicher Interessengruppen für die Tätigkeit Multinationaler Unternehmungen

Eine detaillierte Analyse macht deutlich, dass die jeweilige Gastlandregierung bzw. in Deutschland die Heimatlandregierung als besonders wichtig eingestuft werden. Gefolgt wird diese von der regionalen und lokalen Administration. In der Gruppe der nicht-staatlichen Interessengruppen besitzen die Medien sowie Verbände und Kammern die größte Bedeutung. Anderen Interessengruppen wird dagegen nur eine relativ geringe Relevanz für die Tätigkeit Multinationaler Unternehmungen beigemessen, wobei einige länderspezifische Besonderheiten zu berücksichtigen sind. Die Untersuchung bestätigt damit das Ergebnis anderer Studien (vgl. z.B. Scherer 2000), dass internationale und supranationale Akteure bislang nur einen geringen Einfluss auf die Tätigkeit Multinationaler Unternehmungen haben. Obwohl deren Bedeutung zur Überwindung des Steuerungsvakuums nationaler Regierungen im Zuge der Globalisierung immer wieder betont wird, ist der faktische Einfluss supranationaler Organisationen wie der WTO oder des IWF und internationaler Interessengruppen wie Attac oder Greenpeace weitaus geringer als ihre derzeitige mediale Präsenz.

3.2 Public Affairs Management

Die folgende Tabelle 2 gibt Auskunft auf die Frage, welche Instrumente des Public Affairs Management Multinationaler Unternehmungen im Umgang mit ihren wichtigsten gesellschaftlichen Interessengruppen und den von diesen vertretenen Anliegen einsetzen.

Länder Instrumente	China	Deutschland	Frankreich	Indien	Russland	USA	$\bar{x}$
Lobbying	5,93	5,33	4,08	4,92	5,08	4,13	**4,94**
Verhaltensgrundsätze	3,64	3,33	3,08	3,75	4,69	4,27	**3,79**
Öffentlichkeitsarbeit	2,93	5,11	5,00	2,00	2,08	3,80	**3,58**
Sponsoring	2,36	3,11	3,17	3,42	3,15	4,33	**3,26**
Bestechung	5,29	2,22	1,25	5,78	1,92	1,20	**2,77**
Freiwillige Selbstverpflichtung	1,93	2,78	2,42	2,00	3,77	2,67	**2,61**
Konsultationen	1,57	2,44	1,25	1,08	1,69	4,20	**2,13**
Rechtsmittel	1,00	1,79	1,17	1,08	1,00	1,07	**1,21**

Tab. 2. Instrumente des Public Affairs Management

Es zeigt sich, dass im Länderdurchschnitt dem Lobbying mit Abstand die größte Bedeutung zukommt. Gefolgt wird dieses Instrument von Verhaltensgrundsätzen. Eine mittlere Ausprägung besitzen das Sponsoring, die Öffentlichkeitsarbeit und die Bestechung. Der freiwilligen Selbstverpflichtung sowie Konsultationen wird dagegen nur eine geringe Bedeutung zugemessen, während Rechtsmittel sowie sonstige Instrumente des Public Affairs Management irrelevant sind. Im Folgenden wird auf die bedeutendsten und aus Sicht der vorliegenden Thematik besonders relevanten Instrumente näher eingegangen

Das Instrument des *Lobbying* dient vor allem dazu, den politischen Entscheidungsprozess zu eigenen Gunsten zu beeinflussen. Die Art und Weise, wie dies in den betrachteten Ländern geschieht, unterscheidet sich erheblich. In Deutschland und den USA wirken Unternehmungen und deren Interessenverbände in institutioneller Form am politischen Willensbildungsprozess mit. Sie werden etwa zu Enquête-Kommissionen oder *hearings* eingeladen. Alle Lobbyisten, die die Absicht haben, die Verabschiedung von Gesetzen zu beeinflussen, unterliegen dabei der Registrierungspflicht.

In China und Frankreich erfolgt Lobbying dagegen weitgehend intransparent durch die Nutzung persönlicher Beziehungen *(guanxi)* bzw. von Kontakten zu ehemaligen Studienkollegen an den *Grandes Écoles*. In beiden Ländern existieren zwar auch Branchenverbände, die sich für die Belange ihrer Mitglieder einsetzen, informellen Beziehungen wird jedoch eine weitaus größere Bedeutung eingeräumt. Gleiches gilt auch für Russland, wo jedoch weniger die Beeinflussung von Gesetzen als deren spezifische Auslegung für die eigene Unternehmung im Vordergrund steht. Auch hier ist die Transparenz des Lobbingprozesses nur sehr gering.

Verhaltensgrundsätze (*codes of conduct*) dienen vor allem dazu, verbindliche Leitlinien für die Entscheidungen und das Verhalten der Mitarbeiter vorzugeben. Sie beruhen dabei stets auf Werturteilen, die in Multinationalen Unternehmungen umso schwieriger und folgenreicher sind, desto größer die ethisch-moralischen Unterschiede zwischen Heimat- und Gastland sind (vgl. Welge/Holtbrügge 2001, S. 299)

Das Vorliegen von Verhaltenskodizes ist jedoch nicht immer mit ethischem Verantwortungsbewusstsein gleichzusetzen. So steht etwa in China und Russland vielmehr die Angst vor länderübergreifenden Imageschäden im Vordergrund. Viele Befragte verneinen dementsprechend den Einfluss von Verhaltensgrundsätzen auf ihre Tätigkeit oder kannten noch nicht einmal ihren Inhalt. Besonders anschaulich drückte diese pragmatische Haltung einer der Befragten in China aus, der sich bei seinen Entscheidungen von dem Motto leiten lässt: „Wie hart können wir am Wind segeln ohne zu kentern?"

Die große Bedeutung von Verhaltensgrundsätzen in den USA kann dagegen insbesondere auf die Struktur des amerikanischen Rechtssystems zurückgeführt werden. Der „Sentencing Reform Act" von 1984 gibt Richtern die Möglichkeit, bei Gesetzesverstößen von Unternehmungen die Strafe abzumildern, wenn diese erkennbar versucht haben, die Gesetzestreue ihrer Mitarbeiter sicherzustellen. Zu den mildernden Umständen (*mitigating factors*) zählt u.a. die Einführung von *codes of ethics*, die geeignet sind, ungesetzliches Verhalten von Mitarbeitern zu reduzieren (vgl. Steinherr/Steinmann/Olbrich 1998).

Auch im Bereich des *Sponsoring* sind große Unterschiede zwischen den einzelnen Ländern feststellbar. In Indien stehen etwa soziale Aktivitäten wie die Förderung von Schulen und Krankenhäuser im Vordergrund, während in Russland viele Sponsoring-Aktivitäten mit der leidvollen gemeinsamen Geschichte im Zusammenhang stehen. Entsprechend wird von der Mehrheit der Befragten die historische und gesellschaftliche Verantwortung gegenüber Russland hervorgehoben, die sich etwa in der Mitwirkung an der Stiftungsinitiative „Erinnerung, Verantwortung und Zukunft" zur Entschädigung ehemaliger Zwangsarbeiter während des Nazi-Regimes niederschlägt.

In Frankreich und den USA überwiegen dagegen vielmehr das Kultur- und Sportsponsoring. Im Vordergrund stehen dabei zumeist der beabsichtigte Imagegewinn sowie die Steigerung des Bekanntheitsgrads durch die finanzielle Förderung medienwirksamer Großereignisse.

Ein im Rahmen der vorliegenden Thematik besonders aufschlussreiches Instrument des Public Affairs Management stellt schließlich die *Bestechung* dar. Tabelle 2 zeigt, dass diese in China und Indien stark ausgeprägt ist, während in Deutschland, Frankreich und den USA nur sehr vereinzelt darüber berichtet wird. Die geringe Ausprägung der Bestechung in Russland ist vor allem darauf zurückzuführen, dass die Beeinflussung von Entscheidungsträgern dort im Unterschied zu China und Indien zumeist nicht durch die Zahlung von Schmiergeldern, sondern durch subtilere Formen erfolgt, die von dem Befragten häufig nicht als Bestechung empfunden werden. Hierzu zählen etwa die Überreichung von „Souvenirs" an russische Zöllner zur Beschleunigung der Grenzabfertigung, Einladungen zu „Geschäftsreisen" nach Deutschland oder die kostenlose Zurverfügungstellung von Produkten zur „Überprüfung der versprochenen Qualität".

In den meisten Fällen wird die Bestechung als notwendiges Übel und Bestandteil der jeweiligen Kultur betrachtet, dem man sich nicht entziehen könne. Die Befragten äußern deshalb überwiegend keine moralische Bedenken, sondern vor allem die Angst vor länderübergreifenden Imageschäden. Den Hintergrund dafür bildet die mangelnde Universalität bzw. Inkommensurabilität von Werten, auf die im Folgenden eingegangen wird.

4. Inkommensurabilität von Werten

Der Forderung nach moralisch verantwortlichem Handeln von Unternehmungen liegt die Annahme zugrunde, dass die Steuerungskapazität von Markt und Recht vor dem Hintergrund der Globalisierung der Wirtschaft immer weniger ausreicht, um sämtliche moralischen Ansprüche der Interessengruppen einer Unternehmung zur Geltung kommen zu lassen. Die Lösung moralischer Konflikte setzt deshalb neben der situationsgerechten Anwendung legitimer Rechtsregeln auch die eigenständige Ergänzung des Rechts durch Selbstverpflichtung, d.h. die *subsidiäre Verantwortungsübernahme für die moralischen Konfliktfelder unternehmerischen Handelns* voraus (vgl. Steinmann/Löhr 1995, S. 80 f.).

Während das damit angesprochene Konzept der Unternehmungsethik angesichts der mangelnden Universalität menschlicher Werte bereits im nationalen Kontext auf große praktische Schwierigkeiten stößt, sind Multinationale Unternehmungen darüber hinaus mit zahlreichen zusätzlichen Problemen konfrontiert (vgl. Staffelbach 1998; Steinmann/Scherer 1998). Diese lassen sich anschaulich am Beispiel der Kinderarbeit illustrieren.

In Pakistan, Indien, Bangladesh und vielen anderen Entwicklungsländern ist Kinderarbeit gesetzlich erlaubt oder nur in einem geringen Maße eingeschränkt. Vor allem in der Textil- und Bekleidungsindustrie ist die Beschäftigung von Kindern üblich, die häufig kaum älter als 10 Jahre sind und für einen sehr geringen Lohn anstrengende und vielfach sogar gesundheitsgefährdende Arbeiten verrichten.

Ausländische Unternehmungen, die in diesen Ländern Güter produzieren oder beschaffen, sind mit der Entscheidung konfrontiert, die nach inländischen Gesetzen zulässige Kinderarbeit zu tolerieren oder sowohl bei Zulieferern als auch in eigenen Betrieben auf die Einhaltung von in den westlichen Industrieländern geltenden Normen zu drängen. Dabei ergibt sich jedoch das Problem, dass vor allem arme, kinderreiche Familien ihr Überleben ohne das durch deren Kinder erwirtschaftete zusätzliche Einkommen vielfach nicht sichern können. Darüber hinaus würde der Verzicht auf Kinderarbeit einen Anstieg der Lohnkosten bewirken, der vor allem bei kostenorientierten Investitionen die Wettbewerbsfähigkeit reduziert. Da die Abschaffung der Kinderarbeit in diesen Ländern zudem vielfach kein relevantes sozio-politisches Anliegen darstellt bzw. von keiner maßgeblichen Interessengruppe gefordert wird, liegt die Tolerierung und Anpassung an die jeweiligen nationalen Bedingungen nahe.

Die Globalisierung sozio-politischer Anliegen und Interessengruppen sowie die Möglichkeit der regionalen Konfliktverlagerung führen jedoch dazu, dass bei der Beurteilung unternehmerischen Handelns nicht nur die Gesetze und moralischen Vorstellungen des jeweiligen Gastlandes, sondern auch die des Stammlandes oder anderer Gastländer herangezogen werden. Insbesondere von Interessengruppen in den westlichen Industrieländern wird Kinderarbeit deshalb unabhängig von der jeweiligen nationalen Gesetzgebung moralisch verurteilt und häufig zum Boykott der Produkte von Unternehmungen aufgerufen, die Kinderarbeit praktizieren oder bei ihren Zulieferern tolerieren. Vor allem die asiatischen Schwellenländer werten entsprechende Verurteilungen dagegen häufig als moralische Bevormundung, die den in diesen Ländern herrschenden kulturellen Werten und Normen sowie den ökonomischen Bedingungen nicht gerecht wird. Multinationale Unternehmungen sehen sich damit vielfach widersprechenden Ansprüchen ausgesetzt, deren gleichzeitige Berücksichtigung nicht möglich ist (vgl. Donaldson 1993; Nichols et al. 1993; Berg/Holtbrügge 2001, S. 112 ff.).

Angesichts dieser *Pluralität und Inkommensurabilität menschlicher Werte und Normen*, erscheint es sinnvoll, zwischen unterschiedlichen *Ebenen ethischer Prinzipien* zu unterscheiden:

Die erste Ebene bilden *universelle Prinzipien,* wie sie z.B. in der im Jahre 1948 von der UNO verabschiedeten Allgemeinen Deklaration der Menschenrechte oder der Europäischen Menschenrechtskonvention verankert sind. Hierzu zählen u.a. das Recht auf Leben und körperliche Unversehrtheit, das Recht auf Freiheit und Gleichheit oder das Recht auf Selbstbestimmung (vgl. Galtung 1997). Universelle Prinzipien sind immer und überall gültig, d.h. eine Unternehmung, die auch nur in einem Land gegen diese Prinzipien verstößt, handelt nach ethischen Grundsätzen unmoralisch.

Auf der zweiten Ebene befinden sich *situationsabhängige Prinzipien*, die nur vor dem Hintergrund der jeweiligen spezifischen Bedingungen beurteilt werden können. Ein Beispiel dafür ist das oben skizzierte Problem der Kinderarbeit. Während diese in den westlichen Industrieländern zweifellos gegen ethische Grundsätze verstößt, fällt deren Beurteilung in Entwicklungsländern weitaus schwieriger aus. Dazu müssten im konkreten Fall das Alter und der Entwicklungsgrad der Kinder, deren Bildungs- und Beschäftigungsperspektiven, die Art und Schwere der Arbeit, die ökonomischen Verhältnisse der Familie, die Möglichkeiten einer freien Entscheidung der betroffenen Kinder und weitere Aspekte berücksichtigt werden. Darüber hinaus ist zu prüfen, ob die betroffene Unternehmung nicht dazu beitragen könnte, die Situation der Kinder in dem jeweiligen Land z.B. durch die Förderung von Bildungseinrichtungen, Stipendien oder ähnliche Maßnahmen grundsätzlich und nachhaltig zu verbessern und damit die Notwendigkeit der Kinderarbeit zu verringern. Als Beurteilungsmaßstab bietet sich dabei das Konzept der nachhaltigen Entwicklung (*sustainable development*) an. Als normativer Handlungsrahmen hält dies Multinationale Unternehmungen dazu an, Ungleichheiten und Ungerechtigkeiten in und zwischen Ländern nicht zu fördern, einen aktiven Beitrag zur Erhaltung der für das menschliche Leben notwendigen Umweltbedingungen zu leisten und kulturelle Identitäten zu bewahren (vgl. Graf 2002).

Die dritte Ebene bilden *kulturspezifische Prinzipien*, d.h. Werte, die in bestimmten Kulturen ethisch vertretbar sind, in anderen Kulturen dagegen als unethisch beurteilt werden, ohne dass damit eine allgemeine Wertung verbunden wäre. Ein Beispiel dafür ist der Verzicht auf den Genuss von Rindfleisch in Indien und von Schweinefleisch in islamisch geprägten Staaten.

Je nach Universalitätsgrad ethischer Prinzipien ergeben sich unterschiedliche *Implikationen für das Management.* Universelle Prinzipien lassen sich in unternehmerischen Verhaltenskodizes festschreiben, die weltweit verbindliche Richtlinien für die Entscheidungen und das Handeln der Mitarbeiter in den regional verstreuten Unternehmungseinheiten darstellen. Abweichungen von diesen universellen Prinzipien sind unter keinen Umständen tolerierbar. Situationsabhängige Prinzipien können dagegen nicht *ex ante* durch die Vorgabe verbindlicher Verhaltensgrundsätze berücksichtigt, sondern nur gemeinsam von der Muttergesellschaft und der betroffenen Tochtergesellschaft vor dem Hintergrund des spezifischen Kontextes beurteilt werden, um sich nicht dem Vorwurf einer bewussten oder unbewussten *Moralarbitrage* auszusetzen. Darüber hinaus lässt sich die ethische Vereinbarkeit unternehmungspolitischer Entscheidungen nur durch einen fortwährenden Dialog mit allen relevanten Interessengruppen prüfen und sicherstellen. Kulturspezifische Prinzipien müssen schließlich der jeweiligen Tochtergesellschaft und deren Mitarbeitern bekannt sein und von diesen berücksichtigt werden. Dies erfordert vor allem von den unter fremden kulturellen Bedingungen tätigen Stammhausdelegierten eine hohe Sensibilität und Empathie. Unabhängig von diesen drei Ebenen der Universalität ethischer Prinzipien besteht eine zentrale Implikation für das Management in der Aufgabe, die grundsätzliche Wertbehaftetheit unternehmerischer Entscheidungen gerade in einem internationalen Kontext permanent deutlich zu machen (vgl. Holtbrügge 1996, S. 286; Steinmann/Scherer 1997, S. 82).

5. Multinationale Unternehmungen als moralische Akteure?

In den vorangegangenen Kapiteln wurde mehrfach darauf hingewiesen, dass Multinationale Untersuchungen nicht nur ökonomische, sondern auch politische Akteure darstellen, deren Handeln auch gesellschaftliche und politische Folgen hat. Umstritten ist jedoch, ob diese überhaupt moralische Akteure sein können, oder anders ausgedrückt, ob es eine institutionale Ethik von Unternehmungen gibt (vgl. Holtbrügge 2001, S. 249 ff.). Während dies etwa von Steinmann explizit bejaht wird, schließen andere Autoren eine solche institutionale Verantwortung aus. Exemplarisch dafür ist etwa die Position von Leisinger (1997, S. 46), der in Anlehnung an Donaldson (1982) darlegt: "Organisationen haben keine Hintern, in die man treten und keine Seelen, die man verdammen könnte. Sie haben kein Gewissen, das sie nicht schlafen läßt, und keinen Körper, der ins Gefängnis gesteckt werden könnte."

Nach Auffassung von Bauman (1995, S. 168 ff.) besitzen Unternehmungen sogar die inhärente Tendenz, den moralischen Impuls von Individuen systematisch zu manipulieren. Durch die *Entkopplung von Handlung und Konsequenz (denial of proximity)* schaffen sie eine Distanz zwischen den Handelnden und den von ihren Handlungen Betroffenen, die dadurch "außerhalb der Reichweite des moralischen Impulses der Organisationsmitglieder rücken" (Bauman 1995, S. 187). Erreicht wird diese Entkopplung zumeist durch den Verweis auf die hohe organisatorische Komplexität, die vor allem Multinationale Unternehmungen kennzeichnet. Da die in unterschiedlichen Ländern und Unternehmungsbereichen tätigen Mitarbeiter nur stark fragmentierte Teilaufgaben wahrnehmen, deren Konsequenzen für die Gesamtunternehmung nur in einem sehr begrenzten Maße abschätzbar sind, fehlen diesen auch Kriterien für die moralische Beurteilung ihres Handelns. Zur Reduktion der dadurch entstehenden kognitiven Dissonanzen stellen viele Unternehmungen Verhaltensgrundsätze auf oder setzen Ethikkommissionen ein, die die Mitarbeiter von eigenen moralischen Handlungen entlasten. Sie werden vom Moralsubjekt (*le sujet moral*), das eine individuelle moralische Haltung herausbildet und zur Geltung bringt, zum Moralagenten (*l'agent moral*), der vorbehaltlos einem vorgegebenen ethischen Kodex folgt (vgl. Foucault 1986, S. 36 ff.). Durch die Überweisung moralischer Anliegen an Ethikexperten werden diese jedoch aus dem Bereich der persönlichen Autonomie in den der machtgestützten Heteronomie verschoben und das moralische Gewissen durch das kodifizierbare und erlernbare Wissen von Regeln ersetzt (vgl. Willmott 1998, S. 80 ff.). "Business ethics defrauds an employee from her/his right to moral judgment and hence from her/his very own morality (...). Business ethics does not stimulate the morality of organizational acting; on the contrary, it undermines it, because it is based on a strategy which rules out the very foundation of morality, that is, the moral impulse" (ten Bos 1997, S. 1009).

Als Beispiel dafür führt ten Bos (1997, S. 1001 f.) die Aktivitäten des Ölkonzerns Shell in Nigeria an. In einer Sendung des niederländischen Fernsehens äußerte Cor Herkströter, der damalige Präsident von Shell, seine tiefe Besorgnis über die Exekution mehrerer Bürgerrechtler vom Stamm der Ogoni, die gegen das in ihren Augen umweltzerstörende Verhalten von Shell protestierten. Herkströter lehnte jedoch jede direkte Verantwortung von Shell dafür ab. Seiner Auffassung nach sei allein die Nigerianische Regierung für die Exekutionen verantwortlich. Shell hätte sogar im Wege der stillen Diplomatie alles versucht, um die Vollstreckung der Todesurteile zu verhindern. Auch die durch die Ölförderung verursachten Umweltschäden habe allein die Nigerianische Regierung zu verantworten, da die durch sie verhängten Gesetze Shell daran hinderten, die aus Sicht der Unternehmung erforderlichen Umweltschutzmaßnahmen zu ergreifen. Selbst wenn sich Shell aus rein moralischen Gründen aus Nigeria zurückziehen würde, würde dies an der von den nigerianischen Bürgerrechtlern beklagten Situation nichts ändern. Vielmehr würden dann andere Unternehmungen mit geringeren moralischen Skrupeln in Nigeria tätig werden und weitaus bedauernswertere Umweltschäden verursachen. Die Exekution der nigerianischen Bürgerrechtler wird so letztlich "als ein unvorhersehbares (und) unbeabsichtigtes Nebenprodukt eines in sich moralisch neutralen Aktes wegerklärt" (Bauman 1995, S. 189).

6. Zusammenfassung und Implikationen

Die vorangegangenen Ausführungen haben deutlich gemacht, dass Multinationale Unternehmungen nicht nur mit ihren Marktpartnern interagieren, sondern in einem hohen Maße auch dem Einfluss gesellschaftspolitischer Interessengruppen ausgesetzt sind. Deren Zahl und Einfluss auf unternehmungspolitische Entscheidungen nimmt dabei durch neue Informations- und Kommunikationstechnologien weiter zu. Das gleiche gilt für global agierende Interessengruppen, die nicht nur einzelne regional begrenzte Anliegen verfolgen, sondern die Tätigkeit Multinationaler Unternehmungen weltweit beobachten und zu beeinflussen versuchen.

Multinationale Unternehmungen können sich damit nicht länger auf die Position „the business of business is business“ (Friedman, 1982) zurückziehen, sondern diese werden immer stärker zu gesellschaftspolitischen Akteuren, deren Handlungen auch unter moralischen Gesichtspunkten bewertet werden. Der wachsenden gesellschaftspolitischen Verantwortung lässt sich jedoch kaum allein durch Ethik-Kommissionen und die Aufstellung von Verhaltenskodizes nachkommen. Erforderlich ist vielmehr, die moralische Kompetenz jedes einzelnen Mitarbeiters zu steigern. In einem internationalen Kontext setzt dies vor allem die Kenntnis von sowie den Umgang mit kulturellen Unterschieden voraus. Hierin dürfte in den nächsten Jahren eine zentrale Aufgabe der betriebswirtschaftlichen Ausbildung liegen.

Literaturverzeichnis

Altvater, E., Mahnkopf, B. (1996): Grenzen der Globalisierung. Ökonomie, Ökologie und Politik in der Weltgesellschaft, Münster 1996.

Bauman, Z. (1995): Postmoderne Ethik, Hamburg 1995.

Berg, N., Holtbrügge, D. (2001): Public Affairs Management Activities of German Multinational Corporations in India, in: Journal of Business Ethics, Vol. 30, 1, 2001, S. 105-119.

Berg, N., Holtbrügge, D. (2002): Gute Geschäfte mit schlechtem Gewissen?, in: Zeitschrift für Wirtschafts- und Unternehmensethik, 3. Jg., 1, 2002, S. 35-54.

ten Bos, R. (1997): Business Ethics and Bauman Ethics, in: Organization Studies, Vol. 18, 6, 1997, S. 997-1014.

Donaldson, T. (1982): Corporations and Morality. Enlgewood Cliffs, NJ 1982.

Donaldson, T. (1993): When in Rome, Do ... What? International Business and Cultural Relativism, in: The Ethics of Business in a Global Economy, hrsg. v. P.M. Minus. Dordrecht 1993, S. 67-78.

Foucault, M. (1986): Sexualität und Wahrheit, Bd. 2: Der Gebrauch der Lüste. Frankfurt a.M. 1986.

Friedman, M. (1982): Capitalism and Freedom, 2. Auflage Chicago, Ill.-London 1982.

Galtung, J. (1997): Menschenrechte - anders gesehen, 2. Auflage, Frankfurt a.M. 1997.

Graf, I. (2002): Die globale Verantwortung von multinationalen Unternehmen im Lichte einer nachhaltigen Entwicklung, Hamburg 2002, zugl. Diss., Erlangen-Nürnberg 2001.

Holtbrügge, D. (1996): Perspektiven internationaler Unternehmenstätigkeit in der Postmoderne, in: Strategische Führung internationaler Unternehmen. Paradoxien, Strategien und Erfahrungen, hrsg. v. J. Engelhard. Wiesbaden 1996, S. 273-292.

Holtbrügge, D. (2001): Postmoderne Organisationstheorie und Organisationsgestaltung. Wiesbaden 2001, zugl. Habil., Dortmund 2000.

Holtbrügge, D., Berg, N. (2001): Public Affairs Management in Multinationalen Unternehmungen. Ergebnisse einer empirischen Untersuchung deutscher Unternehmungen in Rußland, in: Journal for East European Management Studies, 6. Jg., 4, 2001, S. 376-399.

Huntington, S.P. (1996): Kampf der Kulturen. Die Neugestaltung der Weltpolitik im 21. Jahrhundert, München-Wien 1996.

Lawrence, R.Z. (1996): Single World, Divided Nations? International Trade and OECD Labour Markets, Paris 1996.

Leisinger, K.M. (1997): Unternehmensethik. Globale Verantwortung und modernes Management, München 1997.

Levitt, T. (1983): The Globalization of Markets, in: Harvard Business Review, Vol. 61, 3, 1983, S. 92-102.

Menzel, U. (1995): Die neue Weltwirtschaft. Entstofflichung und Entgrenzung im Zeichen der Postmoderne, in: Peripherie, 15. Jg., 59/60, 1995, S. 30-44.

Nichols, M. (1993): et al.: Third-World Families at Work: Child Labor or Child Care?, in: Harvard Business Review, Vol. 71, 1, 1993, S. 12-23.

OECD (1997): Towards a New Global Age. Challenges and Opportunities, Paris 1997.

Ohmae, K. (1995): The End of the Nation State. The Rise of Regional Economies, New York 1995.

Porter, M.E. (1989): Der Wettbewerb auf globalen Märkten: Ein Rahmenkonzept. In: Globaler Wettbewerb, hrsg. v. M.E. Porter. Wiesbaden 1989, S. 17-68.

Scherer, A.G. (2000): Die Rolle der Multinationalen Unternehmung im Prozeß der Globalisierung. Vorüberlegungen zu einer Neuorientierung der Theorie der Multinationalen Unternehmung, Habil., Erlangen-Nürnberg 2000.

Staffelbach, B. (1998): Ethik im internationalen Management, in: Strategisches Euro-Management, hrsg. v. C. Scholz u. J. Zentes. Bd. 2, Stuttgart 1998, S. 111-129.

Steinherr; C., Steinmann, H., Olbrich, T. (1998): Die US-Sentencing Commission Guidelines. Eine Dokumentation, in: Verantwortung und Steuerung von Unternehmen in der Marktwirtschaft, hrsg. v. H. Alwart, München-Mering 1998, S. 155-204.

Steinmann, H., Löhr, A. (1995): Unternehmungsethik, in: Handbuch Unternehmungsführung. Konzepte-Instrumente-Schnittstellen, hrsg. v. H. Corsten u. M. Reiß. Wiesbaden 1995, S. 79-89.

Steinmann, H., Scherer, A.G. (1997): Intercultural Management Between Universalism and Relativism – Fundamental Problems in International Business Ethics and the Contribution of Recent German Philosophical Approaches, in: Europe in the Global Competition. Problems-Markets-Strategies, hrsg. v. S. Urban. Wiesbaden 1997, S. 77-143.

Steinmann, H., Scherer, A.G. (Hrsg.) (1998) : Zwischen Universalismus und Relativismus. Philosophische Grundlagen des Interkulturellen Managements, Frankfurt a.M. 1998.

Strange, S. (1996): The Retreat of the State. The Diffusion of Power in the World Economy. Cambridge 1996.

Thurow, L. (1996*):* Die Zukunft des Kapitalismus, Düsseldorf 1996.

von Weizsäcker, E.U. (1997): Erdpolitik. Ökologische Realpolitik an der Schwelle zum Jahrhundert der Umwelt, 5. Auflage Darmstadt 1997.

Welge, M.K./Holtbrügge, D. (2001): Internationales Management, 2. Auflage, Landsberg a.L. 2001.

Willmott, H. (1998): Towards a New Ethics? The Contributions of Poststructuralism and Posthumanism, in: Ethics and Organizations, hrsg. v. M. Parker. London-Thousand Oaks-New Delhi 1998, S. 76-121.

Autorenverzeichnis

Hermann Diller, Dr. rer.pol.

o. Professor für Betriebswirtschaftslehre, insbes. Marketing an der Friedrich-Alexander-Universität Erlangen-Nürnberg, Lange Gasse 20, 90403 Nürnberg

Andreas Falke, Dr. rer.pol.

o. Professor für Auslandswissenschaft an der Friedrich-Alexander-Universität Erlangen-Nürnberg, Lange Gasse 20, 90403 Nürnberg

Wolfgang Gerke, Dr. rer.pol.

o. Professor für Betriebswirtschaftslehre, insbes. Bank- und Börsenwesen an der Friedrich-Alexander-Universität Erlangen-Nürnberg, Lange Gasse 20, 90403 Nürnberg

Harald Herrmann, Dr. iur.

o. Professor für Privat- und Wirtschaftsrecht an der Friedrich-Alexander-Universität Erlangen-Nürnberg, Lange Gasse 20, 90403 Nürnberg

Dirk Holtbrügge, Dr. rer.pol.

o. Professor für Betriebswirtschaftslehre, insbes. Internationales Management an der Friedrich-Alexander-Universität Erlangen-Nürnberg, Lange Gasse 20, 90403 Nürnberg

Harald Hungenberg, Dr. rer.pol.

o. Professor für Betriebswirtschaftslehre, insbes. Unternehmensführung an der Friedrich-Alexander-Universität Erlangen-Nürnberg, Lange Gasse 20, 90403 Nürnberg

Werner Lachmann, Dr. rer.pol.

o. Professor für Volkswirtschaftslehre, insbes. Wirtschafts- und Entwicklungspolitik an der Friedrich-Alexander-Universität Erlangen-Nürnberg, Lange Gasse 20, 90403 Nürnberg

Manfred Neumann, Dr. rer.pol.

Em. Professor für Volkswirtschaftslehre, insbes. Wirtschaftstheorie an der Friedrich-Alexander-Universität Erlangen-Nürnberg, Lange Gasse 20, 90403 Nürnberg

Mathias Rohe, Dr. iur.

o. Professor für Bürgerliches Recht, Internationales Privatrecht und Rechtsvergleichung an der Friedrich-Alexander-Universität Erlangen-Nürnberg, Schillerstr. 1, 91054 Erlangen

Karl Albrecht Schachtschneider, Dr. iur.

o. Professor für Öffentliches Recht an der Friedrich-Alexander-Universität Erlangen-Nürnberg, Lange Gasse 20, 90403 Nürnberg

Richard Senti, Dr. iur.

Institut für Wirtschaftsforschung, Professor an der Eidgenössischen Technischen Hochschule, Weinbergstr. 94, CH 8006 Zürich

Horst Steinmann, Dr. rer.pol.

Em. Professor für Betriebswirtschaftslehre, insbes. Unternehmensführung an der Friedrich-Alexander-Universität Erlangen-Nürnberg, Lange Gasse 20, 90403 Nürnberg

Kolibri 360 GmbH
Ferdinand-Jühlke-Straße 7
99095 Erfurt, Deutschland
produktsicherheit@kolibri360.de